ANTOLOGIA DA MALDADE

GUSTAVO H.B. FRANCO

FABIO GIAMBIAGI

ANTOLOGIA DA MALDADE

Um dicionário de citações, associações ilícitas e ligações perigosas

2ª reimpressão

ZAHAR

Jorge Zahar Editor Ltda.
rua Marquês de S. Vicente 99 – 1º | 22451-041 Rio de Janeiro, RJ
tel (21) 2529-4750 | fax (21) 2529-4787
editora@zahar.com.br | www.zahar.com.br

Grafia atualizada respeitando o novo
Acordo Ortográfico da Língua Portuguesa

2ª reimpressão: 2015

Revisão: Eduardo Monteiro, Carolina Sampaio | Projeto gráfico: Mari Taboada
Indexação: Gabriella Russano | Capa: Claudia Warrak

Apoio: Rio Bravo Investimentos

CIP-Brasil. Catalogação na publicação
Sindicato Nacional dos Editores de Livros, RJ

Franco, Gustavo H.B. (Gustavo Henrique Barroso), 1956-
F894a Antologia da maldade: um dicionário de citações, associações ilícitas e ligações perigosas/Gustavo H.B. Franco, Fabio Giambiagi. – 1.ed. – Rio de Janeiro: Zahar, 2015.

Inclui bibliografia e índice
ISBN 978-85-378-1508-3

1. Economia – Citações, máximas, etc. 2. Citações. I. Giambiagi, Fabio. II. Título.

CDD: 330
15-26347 CDU: 330

SUMÁRIO

Os provérbios mentem.
MACHADO DE ASSIS

APRESENTAÇÃO

A maldade que impregna e dá título a esta antologia não deve assustar o leitor, pois não é a mesma dos celerados shakespearianos, nem tampouco a dos psicopatas e terroristas de tempos recentes, mas um composto formado de uma malícia mais postiça do que real, dois dedos de um atrevimento nem sempre inocente e outro tanto de puro divertimento. É dessa modalidade de maldade que fala Woody Allen, parodiando Marilyn Monroe, quando observa que as pessoas más se divertem mais. É o mesmo mal que Machado de Assis designa como "útil, muita vez indispensável, alguma vez delicioso". É este o minério que, nas páginas seguintes, emerge em estado bruto e com espantosa pureza, de jazidas privilegiadas como Nelson Rodrigues, Winston Churchill, Jorge Luis Borges, Machado de Assis, George Bernard Shaw, Fernando Pessoa, Ambrose Bierce, Roberto Campos e Millôr Fernandes.

Portanto, caro leitor, não há o que temer. Ao contrário, prepare-se para uma jornada leve, ferina, apenas o necessário para ser espirituosa, com as pausas e os desvios que o motorista houve por bem deliberar, mas atentando para algumas curvas perigosas, terrenos movediços e vizinhanças desaconselháveis para as crianças.

A coletânea se organiza em verbetes, como é comum em antologias de citações. É interessante observar que, no sentido inverso, na confecção de dicionários, uma arte muito séria e rigorosa, já se tornou comum, quase obrigatório, juntar à definição da palavra a frase de um grande autor à guisa de ilustração: a palavra usada por seus melhores artífices funciona como autenticação para o exato significado de cada um de seus usos. "Toda citação contribui um pouco para a estabilidade ou o engrandecimento da linguagem", ensina o patrono dos lexicógrafos, Samuel Johnson. E toda definição, como observa o nosso patrono, Aurélio Buarque de Holanda, é "muitas vezes sorte. É pegar borboleta no ar, é capturar". Portanto, verbetes e citações são parentes próximos que se encontram nas variadas situações, amiúde fortuitas, e podem ter um relacionamento bastante complexo.

Pois essa rica relação, em nossa antologia, restou largamente contaminada pela maldade espirituosa de que falamos logo acima, pois estabelecemos muitas associações perigosas, talvez ilícitas, nas quais optamos por afastar frases e verbetes das relações canônicas normalmente encontradas. Nem todos os verbetes convencionais, de presença quase obrigatória nas antologias, fazem parte desta coleção, e também não são lá muito tradicionais as frases que o leitor encontrará nas entradas "Ambientalismo", "Capitalismo" e em suas diversas variantes, "Estatismo", "Federalismo", "Heroísmo", "Idealismo", "Jornalismo", "Neoliberalismo", "Socialismo" e inúmeros outros "ismos". Além disso, o leitor encontrará aqui um vocabulário muito singular, conjuntural mas essencial para o nosso tempo, incluindo itens como "Controle da mídia", "Corrupção", "Groucho-marxismo", "Heterodoxia", "Mensalão" e "Petrolão", que estão no cerne das grandes polêmicas contemporâneas no Brasil.

Tanto nesse palavreado incomum quanto nas associações perigosas, o leitor ouvirá bem nítida a voz dos organizadores, sempre como curadoria, ordenamento ou disposição, jamais de forma autoral. Em nossa modesta intervenção, todavia, não há assepsia nem neutralidade: nossa coletânea é também e principalmente comentário, um ponto de vista sobre diversos aspectos de um momento conturbado na história do país. Dessa forma, as ligações entre saberes e verbetes procurará sempre o perigo, como já foi observado, mas em um sentido assemelhado ao que atribuímos à maldade. Portanto, as ilicitudes não devem ser tomadas ao pé da letra, pois não são as do código penal, infelizmente tão abundantes no noticiário político de nossos dias, mas apenas um deslocamento de ponto de vista, ou de contexto.

O comentário é simplesmente irresistível sobre as falas de algumas lideranças políticas da ocasião, como Fernando Henrique Cardoso, Luiz Inácio Lula da Silva e Dilma Rousseff, sem os quais nenhuma coletânea sobre a atualidade estaria completa, sobretudo esta nossa, que enfatiza a maldade. O mesmo vale para as citações argentinas, cuidadosamente colecionadas por um dos organizadores, filho de argentinos, condição que o livra dos vieses brasileiros, mas o habilita a retransmitir exemplares impagáveis da maldade argentina sobre eles próprios. Nos temas econômicos, que são abundantes nesta antologia, há enorme dose de opinião e mesmo algumas tramas, como por exemplo em "Inflação", em que um conjunto de citações de autoridades econômicas do passado fornecerá um belo histórico do pensamento, ou do delírio brasileiro, sobre o momentoso assunto.

Nossa forma de organização contrasta deliberadamente, embora não deixe de homenageá-lo, com o formato paradigmático das coletâneas de intuito inspirativo ou educacional, compostas de pensamentos elevados, alimento para o espírito e memória de grandes momentos da inteligência universal. Claro que fornecemos tais virtudes, no entanto, em dose bem modesta, pois vale lembrar que a homenagem muito seletiva é sempre maldade contra os que foram omitidos.

Uma segunda geração de coletâneas inovou ao trazer uma organização temática e codificada de citações, implicitamente autorizando e incentivando a pequena apropriação indébita que é utilizar-se da fala espirituosa do outro, um sábio do passado, para finalidade e contexto completamente estranhos ao original e de acordo com a conveniência de um leitor situado anos depois. Essas novas antologias ofereciam a matéria-prima já organizada em verbetes e pronta para uso do homem culto e ocupado, ou oferecendo, conforme observou Churchill, "uma coisa boa para o homem de pouca educação". O uso da citação se democratizava e equalizava o território da ilustração.

No prefácio a seu magistral *Dicionário universal Nova Fronteira de citações*, de 1985, Paulo Rónai reproduz uma fala de Machado de Assis, tirada de seu famoso conto "A teoria do medalhão", no qual um pai zeloso e argentário recomenda ao filho: "Sentenças latinas, ditos históricos, versos célebres, brocardos jurídicos, máximas, é de bom aviso trazê-las contigo para os discursos de sobremesa, de felicitação, ou de agradecimento." E, mais radical ainda, não se avexava em acrescentar: "Proíbo-te que chegue a outras conclusões que não sejam as já achadas por outros." Passávamos, com isso, a uma situação em que os riscos residiam na originalidade, sobretudo diante de tantas variedades de sabedoria consagrada já organizada e disponível, sendo sempre mais prudente dependurar-se sobre os ombros de gigantes, em vez de produzir seus próprios aforismos.

Nesse momento, se torna claro que esses acervos poderiam facilmente ser utilizados para o mal e nem sempre no sentido açucarado de que tratamos acima. O ornamento se converteu em armamento, e um bom exemplo é Michel de Montaigne, filósofo francês do século XVI, que observa candidamente: "Eu não me inspiro nas citações. Conto com elas para confirmar o que eu não consigo expressar satisfatoriamente, seja porque minha linguagem é insuficiente, seja porque minhas ideias são fracas."

Mas foi na imprensa que a citação se tornou uma espécie de unidade básica de valor histórico. Para o jornalismo, a citação é nada menos que a fonte, a condição necessária para a existência de uma notícia, matéria, tese ou argumento. Tal como a fotografia, a citação fornece um fragmento representativo da realidade e de seus protagonistas, a essência dos eventos correntes, a amostra que resume o todo, o mesmo que a evidência empírica passou a representar para a prática científica. E como a imprensa – seja no velho papel-jornal ou nas formas mais modernas de mídia – passa a ser cada vez mais influente para ordenar o relacionamento entre o cidadão e o mundo a seu redor, não é um exagero obsceno observar que as "aspas" recortadas pelo jornalista se tornaram o verdadeiro motor da história. As falas dos grandes atores se tornaram a mercadoria essencial que confere autenticidade, ou mesmo autoridade, a determinado acontecimento, pensamento ou percepção capaz de alterar a opinião pública e a direção dos eventos. Com razão, Phil Graham, antigo dono do *Wall Street Journal*, afirmou que "o jornalismo é a primeira versão da história" e Bob Woodward, de cujas matérias para o *Washington Post* resultou a renúncia do presidente Richard Nixon, concorda que os livros são "uma segunda versão". Isso, sem prejuízo da ressalva de Jorge Luis Borges, pela qual "um jornal vive da ficção de que todo dia acontece algo diferente".

No mesmo momento, e não por coincidência, quando se estabelece o império das aspas começa o debate sobre "citar seletivamente", sobre ouvir, ou não, "o outro lado" e sobre a maldade e o abuso das falas de terceiros. Segundo o ex-ministro Sergio Motta, em um bom resumo, inescapavelmente maldoso, desse novo mal-estar, "jornalista vive muito mal, só pensa maldade". O debate prossegue, sem perspectiva de resolução, mas já se tornou claro que é muito difícil haver opinião, ideia, tese ou teoria sem um recorte necessariamente seletivo sobre a fala dos personagens da história. Afinal, não seria a história apenas um recorte? Um imenso exercício de restauração, a mais praticada, mais exibida e menos visível de todas as artes expostas nos museus? "Um conjunto de mentiras sobre as quais se chegou a um acordo" (Napoleão)? Ou "A soma de relatos, quase todos falsos, de eventos quase todos menores, provocados por políticos quase todos velhacos e executados por soldados quase todos patetas" (Ambrose Bierce)?

Em um raro e qualificadíssimo estudo sobre "como citações vieram a ser utilizadas nos Estados Unidos em ocasiões polêmicas, forenses, partidárias, disputativas e argumentativas e [acrescido de] um esforço para classificar as diferentes maneiras – válidas ou inválidas – nas quais citações foram ou puderam ser assim utilizadas",* o professor Paul Boller Jr. identificou 22 formas diferentes de citação, tipos que podem se sobrepor, incluindo as citações inventadas (nas quais era especialista o famoso senador republicano Joseph F. McCarthy, líder da Comissão de Atividades

---

* Boller Jr., 1966, p.vii.

Antiamericanas, de triste memória) e as "fora do contexto". Na verdade, depois de uma exaustiva resenha, tratando profundamente da vida política norte-americana das décadas de 1930 até 1966, a conclusão de Boller Jr. é que o "contexto" parece habitar o mesmo nevoeiro onde se localiza a "citação seletiva". Em meio a polêmicas, raramente há acordo sobre o "contexto", ou seja, na verdade, sobre o que determinado cidadão citado realmente quis dizer. Em muitos casos, o citado parece exigir direitos de propriedade exclusivos e inalienáveis sobre o significado de suas palavras, o que soa esdrúxulo, pois o mundo seria muito mais sombrio se destituído das faíscas proporcionadas pela interpretação.

Na antologia que se segue, como em tantas outras, o leitor notará que uma parte importante do material reproduzido é muito antigo e nasceu de circunstâncias que não se podem mais recuperar com exatidão. Em muitos casos, uma sabedoria se tornou imortal e atemporal justamente ao livrar-se de seu contexto original, ficando assim associável a outras situações, inclusive à atualidade, que pode dar-lhe sentidos inteiramente novos. O contexto, ao fim das contas, é privilégio de quem ouve e de quem faz a hora. A ocasião pode fazer o ladrão (aliás, o furto, como lembra Machado de Assis, pois "o ladrão já nasce feito"), o aliado (Antônio Carlos Magalhães) e a revolução (novamente Machado), mas a ocasião que interessa ao leitor não pode ser outra que não a atualidade, à luz da qual muitos saberes antigos adquirem nova e inusitada coloração.

Os organizadores estão cientes de que esta obra teria, para o leitor, a utilidade de um dicionário de expressões em latim se não estabelecesse uma conexão entre velhas e novas verdades imortais com os fatos incandescentes da atualidade. Por isso mesmo, a antologia não se exime de reconhecer que é também e necessariamente comentário, como toda antologia que envolve um juízo sobre a seleção e também sobre os temas e verbetes nos quais se agrupam as sabedorias, sem falar dos recortes.

Os organizadores são acadêmicos experientes e estão perfeitamente acostumados aos rigorosos critérios exigidos para se trabalhar com citações, inclusive a confiabilidade das fontes, como as listadas na bibliografia (que se resume às coletâneas), bem como dos relatos, testemunhos e pérolas coletados na imprensa. Tivemos dúvidas sobre o palavreado exato e mesmo sobre a autoria em diversos casos. Como saber, com plena segurança, se a frase "Quem é temido por muitos deve temer a muitos" foi dita por Sólon, Públio Siro ou Sêneca? E quando há diferentes versões e autores para "Os cães ladram e a caravana passa", todos eles plausíveis? Quem realmente afirmou pela primeira vez que "O capitalismo é a exploração do homem pelo homem. O socialismo é exatamente o contrário"? Quantos já disseram sobre um determinado trabalho que "A parte que é boa não é original, e a parte que é original não é boa"?

Essas questões são as de qualquer coletânea, e nossa ênfase não estava em produzir pesquisa original atestando esta ou aquela versão. Há casos como o de Shakespeare, sempre citado mas frequentemente sem a ressalva de que o bardo não deixou uma linha sequer de natureza epistolar, porque todas as citações shakespearianas, com a nobre exceção de seu testamento, são de seus personagens, e muitas vezes dos menores. Foi Marcelo, um auxiliar de sentinela, quem afirmou "Há algo de podre no reino da Dinamarca", uma das frases mais famosas da literatura universal. Nesta coletânea, o citado é sempre o personagem em seu contexto, como no caso de Antônio, de *O mercador de Veneza*, que, ao responder a Shylok, que citava o Velho Testamento para justificar a cobrança de juros, nos legou uma joia de utilidade muito mais ampla ao afirmar que "O diabo pode citar a Escritura para seus propósitos".

Não é preciso retroceder nos séculos para que surjam dúvidas acerca de uma frase que se torna lendária. Na elaboração deste volume, por exemplo, os organizadores tiveram a oportunidade de consultar o autor de uma das frases mais apetitosas do livro, e, para nossa surpresa, ele próprio não se lembrava do primeiro uso, ocorrido há mais de quinze anos, nem das palavras exatas, pois a frase foi repetida em diversas variações. Ele reconhecia que o formato foi se decantando com o tempo, e nem sempre por obra sua, à medida que a tese ia ficando mais clara.

Em muitos outros casos, diante da ausência de consulta ou documentação, acolhemos alegremente a lenda, e sem prejuízo algum para os envolvidos, que parecem acessórios de um processo evolutivo que vai tornando a sabedoria ainda mais aguda. Um bom exemplo é o episódio do telegrama de Bernard Shaw a Churchill, convidando-o para uma de suas *premières* com o seguinte texto: "Reservei-lhe dois ingressos para a estreia de minha nova peça. Venha e traga um amigo, se o tiver." A resposta de Churchill, sempre segundo a lenda, teria sido no mesmo tom: "Impossível assistir à estreia. Assistirei à segunda apresentação, se houver."

Nesse, como em incontáveis outros casos, a restauração de que falamos pode ter agregado alguma centelha criativa ao original, que melhor assentou as falas dos envolvidos, com vantagem para todos. Por que, então, se deixar paralisar por pruridos excessivos acerca da exatidão, sobretudo em uma antologia temática como esta?

Nossa intenção principal, como já observado, é o comentário que emana da colagem de pequenos diálogos a cada verbete temático, sempre orientados pela filosofia que dá título ao volume. A colagem é um dos gêneros mais populares da era moderna, onde fica ressaltado o valor da composição e da unidade construída a partir de fragmentos de variado tipo e formato, todos extraviados de seu contexto original. Desde quando Marcel Duchamp, dentre tantos pioneiros da arte moderna, exibiu objetos do cotidiano – como um urinol ou um pneu de bicicleta sobre uma cadeira – completamente "fora do seu contexto", obtendo assim novos e revolucionários significados, a arte perdeu seu compromisso com a exatidão para conquistar o terreno muito mais amplo da subjetividade. As vanguardas modernistas venceram a sua revolução, entraram para as academias, e a fixação do "contexto" deixou de ser uma restrição para converter-se em parte relevante da própria mistura. O gesto de pintar bigodes na Gioconda como metáfora para uma releitura ou malversação do cotidiano com fins artísticos, ou como mero comentário, desde então vem se repetindo em variadíssimos formatos e objetos.

Em síntese, como colagem ou curadoria de trabalhos preexistentes, esta antologia pretende se tornar um pequeno dicionário ou manifesto de seu tempo, construído a partir de saberes imortais e também de outras manifestações que não merecem a imortalidade e nem sequer cabem na definição de sabedoria. Eis a maldade, como bem resumiria o Bruxo do Cosme Velho: "O maior pecado, depois do pecado, é a publicação do pecado."

Por último, resta a ressalva habitual nas coletâneas da espécie, a de que os organizadores não necessariamente subscrevem nem se responsabilizam por falas de terceiros aqui reproduzidas. É verdade que os verbetes são nossos, o que nos torna vozes de um mesmo coral, embora frequentemente como contraponto. Vale encerrar a apresentação, e o assunto específico das responsabilidades, com um verso de Fernando Pessoa, o conhecido administrador de uma rede de heterônimos com variadíssimas especialidades:

Eu sou uma antologia.
Escrevo tão diversamente
Que, pouca ou muita valia
Dos poemas ninguém diria
Que o poeta é um somente

Os Organizadores
Rio de Janeiro, outubro de 2015

A

“ Abstinência

Deus, dai-me a castidade, mas não agora.
AGOSTINHO DE HIPONA, ou santo Agostinho (354-430), teólogo

Um dia chegaremos à conclusão de que a castidade é uma virtude, tanto quanto a desnutrição. **ALEX COMFORT** (1920-2000), médico americano

O casamento tem muitas dores, mas o celibato não tem prazeres.
SAMUEL JOHNSON (1709-1784), escritor inglês

Ser uma velha solteirona é como morrer por afogamento, uma sensação realmente agradável depois que você para de lutar.
EDNA FERBER (1887-1968), escritora americana

“ Acaso

A fecundidade do inesperado excede em muito a prudência do estadista.
JOSEPH PROUDHON (1809-1865), filósofo francês

A fortuna troca, às vezes, os cálculos da natureza.
MACHADO DE ASSIS (1839-1908), escritor

A fortuna sempre ri de nossos cálculos e cedo ou tarde nos lembra que o poder é um empréstimo. **POLÍBIO** (203 a.C.-120 a.C.), historiador grego

As ocasiões fazem as revoluções. **MACHADO DE ASSIS** (1839-1908), escritor

Se alguma coisa pode dar errado, ela dará. **LEI DE MURPHY**

Se a Lei de Murphy pode dar errado, ela dará.
ARTHUR BLOCH (1948-), escritor americano, Paradoxo de Murphy

“ Achismo

O Brasil é um país em que as pessoas acham muito,
observam pouco e não medem praticamente nada.
FERNANDO PENTEADO CARDOSO (1914-), presidente da Fundação Agricultura Sustentável

Quem acha vive se perdendo. **NOEL ROSA** (1910-1937), compositor, versos de *Feitio de oração*

“ Acomodação

Como meu país é pobre de homens intrépidos.
MÁXIMO GORKI (1868-1936), escritor e revolucionário russo

Não existem amores perfeitos, mas amantes acomodados.
FERNANDO PESSOA (1888-1935), poeta português

O grande mal dos que não se interessam por política é serem governados por aqueles que se interessam por ela. **ANÔNIMO**

Queriam-me casado, fútil, cotidiano e tributável?
ÁLVARO DE CAMPOS, heterônimo de Fernando Pessoa (1888-1935), poeta português

“ Acordo

A arte do compromisso é dividir o bolo de modo que cada um pense ter ficado com o pedaço maior. **LAURENCE J. PETER** (1919-1990), educador canadense

Quando dois seres humanos estão perfeitamente contentes um com o outro, podemos ter certeza de que, na maioria das vezes, eles se enganam.
JOHANN WOLFGANG VON GOETHE (1749-1832), escritor alemão

Se meus inimigos pararem de dizer mentiras a meu respeito, eu paro de dizer verdades a respeito deles. **ADLAI STEVENSON** (1900-1965), político americano

“ Adesismo

Las personas en nuestro país son como las panquecas. Al final siempre se dan vuelta (As pessoas em nosso país são como as panquecas; no final, sempre mudam de lado).
JORGE LUIS BORGES (1899-1986), escritor argentino

Deus me livre ser oposição.
DEPUTADO do antigo PFL, justificando a migração para um partido governista, em 2003

É melhor sofrer no poder que longe dele.
ANTÔNIO CARLOS MAGALHÃES (1927-2007), ex-governador da Bahia

Ele está caçando com meus cavalos.
WASHINGTON LUÍS (1869-1957), ex-presidente da República, falando sobre Getúlio Vargas e lamentando a adesão de antigos aliados ao novo regime instaurado em 1930

Na política, o perigo não está na oposição, mas nas unanimidades bajuladoras.
ALFREDO PALACIOS (1878-1965), político argentino

O poder é um camaleão ao contrário: todos tomam a sua cor.
MILLÔR FERNANDES (1923-2012), humorista

Temos de correr para ajudar o vencedor.
PREFEITO de cidade argentina cujo partido acabara de perder as eleições presidenciais

“ Adolescência

A vida não é fácil, acostume-se com isso. O mundo não está preocupado com sua autoestima. O mundo espera que você faça alguma coisa útil por ele antes de se sentir bem com você mesmo. Antes de você nascer, seus pais não eram tão críticos como agora. Eles só ficaram assim por pagar as suas contas e ouvir você dizer que eles são “ridículos”. Então, antes de salvar o planeta querendo consertar os erros da geração de seus pais, tente limpar seu próprio quarto. **BILL GATES** (1955-), fundador da Microsoft, em palestra para um grupo de formandos do ensino médio

Aos quinze anos, há até certa graça em ameaçar muito e não executar nada.
MACHADO DE ASSIS (1839-1908), escritor

Não se é sério quando se tem dezessete anos.
ARTHUR RIMBAUD (1854-1891), poeta francês

Não confie em pessoas com mais de trinta anos.
JERRY RUBIN (1938-), ex-líder hippie, posteriormente organizador de festas para executivos em Manhattan, que costumava cobrar US$ 1.500 para dar palestras em universidades

O jovem só pode ser levado a sério quando fica velho.
NELSON RODRIGUES (1912-1980), jornalista e dramaturgo

Nós argentinos gostamos de sentir que temos a figura de um pai que nos governa.
EDGARDO ESTEBAN (1962-), jornalista argentino

Seja legal com os cê-dê-efes. Existe grande probabilidade de um deles ser seu chefe um dia. **BILL GATES** (1955-), fundador da Microsoft

Advogados

Eu abandonei a Faculdade de Direito porque os casos que me interessavam não davam dinheiro, e os casos que davam dinheiro não me interessavam.
CARLOS LACERDA (1914-1977), jornalista e político

Se não houvesse gente ruim, não haveria bons advogados.
CHARLES DICKENS (1812-1870), escritor inglês

Se o governo encarcera com base na lei injusta, o dever do homem justo se define na luta para libertar o prisioneiro e revogar a lei. **RAYMUNDO FAORO** (1925-2003), jurista

Ágio

O violento ágio dos bancos cria nova terminologia: 1) Apanágio: elogio do ágio. 2) Sufrágio: ato de votar recebendo algum. 3) Plágio: cobrar algo da forma que outro cobra ágio. 4) Adágio: dito proverbial sobre ágio. 5) Presságio: a impressão de que vai aumentar o ágio. 6) Contágio: ágio que pega. 7) Estágio: ponto a que chegamos. 8) Naufrágio: pra onde vai o país com tanto ágio.
MILLÔR FERNANDES (1923-2012), humorista

Alianças

As coisas políticas no Brasil decidem-se por combinações transitórias.
GETÚLIO VARGAS (1882-1954), ex-presidente da República

Não é preciso ter as mesmas ideias para dançar a mesma quadrilha.
MACHADO DE ASSIS (1839-1908), escritor

Quando os Estados Unidos e a URSS entram em acordo, seus aliados contam pouco. Quando não concordam, é pior.
FRANÇOIS MITTERRAND (1916-1996), ex-presidente da França

Uma coalizão é a arte de calçar o sapato direito no pé esquerdo sem ter calos.
GUY MOLLET (1905-1975), político francês

“ Alienação

Talvez as “descobertas” mais conhecidas e certamente as mais divulgadas da moderna pesquisa de opinião pública sejam a indiferença e a ignorância da maioria do eleitorado nas democracias ocidentais.
MOSES FINLEY (1912-1986), historiador americano, em *Democracia antiga e moderna*

Aquele que não quer pensar é um fanático; aquele que não pode pensar é um idiota; aquele que não se atreve a pensar é um covarde.
FRANCIS BACON (1561-1626), filósofo britânico

O homem que se sente totalmente feliz é um imbecil.
UMBERTO ECO (1932-), filósofo e escritor italiano

“ Alienígenas

De vez em quando, recebo uma carta de alguém que está em “contato” com extraterrestres. Sou convidado a “lhes fazer qualquer pergunta”. E assim, com o passar dos anos, acabei preparando uma pequena lista de questões. Os extraterrestres são muito adiantados, lembrem-se. Por isso, faço perguntas como: “Por favor, dê uma prova breve do último teorema de Fermat.” Ou da conjectura de Goldbach. E depois tenho de explicar do que se trata, porque os extraterrestres não devem conhecer os problemas por esses nomes. Assim, escrevo a equação simples, com os expoentes. Nunca recebo resposta.
CARL SAGAN (1934-1996), astrônomo americano

Primeiro, eu queria te dizer que tenho muito respeito pelo ET de Varginha. E eu sei que, aqui, quem não viu conhece alguém que viu, ou tem alguém na família que viu, mas, de qualquer jeito, eu começo dizendo que esse respeito pelo ET de Varginha está garantido. **DILMA ROUSSEFF** (1947-), presidente da República

“ Almoço

Não existe almoço grátis.
MILTON FRIEDMAN (1912-2006), economista americano

Não se pode ir à Glória sem pagar o bonde. **MACHADO DE ASSIS** (1839-1908), escritor

Em toda a história, não houve um único economista que teve de se preocupar em saber como conseguir a próxima refeição.
PETER DRUCKER (1909-2005), professor e consultor austríaco

Juscelino queria tudo o que sonhava, mas não queria pagar preço algum por esse sonho. **AUTRAN DOURADO** (1926-2012), escritor e secretário de imprensa de Juscelino Kubitschek

Não existe almoço grátis. Não existe doação que depois a empresa não queira recuperar. **PAULO ROBERTO COSTA** (1954-), ex-dirigente da Petrobras, um dos operadores e delatores do "Petrolão" sobre doações de campanha eleitoral

Se tem alguém recebendo sem trabalhar, tem alguém trabalhando sem receber.
MARGARET THATCHER (1925-2013), ex-primeira-ministra britânica

“ Altruísmo

Ajudar os outros é o aluguel que você paga pelo seu quarto aqui na Terra.
SHIRLEY CHISHOLM (1924-2005), artista americana

Implementar políticas de Estado implica, para o líder político, ter coragem de saber que não receberá o crédito por aquilo que inicia.
ALEJANDRO TOLEDO (1946-), ex-presidente do Peru

Não haja medo que a sociedade se desmorone sob um excesso de altruísmo. Não há perigo desse excesso. **FERNANDO PESSOA** (1888-1935), poeta português

“ Amadorismo

O poder despreza aqueles que não sabem ocupá-lo.
CHARLES-MAURICE DE TALLEYRAND (1754-1838), diplomata francês

Aquele que tenta adaptar os sistemas de controle do gasto público às convenções e aos métodos do setor privado lembra uma criança brincando no shopping: não tem a menor ideia da vida real.
NIGEL LAWSON (1932-), ex-ministro da Fazenda britânico, em 1993

É muito perigoso para um político que chega ao poder querer que todos sejam felizes, porque nesse caso ele tende a não ver as contradições da sociedade.
DANIEL COHN-BENDIT (1945-), líder estudantil francês de Maio de 1968

“ Ambientalismo

Ela [Zona Franca] evita o desmatamento, que é altamente lucrativo – derrubar árvores plantadas pela natureza é altamente lucrativo.
DILMA ROUSSEFF (1947-), presidente da República

O meio ambiente é uma ameaça para o desenvolvimento sustentável. **IDEM**

O país não pode ficar a serviço de uma perereca.
LUIZ INÁCIO LULA DA SILVA (1945-), ex-presidente da República, em 2010, sobre a interrupção em obra de estrada no Rio Grande do Sul, por determinação de órgãos ambientais, para avaliar o impacto sobre uma espécie local de anfíbio

Salvem o gerúndio e danem-se as baleias.
TOM STOPFORD (1937-), dramaturgo inglês

É empolgante enfrentar uma crise verdadeira, quando você passou metade de sua vida política lidando com questões monótonas, como as de meio ambiente.
MARGARET THATCHER (1925-2013), ex-primeira-ministra britânica (1982), a propósito da disputa sobre as Ilhas Malvinas

“ Americanos

Os Estados Unidos não são apenas um país – eles são um credo.
PETER DRUCKER (1909-2005), professor e consultor austríaco

A guerra foi a forma que Deus escolheu para ensinar geografia aos americanos.
AMBROSE BIERCE (1842-1914), escritor e jornalista americano

Os Estados Unidos sempre tomarão a atitude acertada assim que esgotarem todas as alternativas. **WINSTON CHURCHILL** (1874-1965), ex-primeiro-ministro britânico

Não há estupidez imaginável que os americanos não sejam capazes de cometer.
CHARLES DE GAULLE (1890-1970), ex-presidente da França, em frase que lhe foi atribuída

Tremo por meu país quando penso que Deus é justo.
THOMAS JEFFERSON (1743-1826), ex-presidente dos Estados Unidos

Um brinde ao povo da Bolívia.
RONALD REAGAN (1911-2004), ex-presidente dos Estados Unidos, em 1982, ao visitar o Brasil

“ Amizade

Fale bem dos amigos todos os dias; fale mal dos inimigos pelo menos duas vezes ao dia.
ANTÔNIO CARLOS MAGALHÃES (1927-2007), ex-governador da Bahia

A amizade é um sentimento mais nobre que o amor, pois permite que o objeto se divida com outros afetos, enquanto o amor não admite ser compartilhado.
VINICIUS DE MORAES (1913-1980), poeta

Lacerda não tinha amigos, mas sim instantes de amizade.
ROBERTO DE ABREU SODRÉ (1917-1999), político, sobre a tendência de Carlos Lacerda a se voltar contra antigos companheiros

Amigo é o sujeito com quem você conversa sem olhar o relógio.
ULYSSES GUIMARÃES (1916-1992), político

Tenho amigos que não sabem o quanto são meus amigos. A alguns deles eu quase não vejo: me basta saber que existem, embora, como não os veja com frequência, não possa lhes falar o quanto gosto deles, pois não acreditariam em mim.
VINICIUS DE MORAES (1913-1980), poeta

Uma amizade fundada em negócios é muito melhor que um negócio fundado em amizade.
JOHN D. ROCKEFELLER (1839-1937), magnata americano

Amizade é como o dinheiro, mais fácil fazer que manter.
SAMUEL BUTLER (1835-1902), escritor britânico

“ Amolação

A língua é a única ferramenta que fica mais afiada com o uso.
WASHINGTON IRVING (1783-1859), escritor americano

A ironia irrita. Não porque ela zombe ou ataque, mas porque nos priva de certezas, desvendando o mundo como ambiguidade.
MILAN KUNDERA (1929-), escritor tcheco

“ Amor

Amar é equivocar-se. **FERNANDO PESSOA** (1888-1935), poeta português

Amor são duas solidões protegendo-se uma à outra.
RAINER MARIA RILKE (1875-1926), poeta tcheco

É mais difícil deixar de amar um clube do que uma mulher.
MARIO FILHO (1908-1966), jornalista esportivo

Nem a um Deus é facultado amar e manter-se sábio.
PÚBLIO SIRO (séc.I), poeta romano

O amor é o estado em que o homem vê as coisas como não são.
FRIEDRICH NIETZSCHE (1844-1900), filósofo alemão

O amor é o que acontece entre um homem e uma mulher que não se conhecem muito bem. **W. SOMERSET MAUGHAM** (1874-1965), escritor britânico

O amor nasce de quase nada e morre de quase tudo.
JÚLIO DANTAS (1876-1962), poeta português

Quando se ama, sempre se começa por enganar-se a si mesmo e sempre se termina enganando os outros. **OSCAR WILDE** (1854-1900), dramaturgo irlandês

Se eu não fosse quem eu sou, gostaria de ser o segundo marido da sra. Churchill.
WINSTON CHURCHILL (1874-1965), ex-primeiro-ministro britânico

Troque seu coração por um fígado, assim você bebe mais e se apaixona menos.
HOMER JAY SIMPSON, personagem de Matt Groening (1954-), cartunista americano

“ Analfabetismo

O coeficiente entre o número de analfabetos e o número de pessoas ilustradas é o mesmo que há um século. A única diferença é que agora os analfabetos podem ler e escrever. **ALBERTO MORAVIA** (1907-1990), escritor italiano

O pior analfabeto é o analfabeto político. O analfabeto político é tão burro que se orgulha e estufa o peito dizendo que odeia a política. Não sabe o imbecil que, da sua ignorância política, nasce a prostituta, o menor abandonado e o pior de todos os bandidos, que é o político vigarista, pilantra, corrupto e lacaio das empresas nacionais e multinacionais. **BERTOLT BRECHT** (1898-1956), dramaturgo alemão

A diferença entre a literatura e o jornalismo é que o jornalismo é ilegível e a literatura não é lida. **OSCAR WILDE** (1854-1900), dramaturgo irlandês

“ Anatocismo

A reputação dos homens amorosos parece-se muito com o juro do dinheiro: alcançado certo capital, ele próprio se multiplica e avulta.
MACHADO DE ASSIS (1839-1908), escritor

“ Animais de estimação

O grande prazer proporcionado por um cachorro é que você pode se passar por idiota na frente dele, e ele não apenas não rirá de você, como também se passará por idiota. **SAMUEL BUTLER** (1835-1902), escritor britânico

O mais nobre de todos os cachorros é o cachorro-quente: ele alimenta a mão que o morde. **LAURENCE J. PETER** (1919-1990), educador canadense

Se hoje é o dia das crianças, ontem eu disse que criança... O dia da criança é dia da mãe, do pai e das professoras, mas também é o dia dos animais. Sempre que você olha uma criança, há sempre uma figura oculta, que é um cachorro atrás.
DILMA ROUSSEFF (1947-), presidente da República

Confia no teu cão até o último momento, mas na tua mulher ou no teu marido, apenas até a primeira ocasião.
ANTON TCHEKHOV (1860-1904), escritor russo

“ Ansiedade

A impaciência é uma face da estupidez.
ULYSSES GUIMARÃES (1916-1992), político

Em política, o tempo não perdoa a quem não soube trabalhar com ele.
IDEM

Faça hoje. Amanhã pode ser ilegal.
LAURENCE J. PETER (1919-1990), educador canadense

Antropofagia

O canibalismo é a forma mais sutil de hospitalidade.
JEAN BAUDRILLARD (1929-2007), filósofo francês

É progresso se um canibal usa garfo e faca?
STANISLAW J. LEC (1909-1966), poeta polonês

Aparências

As estatísticas corretas nos deixam sempre uma falsa impressão.
STANISLAW PONTE PRETA, pseudônimo do jornalista Sérgio Porto (1923-1968)

Este governo, diferente da mulher de César, acha que nem precisa parecer honesto, porque sua popularidade justifica tudo. É lobo em pele de lobo.
KÁTIA ABREU (1962-), senadora pelo DEM do Tocantins, em 2010

Não há problema em ser imoral. O importante é não parecer que se é.
TATO BORES (1927-1996), comediante argentino

O importante não é ter dinheiro, mas transmitir a ilusão de que ele não anda longe de mim. **ASSIS CHATEAUBRIAND** (1892-1968), jornalista

Sex appeal é 50% o que você tem e 50% o que as pessoas pensam que você tem.
SOPHIA LOREN (1934-), atriz italiana

Você nunca pode ser rica demais ou magra demais.
DUQUESA DE WINDSOR (1896-1986), esposa de Eduardo VIII, herdeiro do trono da Inglaterra, em frase a ela atribuída

Apatia

A resignação é um suicídio cotidiano.
HONORÉ DE BALZAC (1799-1850), escritor francês

No campo da filosofia econômica e política, poucos se deixam influenciar por novas teorias depois dos 25 ou trinta anos de idade.
JOHN MAYNARD KEYNES (1883-1946), economista britânico

Quando não se tem a coragem de viver como se pensa, acaba-se por se pensar como se vive. **VICTORIA OCAMPO** (1890-1979), escritora argentina

Um bom suprimento de resignação é de fundamental importância para a jornada da vida. **ARTHUR SCHOPENHAUER** (1788-1860), filósofo alemão

“ Aplauso

Eles me aplaudem porque me entendem, e o aplaudem porque ninguém o entende.
CHARLES CHAPLIN (1889-1977), ator inglês, em comentário feito a Albert Einstein no momento em que ambos eram aplaudidos pelo público ao ingressar na sala de cinema, em Los Angeles, onde estreava o filme *Luzes da cidade*

Nada pode ser mais indicativo de falsidade que a aprovação da multidão.
DAVID HUME (1711-1776), filósofo escocês, em carta a Adam Smith

O aplauso público é mais ruidoso, mas muito menos tocante que a aprovação doméstica. **MACHADO DE ASSIS** (1839-1908), escritor

“ Aprendizado

Experiência não é o que acontece com o homem, mas o que ele faz com o que lhe acontece. **ALDOUS HUXLEY** (1894-1963), escritor inglês

Meu maior orgulho aos oitenta anos é saber metade do que pensava saber aos vinte. **PABLO PICASSO** (1881-1973), pintor espanhol

Um dos privilégios da velhice é ter, dentro da sua idade, todas as idades.
VICTOR HUGO (1802-1885), escritor francês

Educação é uma descoberta progressiva de nossa própria ignorância.
VOLTAIRE (1694-1778), filósofo francês

“ Argentinidade

A Argentina é como uma rolha: não há governo que possa afundá-la.
GEORGES CLEMENCEAU (1841-1929), ex-primeiro-ministro da França

A Argentina é composta por milhões de habitantes que querem afundá-la e não conseguem. **CANTINFLAS** (1911-1993), ator cômico mexicano

A Argentina é pródiga em três coisas: carne, trigo e tomar decisões insensatas.
MINISTRO ARGENTINO não identificado a embaixador, no começo dos anos 1990

A política, para os presidentes, deve ser uma rotina,
mas os presidentes argentinos a vivem como uma epopeia.
JULIO SANGUINETTI (1936-), ex-presidente do Uruguai

Donde acaba la razón, empieza la Argentina.
DITADO ARGENTINO ANÔNIMO

Encontro de psicólogos na Argentina: “*Qué es el Ego?*” Resposta: “*El Ego es el pequeño argentino que todos tenemos adentro.*” Comentário ouvido na plateia: “*Pequeño?*”
ANEDOTA ARGENTINA

Existem tantos conflitos na Argentina que, se uma pessoa vai dar uma conferência sobre botânica, na entrada sempre haverá alguém que perguntará de que lado está o conferencista. **JUAN CARR** (1961-), fundador da Rede Solidária na Argentina

No imaginário dos argentinos, a intransigência converteu-se em valor moral.
NICOLAS SHUMWAY, diretor do Centro de Estudos Latino-Americanos da Universidade do Texas e autor de *A invenção da Argentina*

Qual o resultado do casamento de uma argentina com um paraibano?
Um porteiro que se acha dono do prédio. **PIADA CARIOCA**

Os argentinos, na sua história, foram espetaculares nas batalhas,
mas se revelaram medíocres nas tarefas cotidianas da política,
quando não há epopeias, e sim abundantes e anônimas rotinas necessárias.
Por isso, países com menos recursos avançaram mais que nós.
JORGE FERNÁNDEZ DÍAZ (1960-), jornalista argentino

Pensei que não havia nada mais apaixonante que uma corrida de touros.
Até que vi dois argentinos discutindo política.
OCTAVIO PAZ (1914-1998), escritor mexicano

Se Franz Kafka tivesse nascido na Argentina, seria um cronista de costumes. **ENRIQUE PETRACCHI** (1935-2014), ex-juiz da Suprema Corte de Justiça da Argentina

Um americano pode ser medíocre, dois se entendem bem e três formam um excelente time; já um argentino sozinho pode ser brilhante, dois brigam entre si e três produzem o caos. **DITADO ARGENTINO**

“ Armário

Nas lembranças de cada homem, há coisas que ele não revelará para todos, mas apenas para seus amigos. Há outras coisas que ele não revelará nem para seus amigos, mas apenas para si próprio. Finalmente, há algumas coisas que um homem teme revelar até para si mesmo, e qualquer homem honesto acumula um número bem considerável dessas coisas. Quanto mais respeitável é um homem, mais dessas coisas ele tem. **FIÓDOR DOSTOIÉVSKI** (1821-1881), escritor russo

O que posso contar não é interessante.
E o que é interessante eu não posso contar.
SABINO FERNÁNDEZ CAMPO (1918-2009), ex-chefe da Casa Real Espanhola

Não pergunte, não responda. **SAM NUNN** (1938-), político americano, resumindo a política da administração Clinton para lidar com o homossexualismo nas Forças Armadas

“ Arte

A literatura, como toda arte, é uma confissão de que a vida não basta. **FERNANDO PESSOA** (1888-1935), poeta português

Confusa época em que os museus se transformam em igrejas e igrejas em museus. **JEAN COCTEAU** (1889-1963), escritor francês

Não consigo imaginar como alguém que não escreve, pinta ou compõe pode passar pela vida. **GRAHAM GREENE** (1904-1991), romancista inglês

Há várias formas de produção: artilharia, automóveis, caminhões. Vocês também produzem “commodities”, “trabalhos”, “produtos”. Essas coisas são altamente necessárias. Coisas de engenharia.

Para a alma das pessoas. "Produtos" são muito importantes para a alma das pessoas. Vocês são engenheiros das almas humanas. **JOSEF STÁLIN** (1879-1953), ditador soviético, em 1932, em discurso para escritores na casa de Gorki

Numa sociedade livre, a arte não é uma arma. ... Artistas não são engenheiros da alma. **JOHN F. KENNEDY** (1917-1963), ex-presidente dos Estados Unidos

Toda arte é autobiográfica: a pérola é a autobiografia da ostra.
FEDERICO FELLINI (1920-1993), cineasta italiano

Artista

É preciso acabar com o mito do poeta inspirado.
ÁLVARO DE CAMPOS, heterônimo de Fernando Pessoa (1888-1935), poeta português

O drama do artista é que ele luta para ser conhecido, e, quando consegue, compra uns óculos escuros e se esconde.
TOM JOBIM (1927-1994), maestro e compositor

Só a arte é útil. Crenças, escritos, impérios, atitudes – tudo isso passa.
FERNANDO PESSOA (1888-1935), poeta português

Tenho uma esposa, três crianças, três cachorros e sete gatos. Não sou um Franz Kafka, sentado sozinho e sofrendo. **STANLEY KUBRICK** (1928-1999), cineasta americano

Asilo

Quando uma ideologia fica bem velhinha, vem morar no Brasil.
MILLÔR FERNANDES (1923-2012), humorista

O pensamento de esquerda marxista no Brasil é kitsch ideológico.
DÉCIO PIGNATARI (1927-2012), poeta e publicitário, em 1987

Para a América Latina, a África e a Ásia, não há saída fora do socialismo.
FREI BETTO (1944-), nome religioso de Carlos Alberto Libânio Christo, teólogo e escritor, no prefácio de *Socialismo: uma utopia cristã*, de Luiz Francisco de Souza

O asilo de alienados é o lugar onde o otimismo mais floresce.
HAVELOCK ELLIS (1859-1939), médico e escritor britânico

Astronomia

Há 10^{11} estrelas na galáxia. Antigamente, isso era um número enorme. Mas são somente cem bilhões. É menos que o déficit nacional. Costumávamos chamar essas quantidades de números astronômicos. Agora deveríamos chamá-las de números econômicos. **RICHARD FEYNMAN** (1918-1988), físico americano

Há duas coisas infinitas: o Universo e a tolice dos homens.
ALBERT EINSTEIN (1879-1955), físico alemão

Ateísmo

Deus chegou. Encontrei-o no trem das 17h15.
JOHN MAYNARD KEYNES (1883-1946), economista britânico, sobre seu encontro com o filósofo alemão Ludwig Wittgenstein em Cambridge

Creio que basta uma dor de dente para negar a existência de um Deus Todo-poderoso. **JORGE LUIS BORGES** (1899-1986), escritor argentino

Se Deus existe, ele nos deve desculpas. **WOODY ALLEN** (1935-), cineasta americano

Atitude

É melhor acender uma vela que amaldiçoar a escuridão.
CONFÚCIO (551 a.C.-479 a.C.), filósofo chinês

Na guerra, determinação; na derrota, rebeldia; na vitória, magnanimidade; na paz, boa vontade. **WINSTON CHURCHILL** (1874-1965), ex-primeiro-ministro britânico

Não são seus argumentos que convencem. É você que convence.
CHARLES TSCHOPP (1899-1982), escritor suíço

Prefiro os que dizem “não” resolutamente aos que dizem “sim” de maneira vacilante. **RALPH WALDO EMERSON** (1803-1882), filósofo americano

Tancredo era suave na forma e forte na razão.
ULYSSES GUIMARÃES (1916-1992), político

Eu nunca tive uma modesta opinião. Se você tem uma opinião, por que ser modesta sobre ela? **JOAN BAEZ** (1941-), cantora e compositora americana

“ Ativismo

Não há nada mais terrível que a ignorância ativa.
JOHANN WOLFGANG VON GOETHE (1749-1832), escritor alemão

O controle de preços e salários é uma solução militar para um problema econômico. **IRVING KRISTOL** (1920-2009), escritor americano

Basta de inflación. En la Argentina no existe la inflación. Me entendió?
GUILLERMO MORENO (1955-), secretário do governo Cristina Kirchner, dirigindo-se a um empresário que se queixava da inflação e se postando atrás dele enquanto lhe apertava os ombros, segundo relato do jornalista Eduardo van der Kooy, *Clarín* (9 out 2011)

Se o governo administrar o Saara, em cinco anos faltará areia.
MILTON FRIEDMAN (1912-2006), economista americano

Se o governo compra um circo, o anão começa a crescer.
ANTONIO DELFIM NETTO (1928-), economista e ex-ministro da Fazenda

A Argentina cresce de noite, quando seus governantes dormem.
ESTADISTA ESTRANGEIRO ANÔNIMO, no começo do séc.XIX

Ela quer nomear cada porteiro de subestação do Amazonas.
FRASE ANÔNIMA referente ao controle das indicações para as diretorias das empresas estatais do setor elétrico por parte da presidente Dilma Rousseff

“ Atores

Como pode um presidente não ser um ator?
RONALD REAGAN (1911-2004), ex-presidente dos Estados Unidos

Representar é uma forma masoquista de exibicionismo. Não é realmente a ocupação de um adulto. **LAURENCE OLIVIER** (1907-1989), ator e diretor inglês

Representar é uma forma de desonestidade organizada.
DAVID HARE (1947-), dramaturgo inglês

Representar é apenas a arte de manter um grupo grande de pessoas sem tossir.
RALPH RICHARDSON (1902-1983), ator inglês

“ Audiência

Bom, eu não tenho instruções, com exceção das que eu mesmo dei a mim. Claramente, não estamos discutindo no mesmo nível, e portanto é melhor que o senhor marque uma audiência com meu assistente. **ERNEST BEVIN** (1881-1951), ministro das Relações Exteriores britânico, em 1946, a seu colega soviético Andrey Vyshinsky, quando este começou a reunião dizendo que tinha recebido instruções superiores

Ele ouvia melhor com os olhos do que com os ouvidos. **ALZIRA VARGAS** (1914-1992), sobre seu pai, Getúlio Vargas, ao se referir à preferência dele por conversas pessoais, que lhe permitiam avaliar as reações e a linguagem corporal do interlocutor.

“ Autoajuda

Adie tudo. Nunca se deve fazer hoje o que se pode deixar de fazer também amanhã. Nem mesmo é necessário que se faça qualquer coisa, amanhã ou hoje. **BERNARDO SOARES**, heterônimo de Fernando Pessoa (1888-1935), poeta português

Evite ofuscar os seus superiores. Todas as vitórias provocam ódio, e a vitória sobre seu superior é tola ou fatal. **BALTASAR GRACIÁN** (1601-1658), teólogo jesuíta

Puxe bem o saco escolhido, mas puxe um só, não puxe saco a varejo. **AUGUSTO FREDERICO SCHMIDT** (1906-1965), poeta, em receita para o sucesso na administração pública, em frase a ele atribuída por Autran Dourado

Existem três frases curtas que levarão sua vida adiante: “Não diga que fui eu!”, “Ó, boa ideia, chefe!” e “Já estava assim quando cheguei’”. **HOMER JAY SIMPSON**, personagem de Matt Groening (1954-), cartunista americano

Faz o menor número de confidências possível. É melhor não fazeres nenhuma, mas, se fizeres algumas, fá-las falsas ou imprecisas. **FERNANDO PESSOA** (1888-1935), poeta português

“ Autocrítica

Me dou cada vez menos importância. **GILBERTO GIL** (1942-), músico, ao completar setenta anos

Não sou eu que brilho. Meus inimigos é que são opacos. **ANTÔNIO CARLOS MAGALHÃES** (1927-2007), ex-governador da Bahia

Pessoas sem uma doutrina construtiva não são capazes de fazer coisa alguma, e de fato nada realizaram até agora, exceto fazer barulho, instigar chamas perigosas e levar ruína à causa que abraçaram.
KARL MARX (1818-1883), filósofo revolucionário alemão, em 1846

Eu não posso ser membro de um clube que me admite como sócio.
GROUCHO MARX (1890-1977), comediante americano

Quando jovem, eu era de uma ignorância enciclopédica.
NELSON RODRIGUES (1912-1980), jornalista e dramaturgo

Quando vejo aqueles que abraçam minha causa, começo a me perguntar sobre a validade de minha posição. **JOSEPH SCHUMPETER** (1883-1950), economista austríaco

“ Autoengano

A capacidade de se iludir pode ser uma importante ferramenta de sobrevivência.
JANE WAGNER (1935-), humorista americana

A mentira mais frequente é aquela que se conta para si mesmo.
FRIEDRICH NIETZSCHE (1844-1900), filósofo alemão

A minha capacidade de previsão e percepção é muito superior à capacidade de persuasão. **ROBERTO CAMPOS** (1917-2001), economista e ex-ministro do Planejamento

Há mais valor em acreditar firmemente na própria ilusão do que em aceitar passivamente uma mentira alheia. **JOSÉ INGENIEROS** (1877-1925), escritor argentino

“ Autor

A ilusão do autor é um dos mais finos estratagemas da criação.
JOAQUIM NABUCO (1849-1910), político e diplomata

Minha obra está pronta. Agora só me resta escrever os versos.
JEAN RACINE (1639-1699), dramaturgo francês

Sou autor de muitos originais e de nenhuma originalidade.
OTTO LARA RESENDE (1922-1992), jornalista e escritor

Você dirá, Oscar, você dirá.
JAMES WHISTLER (1834-1903), pintor americano, em comentário para Oscar Wilde sobre a atribuição de histórias a personagens famosos, ao ouvir o escritor exclamar certa vez: "Como eu gostaria de ter dito isso!"

" Autoria

A história é escrita pelos vencedores.
GEORGE ORWELL (1903-1950), escritor inglês

A história será gentil comigo, pois pretendo escrevê-la.
WINSTON CHURCHILL (1874-1965), ex-primeiro-ministro britânico, comentando seu período como premiê da Grã-Bretanha

Até que os leões tenham seus próprios historiadores, as histórias de caçadas continuarão glorificando o caçador.
EDUARDO GALEANO (1940-2015), jornalista e escritor uruguaio

" Autoridade

A hierarquia existe, disso não tenho dúvidas. Entre mim e o oficial que aponta sua arma para mim está a imensidão representada pelo direito de matar.
JORGE SEMPRÚN (1923-2011), escritor espanhol, retratando sua passagem pelo campo de concentração de Buchenwald, em *Aquele domingo*

Democracia significa governo pela discussão, mas é efetiva apenas se você conseguir fazer as pessoas pararem de falar.
CLEMENT ATTLEE (1883-1967), ex-primeiro-ministro inglês

O pior na ditadura é o guarda da esquina.
PEDRO ALEIXO (1901-1975), ex-vice-presidente da República

Nós argentinos gostamos de autoridade e só respeitamos aquele que demonstra possuí-la. Por isso, o peronismo faz sucesso até hoje.
ANALÍA DEL FRANCO, consultora argentina da Consultoria Analogias

“ Azar

O kirchnerismo parece uma dessas famílias que ficam anos
rindo do cunhado, e um dia ele ganha na loteria.

ALEJANDRO BORENSZTEIN (1958-), jornalista argentino, sobre a escolha do papa Francisco como pontífice, depois de ter sido combatido durante anos por Néstor e Cristina Kirchner

O azar não existe; Deus não joga dados.

ALBERT EINSTEIN (1879-1955), físico alemão

B

“ Bacharel

Não é mérito, mas, pela primeira vez na história da República, a República tem um presidente e um vice-presidente que não têm diploma universitário. Possivelmente, se nós tivéssemos, poderíamos fazer muito mais.
LUIZ INÁCIO LULA DA SILVA (1945-), ex-presidente da República

Ser bacharel – uma qualidade que se exige para tudo e que se não respeita para coisa nenhuma. **EÇA DE QUEIRÓS** (1845-1900), escritor português

“ Bajulação

Minha ideia de pessoa agradável é aquela que concorda comigo.
BENJAMIN DISRAELI (1804-1881), ex-primeiro-ministro britânico

Não é fácil dissimular o prazer da lisonja.
MACHADO DE ASSIS (1839-1908), escritor

Não há outro meio de guardar-se da adulação a não ser fazendo com que os homens entendam que não te ofendem dizendo a verdade.
NICOLAU MAQUIAVEL (1469-1527), filósofo e diplomata italiano

O amor-próprio é o começo da bajulação.
PLUTARCO (66-120), filósofo grego

“ Banco

O que representa roubar um banco comparado ao que representa fundar um?
BERTOLT BRECHT (1898-1956), dramaturgo alemão

O banco é um estabelecimento que nos empresta um guarda-chuva num dia de sol e nos pede de volta quando começa a chover.
ROBERT FROST (1874-1963), poeta americano

A vantagem de dever muito sobre dever pouco é que, quando devemos pouco, temos de ir ao banco. Quando devemos muito, o banco vem a nós.
MILLÔR FERNANDES (1923-2012), humorista

Porque a queda do Banco Rural e Hipotecário, em si mesma, não vale mais que a de outro qualquer banco. E depois não há bancos eternos. Todo banco nasce virtualmente quebrado; é o seu destino, mais ano, menos ano. O que nos deu a ilusão do contrário foi o finado Banco do Brasil. ... Vimos que não foi.
MACHADO DE ASSIS (1839-1908), escritor

É melhor os bancos ganharem dinheiro a ter de fazer outro Proer.
LUIZ INÁCIO LULA DA SILVA (1945-), ex-presidente da República, em resposta aos que criticavam os lucros obtidos pelos bancos em seu governo

Se você tiver de provar que merece seu crédito, ele já desapareceu.
WALTER BAGEHOT (1826-1977), jornalista e escritor britânico

Banco Central

O Banco Central nunca sabe por que está batendo nos bancos, mas, com certeza, os bancos sabem por que estão apanhando.
GUSTAVO LOYOLA (1952-), economista

O papel do Banco Central é tirar o barril de chope de cena quando a festa está começando.
PAUL VOLCKER (1927-), ex-presidente do Banco Central dos Estados Unidos

O trabalho do Banco Central é se preocupar.
ALICE RIVLIN (1931-), ex-diretora do Banco Central dos Estados Unidos

Um Banco Central raramente é popular.
ALAN GREENSPAN (1926-), ex-presidente do Banco Central dos Estados Unidos

Uma vez que alguém ingressa no conselho de um Banco Central sob os olhares da opinião pública, torna-se imediatamente moderado.
RUDIGER DORNBUSCH (1942-2002), economista teuto-americano

O sigilo é uma forma de um Banco Central parecer inteligente, porque assim ele não define metas que depois se revelam erradas.
MARTIN SCHÜRZ, economista do Banco Nacional da Áustria

“ Banco público

Os negócios de um banco privado começam e terminam na mesa do gerente. Os de um banco estadual começam e terminam na audiência com o governador.
GUSTAVO KRAUSE (1946-), político pernambucano, ministro da Fazenda por breve período

“ Bandidagem

A forma mais eficaz de evitar o crime é a certeza do castigo.
CESARE BECCARIA (1738-1794), jurista romano, considerado o principal representante do iluminismo penal

Um país se conhece pelas suas prisões.
LEON TOLSTÓI (1828-1910), escritor russo

“ Banqueiro

A coisa está tão grave que é pobre roubando pobre. Eu, antigamente, via: “Bandido roubou um banco.” Ficava preocupado, mas falava: “Roubar um banqueiro... O banqueiro tem tanto que um pouquinho não faz falta.” Afinal de contas, as pessoas falavam: “Quem rouba mesmo é banqueiro, que ganha às custas do povo.” Eu ficava preocupado. Era chato, mas era... Sabe? Alguém roubando rico.
LUIZ INÁCIO LULA DA SILVA (1945-), ex-presidente da República, *Veja*, blog (25 set 2014)

Roberto, você pode ficar de pé para minha mulher saber quem é o dono do banco dela?
LUIZ INÁCIO LULA DA SILVA, em 2002, dirigindo-se a Roberto Setúbal, dono do Itaú, em encontro com lideranças empresariais

Banqueiro é esse cara que só se arrisca quando não há o menor perigo.
MILLÔR FERNANDES (1923-2012), humorista

As pessoas quebram um banco, falsificam a contabilidade, enganam o governo e o público em geral, dão prejuízo ao povo, e depois disso tudo se julgam donas de uma série de direitos, como se fossem injustiçadas. É um país curioso este meu país.
CARLOS EDUARDO DE FREITAS (1943-), quando era diretor do Banco Central, sobre notícia de que ex-banqueiro processaria o Banco Central

“ Base aliada

Não tema a oposição. Tema seus colegas no ministério.
WINSTON CHURCHILL (1874-1965), ex-primeiro-ministro britânico

Prefiro lutar contra uma coalizão a liderar uma.
NAPOLEÃO BONAPARTE (1769-1821), imperador da França

O PMDB faz parte do governo, mas não é para dizer amém a tudo que acontece.
EDUARDO CUNHA (1958-), político

O PMDB de Patos não se sente representado no governo.
HUGO MOTTA (1989-), deputado do PMDB da Paraíba,
reclamando da ausência de correligionários de sua cidade no governo do estado

Ninguém segue o passo que escorrega.
WILLIAM SHAKESPEARE (1564-1616), dramaturgo inglês,
Poeta para o Pintor sobre o arrivismo em torno de Tímon, em *Tímon de Atenas*

“ Bastidores

Dorme-se melhor quando não se sabe como se fazem linguiças e política.
OTTO VON BISMARCK (1815-1898), chanceler alemão, em frase a ele atribuída

O mundo é governado por personagens muito diferentes daqueles imaginados pelas pessoas que não contemplam os bastidores.
BENJAMIN DISRAELI (1804-1881), ex-primeiro-ministro britânico, sobre a rainha Vitória

“ Batalha

Nenhuma batalha desenrola-se como previram aqueles que armam os planos.
LEON TOLSTÓI (1828-1910), escritor russo

A diferença entre a guerra e a política é que na guerra só se morre uma vez.
WINSTON CHURCHILL (1874-1965), ex-primeiro-ministro britânico

“ Beleza

Poder que a mulher tem de provocar fascínio no amante e terror no marido.
AMBROSE BIERCE (1842-1914), escritor e jornalista americano

Ninguém faz tudo bonito sempre. Até Deus. Ele fez o cavalo e também o rinoceronte. **VINICIUS DE MORAES** (1913-1980), poeta

Eu realmente não gosto de joelho.
YVES SAINT LAURENT (1936-2008), estilista francês

Nenhum de nós é super-homem o bastante para escapar completamente do kitsch. Não importa quanto o desprezemos, o kitsch é parte integrante da condição humana. **MILAN KUNDERA** (1929-), escritor tcheco

“ Bem comum

As coisas de interesse de todos quase sempre não interessam a ninguém.
MILLÔR FERNANDES (1923-2012), humorista

É muito difícil fazer, em um regime aberto, o mesmo sistema tributário de um regime semiditatorial. **FRANCISCO DORNELLES** (1935-), ex-ministro da Fazenda

Um ministro do Meio Ambiente ganha aliados a prazo e faz inimigos à vista.
GUSTAVO KRAUSE (1946-), ex-ministro do Meio Ambiente

“ Bem público

A liberdade não provê bens; ela é um bem em si.
OCTAVIO PAZ (1914-1998), escritor mexicano

A liberdade pertence àqueles que souberam conquistá-la.
ANDRÉ MALRAUX (1901-1976), escritor francês

“ Biografia

Eu inventei tudo para, depois, poder contar.
FEDERICO FELLINI (1920-1993), cineasta italiano, falando sobre sua autobiografia

A vida de Lord Byron não tem nada de interessante, com exceção do que não deve ser contado.
WILLIAM KING (1815-1893), conde de Lovelace, escritor britânico

Alguma medida de omissão e até de esquecimento é condição necessária para a saúde cívica. **TONY JUDT** (1948-2010), historiador britânico, opinando acerca dos riscos do "excedente de memória", em *Pós-Guerra*

" Bipolaridade

Com Kirchner, só é possível ser escravo ou inimigo.
MINISTRO ANÔNIMO de Néstor Kirchner

Na Argentina, os presidentes têm apenas duas opções: a reeleição ou a prisão.
NÉSTOR KIRCHNER (1950-2010), ex-presidente da Argentina, em frase a ele atribuída

La opción es la gloria o Devoto.
JORGE FERNÁNDEZ DÍAZ, jornalista argentino, sobre as opções de certos candidatos a presidente na Argentina, aludindo ao bairro onde fica uma famosa prisão

O brasileiro sai da euforia para a tristeza sem passar pelo ressentimento.
MARCOS AZAMBUJA (1935-), diplomata

O governo parece praticar um esporte no qual não existe empate.
JOAQUÍN MORALES SOLÁ (1950-), jornalista argentino, em 2008, sobre a tendência do governo Kirchner a estimular conflitos

Para Kirchner, a negociação é uma confissão de derrota.
RICARDO KIRSCHBAUM (1948-), jornalista argentino

" Boato

O boato é a telegrafia da mentira. Algumas vezes esta acerta e aquela mente, mas por exceção. **MACHADO DE ASSIS** (1839-1908), escritor

O rumor é uma flauta de conjecturas, ciúmes e suspeitas, instrumento tão simples e tão fácil, que o monstro rude de 100 mil cabeças, a ondeante multidão, sempre indecisa, pode tocá-lo. **WILLIAM SHAKESPEARE** (1564-1616), dramaturgo inglês, em *Henrique IV*, Segunda parte, Prólogo

“ Bode expiatório

Nós todos temos a mania de procurar sempre a verdade muito longe.
LIMA BARRETO (1881-1922), jornalista e escritor

Uma das características dos países subdesenvolvidos é a contínua busca de bodes expiatórios para explicar a pobreza. É difícil reconhecer que a culpa está em nós mesmos, e não nos demônios.
ROBERTO CAMPOS (1917-2001), economista e ex-ministro do Planejamento

A natureza parece feita de antipatias: sem algo para odiar, nós perderíamos a fonte do pensamento e da ação.
WILLIAM HAZLITT (1778-1830), ensaísta inglês, em *On the Pleasure of Hating* (1826)

Para exercer o poder, é necessário procurar um inimigo.
ASSESSOR de Néstor Kirchner (2004)

Poucas pessoas conseguem ser felizes, a menos que odeiem outra pessoa, nação ou credo. **BERTRAND RUSSELL** (1872-1970), filósofo britânico

“ Bolsa de valores

Compre sempre na baixa, venda sempre na alta e não se abaixe para apanhar o sabonete. **MILLÔR FERNANDES** (1923-2012), humorista

Estudos econômicos normalmente recomendam que o melhor momento para comprar alguma coisa é o ano passado. **MARTY ALLEN** (1922-), comediante americano

O mercado pode permanecer irracional por mais tempo do que você pode permanecer solvente. **JOHN MAYNARD KEYNES** (1883-1946), economista britânico

Seja prudente quando os outros são vorazes e seja voraz quando os outros são prudentes. **WARREN BUFFETT** (1930-), investidor americano

“ Branco

Branco é engraçado. Trata menino como cachorro e cachorro como menino.
MÁRIO JURUNA (1942-2002), cacique xavante, liderança indígena dos anos 1980

É uma crise causada e fomentada pelo comportamento irracional de gente branca de olhos azuis que, antes da crise, parecia que sabia de tudo e agora demonstra que não sabia de nada. **LUIZ INÁCIO LULA DA SILVA** (1945-), ex-presidente da República, sobre a crise financeira mundial, em 2009

“ Brasília

Brasília é como uma colmeia de abelhas. Metade fica voando e metade fazendo cera. **PAULO MALUF** (1931-), político e ex-governador de São Paulo

Brasília é o desnecessário tornado irreversível.
MILLÔR FERNANDES (1923-2012), humorista

Em 1964, a União era forte e os estados, fracos; o Executivo era forte e o Legislativo, fraco; o setor público era forte e o setor privado, fraco. Foi isso que permitiu criar um sistema tributário comandado pela União.
FRANCISCO DORNELLES (1935-), ex-ministro da Fazenda

O problema de Brasília é o tráfico de influência, enquanto o do Rio é a influência do tráfico. **ZÓZIMO BARROZO DO AMARAL** (1941-1997), jornalista

Tenho a impressão de que estou desembarcando num planeta diferente, não na Terra. **IURI GAGARIN** (1934-1968), astronauta soviético, ao conhecer Brasília, em 1960

“ Brasilidade

O Brasil é o país do futuro – e sempre será.
STEFAN ZWEIG (1881-1942), escritor austríaco

O Brasil tem um grande futuro. O Brasil teve um grande futuro. O Brasil terá sempre um grande futuro? **GEORGES CLEMENCEAU** (1841-1929), ex-primeiro-ministro da França, após retornar do Brasil

O centro de gravidade do Brasil é o futuro.
EDUARDO GIANNETTI DA FONSECA (1957-), economista

Brasil é o mais antigo país do futuro em todo o mundo.
MILLÔR FERNANDES (1923-2012), humorista

Antes de os portugueses descobrirem o Brasil, o Brasil tinha descoberto a felicidade. **OSWALD DE ANDRADE** (1890-1954), escritor

Como país, acho que o Brasil não tem saída – não é trágico, como o México, não; é apenas letárgico, egoísta, autocomplacente, meio maluco. **ELIZABETH BISHOP** (1911-1979), poeta americana, opinando sobre o Brasil nos anos 1960

O Brasil não gosta de seu passado e sempre achou que não tem direito a futuro nenhum. Para disfarçar, fala de si mesmo com falsa convicção, mentindo alegremente sobre o que somos e o que queremos ser. Nunca fomos o paraíso anunciado, enganamos navegantes, cientistas e poetas com nossas palmeiras e nossos carnavais. **CACÁ DIEGUES** (1940-), cineasta

No Brasil, prostituta se apaixona, cafetão tem ciúme e traficante se vicia. **TIM MAIA** (1942-1998), cantor e compositor

O *Pasquim* foi só diversão. Até a censura era um barato. Era feita pelo coronel Juarez. Recebia a gente na garçonnière dele. Pegava o material e riscava a lápis. A gente argumentava. Havia diálogo. O pessoal torcia para chegarem as garotas. Ele apresentava: "Esses são meus amigos do famoso *Pasquim*." Aí liberava as maiores atrocidades! Ele tinha uma turma de coroas na praia, a gente contratou uma loura espetacular de biquíni. Ela levava o material e ele censurava na praia! E ela dizia: "Ah, meu bem, não faz isso, os meninos vão ficar tristes." Ele ficava orgulhoso e liberava. **JAGUAR** (1932-), cartunista, entrevista, *O globo* (2014)

O Brasil é um país onde ninguém diz o que pensa e ninguém pensa no que diz. **CLAUDIO ABRAMO** (1923-1987), jornalista

Quem não conhece acha que o Brasil é um caos. **WOLFGANG SAUER** (1930-2013), empresário alemão radicado no Brasil, ex-presidente da Volkswagen

O Brasil é um país que desperta carinho, mas não respeito. **SIMON ANHOLT** (1961-), consultor britânico, autor de um ranking das nações mais admiradas do globo

O Brasil é um país que me puxa para baixo. **BRUNO BARRETO** (1955-), cineasta, explicando a tendência nacional a fazer a apologia do derrotismo e a considerar o êxito um pecado

O Brasil é um país sem povo. **CONDE DE GOBINEAU** (1816-1882), diplomata francês que serviu no Rio de Janeiro no séc.XIX

O Brasil é um prato cheio para o sarcasmo e a avacalhação.
DIOGO MAINARDI (1962-), jornalista e escritor

Nós os brasileiros somos como Robinson: estamos sempre à espera do navio que nos venha buscar na ilha em que um naufrágio nos atirou.
LIMA BARRETO (1881-1922), jornalista e escritor

O Brasil é uma obra inacabada.
JENS GLÜSING, correspondente da revista alemã *Der Spiegel* no Brasil

O Brasil é uma ópera-bufa. **MIGUEL FALABELLA** (1956-), ator

O Brasil não é para principiantes.
TOM JOBIM (1927-1994), maestro e compositor

O Brasil precisa superar um traço de caráter irresponsável que no passado às vezes levou o país a parecer ingovernável.
FERNANDO HENRIQUE CARDOSO (1931-), ex-presidente da República, em *O improvável presidente do Brasil*

O brasileiro gosta muito de ignorar as próprias virtudes e exaltar as próprias deficiências, numa inversão do chamado ufanismo. Somos uns Narcisos às avessas, que cospem na própria imagem.
NELSON RODRIGUES (1912-1980), jornalista e dramaturgo, em 1957

Os brasileiros mostram altivez nas baixezas, amor-próprio nas bagatelas e obstinação em puerilidades.
JOSÉ BONIFÁCIO DE ANDRADA E SILVA (1763-1838), político e estadista

Sociologicamente, não há Brasil.
FERNANDO PESSOA (1888-1935), poeta português

Tudo que só existe no Brasil e não é jabuticaba é besteira.
MÁRCIO MOREIRA ALVES (1936-2009), jornalista

Dois brasileiros que se desconhecem constituem sempre uma hipótese de íntima amizade depois de cinco ou dez minutos de conversa.
OTTO LARA RESENDE (1922-1992), jornalista e escritor

Brasil? Fraude explica.
CARLITO MAIA (1924-2002), publicitário

“ Bravata

O monopólio da violência é do Estado, e nós somos o Estado.
O Estado sou eu.
GUILLERMO MORENO (1955-), então secretário de Comércio Interior de Néstor Kirchner, evocando Luís XVI diante de dirigentes empresariais

Quem ostenta o poder não o tem.
GOLBERY DO COUTO E SILVA (1911-1987), general, ex-ministro dos presidentes Ernesto Geisel e João Figueiredo

“ Bravura

Trago comigo as feridas de todas as batalhas que evitei.
BERNARDO SOARES, heterônimo de Fernando Pessoa (1888-1935), poeta português

“ Burguesia

A juventude burguesa é revolucionária aos vinte anos, radical aos trinta e comilona aos quarenta.
CARLO ROSSELLI (1899-1937), jornalista italiano

Burguês é uma dessas palavras anfíbias que são um elogio ou uma injúria, segundo a pessoa que a emprega e a maneira como é pronunciada.
FRANCISQUE SARCEY (1827-1889), crítico de teatro e jornalista francês

Patrão de esquerda só é bom até o dia do pagamento.
OTTO LARA RESENDE (1922-1992), jornalista e escritor

Como é bestial a burguesia. Especialmente o macho da espécie.
D.H. LAWRENCE (1885-1930), escritor britânico

Nossa burguesia fedorenta só teve coragem de organizar a primeira universidade em 1903.
JOÃO PEDRO STÉDILE (1953-), líder do Movimento dos Sem Terra

Posso ser influenciado pelo que me parece ser justiça e bom senso – mas a guerra de classes me encontrará do lado da burguesia educada.
JOHN MAYNARD KEYNES (1883-1946), economista britânico

Assim, preparei uma bomba. Num certo momento, lembrei-me da acusação que havia sido feita em Ravachol. E as vítimas inocentes? Mas logo resolvi esse problema. Os edifícios onde a Companhia Carmoux mantinha seus escritórios eram habitados apenas por burgueses: não havia, portanto, vítimas inocentes.
ÉMILE HENRY, anarquista francês, preso por atentados a bomba, depoimento quando estava preso (abr 1894), compilado por George Woodcock, *The Anarchist Reader* (1977)

“ Burocracia

A burocracia é a convergência de voracidades.
JOSÉ INGENIEROS (1877-1925), escritor argentino

É mais fácil comprar um submarino que ser autorizado a comprar um pacote de chá para as reuniões de gabinete.
WINSTON CHURCHILL (1874-1965), ex-primeiro-ministro britânico

Jamais se deve servir ao patrão atual, e sim preparar-se para o seguinte.
UMBERTO ECO (1932-), filósofo e escritor italiano, fala do personagem Rachkovsky, agente russo, em *O cemitério de Praga*

O inferno não tem a fúria de um burocrata desprezado.
MILTON FRIEDMAN (1912-2006), economista americano

Um burocrata é um conservador que domina a esquerda e a direita.
MILLÔR FERNANDES (1923-2012), humorista

Diretrizes para burocratas: 1) quando encarregado, pondere; 2) quando em dificuldades, delegue; e 3) quando em dúvida, resmungue.
JAMES H. BOREN (1925-), burocrata americano

Um memorando não é escrito para informar o leitor, mas para proteger o autor.
DEAN ACHESON (1893-1971), político americano

“ Burrice

Nunca atribua à malícia o que pode ser explicado pela estupidez.
ROBERT J. HANLON, empresário americano

Quanto mais culta é uma pessoa, mais bem definidas são as suas burrices.
MILLÔR FERNANDES (1923-2012), humorista

Invejo a burrice porque é eterna.
NELSON RODRIGUES (1912-1980), jornalista e dramaturgo

A burrice, no Brasil, tem um passado glorioso e um futuro promissor.
ROBERTO CAMPOS (1917-2001), economista e ex-ministro do Planejamento

Pior que o canalha é o burro, porque o canalha nem todo dia é canalha, mas o burro é burro sempre. **FERNANDO HENRIQUE CARDOSO** (1931-), ex-presidente da República, em 2015, citando seu velho professor Camargo, da Politécnica da USP

C

“ Cabotagem

O estadista vê o futuro; o político, o dia seguinte.
WINSTON CHURCHILL (1874-1965), ex-primeiro-ministro britânico

O Executivo pensa nacionalmente, enquanto o Congresso pensa regionalmente.
ROBERTO CAMPOS (1917-2001), economista e ex-ministro do Planejamento

O homem de Estado antevê os tempos futuros. Não planta couves, planta carvalhos. E estamos aqui com plantadores de couve.
CÉLIO BORJA (1928-), ex-ministro do STF

Os políticos são como maus cavaleiros, tão preocupados em se manter na sela que nem prestam atenção para onde estão indo.
JOSEPH SCHUMPETER (1883-1950), economista austríaco

“ Calvície

A experiência é algo que chega quando a gente já é careca.
OSCAR “RINGO” BONAVENA (1942-1976), ex-boxeador argentino

Eu poderia subornar um poeta para escrever sobre minha longa cabeleira, mas não ganharia um único fio de cabelo com isso.
MANUEL SADOSKY (1914-2005), cientista argentino e calvo

A das Malvinas foi uma guerra de dois carecas por um pente.
JORGE LUIS BORGES (1899-1986), escritor argentino

“ Câmbio

De todas as coisas deste mundo e do outro, a que menos entendo é o câmbio. Não é que lhe negue o direito de subir;

mas tantas lástimas ouvi pela queda, quantas ouço agora pela ascensão – não sei se às mesmas pessoas, mas com estes mesmos ouvidos.
MACHADO DE ASSIS (1839-1908), escritor

Não é a moeda forte que faz o país, o país é que faz a moeda forte.
FERNANDO HENRIQUE CARDOSO (1931-), ex-presidente da República

Não é fácil calcular com exatidão a taxa de câmbio de equilíbrio,
mas taxas de câmbio muito erradas são como girafas:
qualquer um as reconhece à primeira vista.
CARLOS DÍAZ-ALEJANDRO (1937-1985), economista cubano

O câmbio foi inventado por Deus para humilhar os economistas:
nunca se sabe para onde ele vai. **EDMAR BACHA** (1942-), economista

Em matéria de câmbio, não é pecado mentir.
MARIO HENRIQUE SIMONSEN (1935-1997), ex-ministro da Fazenda

“ Campeões nacionais

Não precisamos de um BNDES, mas de três bancos como
o BNDES para atender à demanda de investimentos.
BENJAMIN STEINBRUCH (1953-), empresário

É natural que os que comem do bolso da pátria a amem
como à sua própria vida, ou seja, como ao seu pão.
Pensam que amam a pátria, mas o que amam é seu pão.
JUAN BAUTISTA ALBERDI (1810-1984), intelectual argentino

Quando alguém vai para a cama com o governo, deve esperar apanhar as doenças que ele espalha. **RON PAUL** (1935-), político americano

Vocês querem proteção, não fazer um país diferente.
MAURICIO MACRI (1959-), candidato a presidente da Argentina, em 2015, a um empresário kirchnerista que lhe oferecia apoio

A vocês, contribuintes, *I'm sorry*, eu não devo nada.
EIKE BATISTA (1956-), empresário, reiterando não ter dívidas de empréstimos feitos com dinheiro público, entrevista a Mariana Godoy (jun 2015)

O governo é instituído para o bem comum; para a proteção, segurança, prosperidade e felicidade do povo; e não para o lucro, a honra, ou o interesse privado de nenhum homem, família ou classe de homens.
JOHN ADAMS (1735-1826), ex-presidente dos Estados Unidos, em 1776

Candomblé

A lucidez é um estorvo.
FERNANDO HENRIQUE CARDOSO (1931-), ex-presidente da República

Não é possível governar este país apenas com a racionalidade dos números. É preciso que haja uma combinação entre a racionalidade do cérebro e a racionalidade do coração.
LUIZ INÁCIO LULA DA SILVA (1945-), ex-presidente da República, em 2006

Cansaço

Há um momento da vida, quando chega a velhice, no qual o cansaço não serve para dormir e o sono não serve para descansar. **ADOLFO BIOY CASARES** (1914-1994), escritor argentino, fala do personagem Isidoro Vidal, em *El diario de la guerra del cerdo*

À medida que fico mais velho, aumenta minha impaciência com a incompetência, a falta de compromisso, a irresponsabilidade, a falta de vontade e gana de ir buscar. Fico impaciente com os mesmos discursos, as mesmas desculpas, os mesmos argumentos.
ALAIN BELDA (1943-), CEO da Alcoa mundial, *O Estado de S. Paulo* (21 jan 2007)

Capital

A liberdade do dinheiro é inimiga da liberdade das pessoas.
EDUARDO GALEANO (1940-2015), jornalista e escritor uruguaio

O capital é como água, sempre flui por onde encontra menos obstáculos.
ANTONIO DELFIM NETTO (1928-), economista e ex-ministro da Fazenda

Quando o capital se acovarda, o trabalho morre.
OLAVO BILAC (1865-1918), poeta

Capital estrangeiro é como vento: só entra onde tem saída.
MALCOLM FORBES (1919-1990), empresário americano

O capital é um animal muito sensível, e vai se alimentar onde se sente mais protegido. **WOLFGANG SAUER** (1930-2013), empresário alemão radicado no Brasil, ex-presidente da Volkswagen

O capital é cosmopolita. **EÇA DE QUEIRÓS** (1845-1900), escritor português

O Brasil era uma colônia de férias do capital especulativo. Nós tiramos esse banquete que eles tinham, e aí o pessoal resolveu reclamar de mim.
GUIDO MANTEGA (1949-), economista e ex-ministro da Fazenda, em dezembro de 2012, após críticas em *The Economist* e *Financial Times*

“ Capitalismo

Põe dinheiro em tua bolsa, vai com estas guerras, altera teu aspecto com uma barba emprestada; eu te digo, põe dinheiro em tua bolsa. Não é possível que Desdêmona continue a amar o Mouro por muito tempo – põe dinheiro em tua bolsa –, e nem ele a ela. Foi um começo violento, e verás um final equivalente, mas põe dinheiro em tua bolsa. Esses mouros são inconstantes em seus desejos – enche a tua bolsa de dinheiro.
WILLIAM SHAKESPEARE (1564-1616), dramaturgo inglês, Iago para Rodrigo, antevendo as artimanhas que empreenderá contra Otelo para afastá-lo de Desdêmona, em *Otelo, o mouro de Veneza*

Mete dinheiro na bolsa – ou no bolso, diremos hoje –, e ainda, vai para diante, firme, confiança na alma, ainda que tenhas feito algum negócio escuro. Não há escuridão quando há fósforos. Mete dinheiro no bolso. Vende-te bem, não compres mal os outros, corrompe e sê corrompido, mas não te esqueças do dinheiro, que é com que se compram os melões. Mete dinheiro no bolso.
MACHADO DE ASSIS (1839-1908), escritor, em crônica de 1896

Como sistema capaz de prover os direitos básicos do cidadão, o capitalismo fracassou na maioria dos países do mundo.
FREI BETTO (1944-), nome religioso de Carlos Alberto Libânio Christo, teólogo e escritor, no prefácio de *Socialismo: uma utopia cristã*, de Luiz Francisco de Souza

A prostituição é o supremo triunfo do capitalismo.
JULIE BURCHILL (1959-), escritora feminista americana

O credor é um animal muito perigoso. Ele é tão canalha que quer receber o que te emprestou. **ANTONIO DELFIM NETTO** (1928-), economista e ex-ministro da Fazenda, ironizando as crises externas, *O Globo* (6 out 2013)

O pior crime contra a classe trabalhadora é uma empresa que não dá lucro.
SAMUEL GOMPERS (1850-1924), sindicalista americano

Por sua própria natureza, o capitalismo não é benévolo com o capitalista.
JOSEPH SCHUMPETER (1883-1950), economista austríaco

“ Capitalismo americano

Do macacão ao macacão em três gerações.
DITADO AMERICANO sobre a mobilidade social nas duas direções associada às inovações

Rockefeller tinha verdadeiro horror à competição, que ele julgava uma força destrutiva. **RON CHERNOW** (1949-), escritor americano, biógrafo de John Rockefeller, magnata do século XX

Eu era ligeiramente descrente da mentalidade americana antes de chegar aqui, mas agora a preconizo. Aqui, ninguém vai arrasá-lo se você comprar um carro de 300 mil dólares. Provavelmente dirão: “Bem, você deve ter dado duro para ter isso.”
SIMON COWELL (1959-), empresário do show business, *The New York Times* (2004)

Laissez-faire é bom até que algo dê errado.
JOHN GUTFREUND (1929-), antigo presidente da Solomon Brothers

“ Capitalismo argentino

A Argentina é um país de empresas pobres e empresários ricos.
ELOI RODRÍGUEZ DE ALMEIDA, empresário e presidente do Grupo Brasil, que reúne duzentas empresas brasileiras na Argentina, em *Argentinos: mitos, manias e milongas*,de Márcia Carmo e Mônica Yanakiew

Esto es Rusia y yo soy Putin. (Isto é a Rússia, e eu sou Putin.)
JOSÉ LUIS MANZANO (1956-), neoempresário kirchnerista, em 2012

Para a China, toda crise implica uma oportunidade. Para a Argentina, toda oportunidade é uma crise. **JOAQUÍN MORALES SOLÁ** (1950-), jornalista argentino

“ Capitalismo brasileiro

No Brasil, a empresa privada é controlada pelo governo.
A empresa estatal não é controlada por ninguém.
ROBERTO CAMPOS (1917-2001), economista e ex-ministro do Planejamento

Se os empresários não querem investir, fica difícil. Não dá para estatizar a economia inteira. Se não tem demanda para a indústria, o BNDES vai para aquilo que tem demanda. Se não, vai parar o investimento completamente. Não está errado. O que está errado são os nossos empresários.
MARIA DA CONCEIÇÃO TAVARES (1930-), economista, entrevista, *Valor* (29 set 2014)

Temos que nos tornar uma aposta para quem tem dinheiro.
O Brasil está hoje perdendo esse foco de investimento porque há uma sensação de que existe controle excessivo do lucro.
EDUARDO CAMPOS (1965-2014), ex-governador de Pernambuco, *O Estado de S. Paulo* (2012)

O Brasil é o inventor do socialismo de direita.
MILLÔR FERNANDES (1923-2012), humorista

É um país onde a esperteza passou a ser chamada de competência.
ANTÔNIO ERMÍRIO DE MORAES (1928-2014), empresário

Os empresários brasileiros acompanham preocupados os acontecimentos no Leste Europeu (a queda dos regimes comunistas) porque temem que o capitalismo, afinal, chegue ao Brasil.
LAWRENCE PIH (1942-), empresário, em 1990

Para ser empresário nesse país é preciso ser mágico.
OLACYR DE MORAES (1931-2015), empresário

O capitalismo precisa ser sempre reinventado. Onde está dando mais certo? Nos países que adotaram o capitalismo de Estado. Não vamos comparar o Brasil com a China, onde 80% da economia está

sob controle do Estado. Mas o Brasil tem bancos públicos também, o Brasil tem financiamento público. O que está em crise é o capitalismo liberal clássico, o capitalismo da desregulamentação financeira, que nos levou a esta crise toda. Modestamente, acho que uma das formas mais eficientes de capitalismo é a do Brasil. É um capitalismo que traz diretamente benefícios à população. Estamos longe do modelo europeu de desenvolvimento, mas estamos a caminho de alcançá-lo.
GUIDO MANTEGA (1949-), economista e ex-ministro da Fazenda

“ Capitalismo francês

Se permitirmos que as forças de mercado continuem a avançar, será o fim da civilização na Europa Ocidental. **LIONEL JOSPIN** (1937-), político francês

“ Capitalismo italiano

A expressão *laissez-faire* em italiano deveria ser traduzida como “façamos por nossa conta se conseguirmos, e se não conseguirmos, faça você por nós”.
SIRO LOMBARDINI (1924-2013), economista italiano

“ Caráter

Se quiser pôr à prova o caráter de um homem, dê-lhe poder.
ABRAHAM LINCOLN (1809-1865), ex-presidente dos Estados Unidos

O caráter de um homem é formado pelas pessoas que ele escolheu para conviver.
SIGMUND FREUD (1856-1939), médico austríaco, pioneiro da psicanálise

Uma pele grossa é um presente de Deus.
KONRAD ADENAUER (1876-1967), estadista alemão

“ Caridade

Caridade degrada aqueles que a recebem e enrijece os que a praticam.
GEORGE SAND (1804-1876), escritora francesa

Caridade é injuriosa a menos que ajude o recipiente a se tornar independente.
JOHN D. ROCKEFELLER (1839-1937), magnata americano

Um homem recebendo caridade sempre odeia o seu benfeitor; é uma característica constante da natureza humana.
GEORGE ORWELL (1903-1950), escritor inglês

“ Carioquice

O Brasil só será feliz quando for uma grande Ipanema.
TOM JOBIM (1927-1894), maestro e compositor, na década de 1960

O carioca é o único sujeito capaz de berrar confidências secretíssimas de uma calçada para a outra.
NELSON RODRIGUES (1912-1980), jornalista e dramaturgo

O Rio é a cidade dos brasileiros. **JOÃO GILBERTO** (1931-), cantor

Todo brasileiro que chega de fora do Rio vira automaticamente um carioca.
NELSON RODRIGUES (1912-1980), jornalista e dramaturgo

Eu adoro São Paulo. O único defeito é que a gente anda, anda e nunca chega a Ipanema. **VINICIUS DE MORAES** (1913-1980), poeta

“ Carisma

Acho impressionante que personalidades individuais possam ter influência tão profunda sobre um país.
FERNANDO HENRIQUE CARDOSO (1931-), ex-presidente da República

Ele é uma pilha de simpatia humana. **ROBERTO CAMPOS** (1917-2001), economista e ex-ministro do Planejamento, sobre Juscelino Kubitschek

Eu sou mais culto, mais preparado e sei mais a doutrina. Mas a Kennedy todo mundo segue; e a mim, não.
ADLAI STEVENSON (1900-1965), político americano

Ronald Reagan foi um atleta da imaginação. Ele foi um maestro na arte de transformar dúvidas e coisas complexas e confusas em simplicidades e certezas absolutas do fundo do coração.
RICK PERLSTEIN (1969-), escritor americano,
autor de *The invisible bridge*, sobre a ascensão de Ronald Reagan

Se você quiser ser adversário de Juscelino Kubitschek, não chegue perto dele.
FRASE ANÔNIMA relativa ao ex-presidente da República

A agenda nem de longe produz os efeitos anteriores do governo Brahma. ... A senhora não leva jeito, discurso fraco, confuso, desarticulado, falta carisma.
CEZAR UZEDA, diretor-superintendente da OAS, empreiteira envolvida na Operação Lava Jato, em correspondência interceptada, para seu presidente, Leo Pinheiro, sobre o desempenho de Dilma Rousseff em palestras para clientes internacionais antes proferidas por Lula, apelidado de "Brahma"

" Carreira

A hipocrisia é mais profunda que a mentira: esta pode ser acidental, aquela é permanente. O hipócrita transforma toda a sua vida numa mentira organizada metodicamente.
JOSÉ INGENIEROS (1877-1925), escritor argentino

É melhor ser um ter-sido que um nunca-foi.
CECIL PARKINSON (1932-), político inglês

Sempre que há um projeto que gera um valor presente líquido negativo, há alguém que aparece para justificar. Geralmente, essa pessoa depois é promovida. **FUNCIONÁRIA ANÔNIMA** de uma empresa estatal

" Casamento

O amor é uma insanidade temporária que se cura com o casamento.
AMBROSE BIERCE (1842-1914), escritor e jornalista americano

A diferença entre um relacionamento amoroso e a prisão é que na prisão eles deixam você jogar futebol nos fins de semana.
BOBBY KELTON, comediante americano

A gente se apaixona pelo que imagina e se separa do que encontra.
HORACIO VÁZQUEZ RIAL (1947-2012), escritor argentino, fala do personagem Losada, em *Las dos muertes de Gardel*

Ela o amava sem estimar, enquanto ele a estimava sem amar.
RUBEM FONSECA (1925-), fala de marquês anônimo a respeito de um casal de nobres da época, em *O doente Molière*

Quando uma mulher se casa, troca as atenções de muitos homens pela desatenção de um só. **HELEN ROWLAND** (1875-1950), humorista americana

Um casamento é como uma faculdade, na qual vão sendo feitas provas nas quais às vezes se é aprovado e outras não, com matérias às vezes boas e outras não, mas que fazem parte da grade curricular. No final, a faculdade acaba para ambos. Então, a profissão e o aluno foram feitos um para o outro. No casamento é a mesma coisa: há épocas boas e épocas ruins. Os problemas são vencidos e a pessoa continua, enquanto é possível. Quando as provas acabam, fica o amor e a pessoa recebe o título. **MARIA KODAMA** (1937-), esposa de Jorge Luis Borges

“ Cassetete

O mercado tem de ser domado na porrada [*a palos*].
CONCEPÇÃO DAS AUTORIDADES MAIS INTERVENCIONISTAS DA ARGENTINA, segundo Eduardo van der Kooy (1950-), jornalista argentino

Vamos unificar o país na porrada [*a palos*].
ASSESSOR ANÔNIMO do ex-presidente argentino Bernardino Rivadavia, em 1827

Parece que o governo Collor quer modernizar na porrada. Até quando, porém, a porrada é moderna? **JOSÉ ARTHUR GIANNOTI** (1930-), filósofo

“ Castigo

Essa foi a primeira indicação que eu tive de que Deus existe.
FELIX FRANKFURTER (1882-1965), ex-juiz da Suprema Corte dos Estados Unidos, quando soube que seu colega Fred Vinson, presidente da Corte e notório racista, tinha sido fulminado por um ataque cardíaco

Sou plenamente a favor do retorno à palmatória, mas apenas entre adultos e com mútuo consentimento. **GORE VIDAL** (1925-2012), escritor americano

“ Cegueira

É praga destes tempos que os cegos sejam guiados pelos loucos.
WILLIAM SHAKESPEARE (1564-1616), dramaturgo inglês, Gloucester, que teve os olhos arrancados, ao ser guiado pelo filho Edgar até a beira de um precipício, em *Rei Lear*

Édipo não se cegou por culpa, mas por excesso de informação.
MICHEL FOUCAULT (1926-1984), filósofo francês

Nós estamos todos cegos. Cegos da razão. A razão não se comporta racionalmente, o que é uma forma de cegueira. **JOSÉ SARAMAGO** (1922-2010), escritor português

Podemos ficar cegos para o óbvio e cegos para nossa própria cegueira.
DANIEL KAHNEMAN (1934-), sobre suas pesquisas acerca da psicologia comportamental, em *Rápido e devagar: duas formas de pensar*

“ Censura

A censura é um instrumento de poder mais ou menos anódino, para evitar as beletrices dos intelectuais brasileiros que teimam em fazer política depois que desaprenderam de fazer sonetos. **MILLÔR FERNANDES** (1923-2012), humorista

A primeira vantagem que tem o estado de sítio é que
todos nós nos abstemos de falar em política.
LIMA BARRETO (1881-1922), jornalista e escritor

Entre nós, é proibido publicar a verdade. **ALEKSANDR TVARDÓVSKY** (1910-1971), editor da revista *Novy Mir*, a Vassili Grossman, autor soviético de *Vida e destino*, acerca das chances de publicação do livro, em 1960

O crescimento muito forte do movimento seria impossível sem
a ação monopolística dos meios de comunicação. O governo está
pagando caro por não ter democratizado os meios de comunicação.
É um bumerangue que está voltando para as mãos do próprio governo.
EMIR SADER (1943-), sociólogo, comentando as manifestações de 2013 iniciadas com o aumento das tarifas de ônibus em São Paulo e que tomaram conta do país

A censura nunca termina para aquele que a experimentou.
NADINE GORDIMER (1923-), escritora sul-africana

O governo quer culpar a janela pela existência da paisagem.
MAURO BORJA LOPES (1925-2004), conhecido como Borjalo, cartunista e diretor da TV Globo, em 1980

O que é a liberdade de expressão? Sem a liberdade de ofender, ela deixa de existir.
SALMAN RUSHDIE (1947-), escritor indiano

Assim que os governantes perceberem que teatro não derruba governo, a coisa vai ficar mais fácil. **FLÁVIO RANGEL** (1934-1988), diretor de teatro, em 1978

Centro

Eu sou do centro. Só que o centro é móvel. Ora está à esquerda, ora está à direita.
THALES RAMALHO (1923-2004), político

Para a direita eu não vou, não adianta empurrar. **AÉCIO NEVES** (1960-), político, diante das manifestações a favor do *impeachment* de Dilma Rousseff, no começo de 2015

Para a esquerda eu não vou, não adianta empurrar.
TANCREDO NEVES (1910-1985), político

Nosso partido não é nem de direita, nem de esquerda, nem de centro.
GILBERTO KASSAB (1960-), político

Certeza

Convicções são inimigos mais perigosos da verdade do que as mentiras.
FRIEDRICH NIETZSCHE (1844-1900), filósofo alemão

É um homem muito perigoso, pois acredita em tudo o que diz.
CONDE HONORÉ MIRABEAU (1887-1985), político francês, depois de escutar Robespierre

Nada é mais presunçoso que a ignorância ligada à convicção de que se possui a ciência. **ERASMO DE ROTERDÃ** (1466-1536), filósofo holandês

Só quem nunca pensou chegou alguma vez a uma conclusão. Pensar é hesitar. Os homens de ação nunca pensam. **FERNANDO PESSOA** (1888-1935), poeta português

Chatice

Chato é aquele sujeito que nos rouba a solidão sem nos fazer companhia.
GILBERTO AMADO (1887-1969), jornalista

A pior forma de solidão é a companhia de um paulista.
NELSON RODRIGUES (1912-1980), jornalista e dramaturgo

Há pessoas tão chatas que nos fazem perder um dia em cinco minutos.
JULES RENARD (1864-1917), escritor francês

O que há de errado em alguém ser do tipo chato?
GEORGE BUSH (1924-), ex-presidente dos Estados Unidos, quando disputava a candidatura pelo Partido Republicano em 1988

Prefiro ser condenado ao inferno na companhia de Lord Byron que ir ao céu junto com Malthus. **PERCY SHELLEY** (1792-1822), poeta inglês, falando sobre Thomas Malthus

“ Ciência

A alopatia é o catolicismo da medicina. **MACHADO DE ASSIS** (1839-1908), escritor

A ausência de evidência não significa evidência de ausência.
CARL SAGAN (1934-1996), astrônomo americano

A ciência racional trata as suas notas de crédito como se fossem sempre resgatáveis quando solicitado, enquanto o autoritarismo não racional considera o pedido de resgate de suas notas uma desleal falta de fé.
MORRIS COHEN (1880-1947), filósofo americano

Na ciência, o crédito vai para o homem que convence o mundo, não para o homem para o qual as ideias primeiro ocorreram.
FRANCIS DARWIN (1848-1925), botânico inglês

O objetivo da ciência não é abrir a porta para a sabedoria infinita, mas estabelecer um limite para o erro infinito. **BERTOLT BRECHT** (1898-1956), dramaturgo alemão

Dado não é informação; informação não é conhecimento; conhecimento não é sabedoria. **CLIFF STOLL** (1950-), astrônomo americano

Eu não suponho nada. Eu não proponho nada. Eu exponho.
ISAAC NEWTON (1643-1727), cientista inglês

“ Ciência social

A ciência chamada sociologia está ainda no seu período alquímico.
FERNANDO PESSOA (1888-1935), poeta português

Não existe essa coisa de ciência aplicada, apenas aplicações de ciência.
LOUIS PASTEUR (1822-1895), bacteriologista francês

Toda ciência ou é física ou é colecionar selos.
ERNEST RUTHERFORD (1871-1937), físico neozelandês

Pobre do político que quiser persuadir o povo, que fale para que o povo pense. O que o povo quer é sentir. Não ouvir coisas que estejam fora do seu alcance, mas ser tocado pelo que está dentro de sua alma. Caso contrário, o povo seguirá outros.
TOMÁS DE MATTOS (1947-), escritor uruguaio, fala de personagem do conto *Padres del pueblo*

Razões, senhor presidente? Eu não tenho razões. Eu tenho instintos.
MONTAGU NORMAN (1878-1950), ex-governador do Banco da Inglaterra, diante de uma Comissão Parlamentar, quando inquirido acerca das razões de determinada política

“ Cinismo

O que fazemos por necessidade devemos fazer parecer que o foi por vontade nossa. **NICOLAU MAQUIAVEL** (1469-1527), filósofo e diplomata italiano

Quando um sujeito idiota faz alguma coisa da qual se envergonha, ele sempre diz que faz por obrigação.
GEORGE BERNARD SHAW (1856-1950), dramaturgo irlandês

Palavra de honra é o reconhecimento de que todas as outras não o são.
MILLÔR FERNANDES (1923-2012), humorista

Volta e meia ele tropeça numa honestidade, mas se levanta logo, como se não fosse nada, e continua mentindo.
WINSTON CHURCHILL (1874-1965), ex-primeiro-ministro britânico, sobre Stafford Cripps

O cinismo é uma maneira desagradável de dizer a verdade.
LILLIAN HELLMAN (1905-1984), escritora americana

O cinismo é a nossa língua comum compartilhada, é o esperanto que deu certo.
NICK HORNBY (1957-), escritor inglês

Tem um problema grave, porque toda vez que você combate a corrupção ela aparece mais na imprensa, e passa para a sociedade a impressão de que tem mais corrupção exatamente porque você está combatendo. **LUIZ INÁCIO LULA DA SILVA** (1945-), ex-presidente da República, entrevista à TV francesa, exibida no programa de TV *Fantástico* (jul 2005)

Circo

O presidente Lula não gosta de ser um executivo, reunir equipes, levar relatórios para casa, pegar retornos técnicos e, com base nisso, tomar decisões. Nesse sentido, ele não preside. O presidente gosta do poder, é encantado pelo cerimonial do palácio e por tudo que é externo ao ato de governar. Gosta de fazer discursos com temáticas pessoais e exerce uma "Presidência do espetáculo".
MARCO ANTONIO VILLA (1955-), historiador, entrevista, *O Estado de S. Paulo* (2007)

Os movimentos totalitários precisam viver da mobilização permanente e do dinamismo desenfreado; não podem se deter, sob risco de cair.
JUAN JOSÉ SEBRELI (1930-), escritor argentino

Circunstâncias

A ocasião faz o aliado.
ANTÔNIO CARLOS MAGALHÃES (1927-2007), ex-governador da Bahia

Antes de criticar um homem, caminhe uma milha com os seus sapatos.
DITADO INGLÊS

Fui de esquerda quando ser de esquerda dava cadeia. Hoje dá emprego.
FERREIRA GULLAR (1930-), escritor

Hoje me choca ver gente que sofreu sob a ditadura no Brasil cortejando ditadores que querem a bomba atômica, que encarceram, torturam e matam adversários políticos, fraudam eleições, perseguem a imprensa livre.
JOSÉ SERRA (1942-), político

Há ocasiões em que não basta fazer o que se pode; tem-se de fazer o que é preciso. **ULYSSES GUIMARÃES** (1916-1992), político

Os líderes não podem criar o contexto em que operam. Sua contribuição distintiva consiste em operar no limite do que dada situação permite.
HENRY KISSINGER (1923-), ex-secretário de Estado americano

Sempre defendi que em política não existe isso que chamam de princípios. Eles servem para a geometria. Na política, há apenas as circunstâncias históricas, e são elas que definem o que se deve fazer.
JOSÉ ORTEGA Y GASSET (1883-1955), pensador espanhol

“ Citação

O diabo pode citar a Escritura para seus propósitos.
WILLIAM SHAKESPEARE (1564-1616), dramaturgo inglês, Antônio, ao responder a Shylok, que citava o Velho Testamento para justificar a cobrança de juros, em *O mercador de Veneza*

Uma citação espirituosa não prova coisa alguma.
VOLTAIRE (1694-1778), filósofo francês

As máximas são para a inteligência o que as leis são para a ação: elas não iluminam, mas guiam, controlam, resgatam às cegas. Elas são a pista no labirinto, a bússola do navio à noite.
JOSEPH JOUBERT (1754-1824), escritor francês

A maioria dos colecionadores de provérbios age como se estivesse comendo cerejas, escolhendo primeiro as melhores e acabando por comer todas.
NICOLAS CHAMFORT (1741-1794), jornalista e poeta francês

As frases que os homens estão acostumados a repetir incessantemente acabam se tornando convicções e ossificando os órgãos da inteligência.
JOHANN WOLFGANG VON GOETHE (1749-1832), escritor alemão

Cada um traz dentro de si todo um reservatório de frases, epítetos e locuções prontas que resultam de pura imitação. Elas nos livram do trabalho de pensar, porque as tomamos como soluções válidas. Na maior parte das vezes, reagimos ao que nos acontece usando palavras que não são nossas.
PAUL VALÉRY (1871-1945), escritor francês

Eu não me inspiro nas citações. Eu conto com elas para confirmar o que não consigo expressar satisfatoriamente, seja porque minha linguagem é insuficiente, seja porque minhas ideias são fracas. Não me interessa se são muitas, mas apenas se são boas.
MICHEL DE MONTAIGNE (1533-1592), filósofo francês

Não espere chegar ao final do seu artigo para sair à caça da máxima que sirva melhor para coroá-lo; escolha primeiro a máxima e depois procure o tema que melhor combine com ela.
ORHAN PAMUK (1952-), escritor turco, conselho de um dos personagens de *O livro negro*

Que pobre papel fazem aqueles que aspiram a situar na realidade, com estatísticas, a orientação política do Estado! Uma citação literária oportuna, uma referência histórica com ares de erudição contam mais aos olhos do público que os fatos em si.
ALFONSO LÓPEZ MICHELSEN (1913-2007), escritor e ex-presidente da Colômbia

“ Clareza

Não há na medicina nada tão complicado que, explicado em linguagem clara e simples, não possa ser entendido por qualquer leigo.
LINDA LEWIS, médica, professora da Universidade Columbia

Se uma parte da física não puder ser explicada a uma garçonete, então não é uma parte muito boa da física.
ERNEST RUTHERFORD (1871-1937), físico neozelandês

Quando alguém pergunta a um autor o que ele quis dizer, um dos dois é burro.
MÁRIO QUINTANA (1906-1994), poeta

“ Classe média

A classe média é uma entidade que não sobe nem desce, não concede e também não sai de baixo, e enche qualquer show medíocre.
MILLÔR FERNANDES (1923-2012), humorista

A avareza começa onde a pobreza termina.
HONORÉ DE BALZAC (1799-1850), escritor francês

Sou pelo fim do seu extermínio e pela demarcação das suas terras. No caso de não ser possível estabelecer-se um santuário, poderia se pensar em cotas anuais de abate.
LUIS FERNANDO VERISSIMO (1936-), escritor

“ Cliente

O comerciante é um servidor do público; tem que estudar esse público e as diferenças de público para público se o artigo que vende ou explora não é limitado a um mercado só. O comerciante não pode ter opiniões *como comerciante*, nem deve fazer comercialmente qualquer coisa que leve a crer que as tem.
FERNANDO PESSOA (1888-1935), poeta português

“ Clientelismo

Arranjem para ele um lugar bem longe do dinheiro.
TANCREDO NEVES (1910-1985), político, falando a seus assessores acerca do apoio de um político de má fama, mas com força legislativa

Indicamos para o cargo um amigo. O absurdo seria se indicássemos um inimigo.
JOSÉ MARIA MARIN (1932-), advogado, político e ex-presidente da CBF, em 1982, quando, por curto tempo, foi governador de São Paulo

A arte da política consiste em saber dar a cada um o que ele espera de você. Alguns querem proteção, um emprego, por exemplo. Outros querem dinheiro. Há um terceiro tipo, que busca poder, prestígio, até mesmo um carinho. Se você confundir as demandas e oferecer dinheiro a quem quer carinho, ou poder a quem quer um emprego, arrumará um inimigo.
ANTÔNIO CARLOS MAGALHÃES (1927-2007), ex-governador da Bahia

A gratidão nada mais é que a esperança de novos favores.
DUQUE DE LA ROCHEFOUCAULD (1613-1680), pensador francês

El que vive fuera del presupuesto vive en el error. (Quem vive fora do orçamento vive no erro.) **DITADO MEXICANO**

Juscelino liquidava qualquer problema com pequenas nomeações.
PAULO TARSO FLECHA DE LIMA (1933-), embaixador no governo Juscelino Kubitschek

O dia do benefício é a véspera da ingratidão.
ULYSSES GUIMARÃES (1916-1992), político

Sempre que alguém rosna mais forte nos seus calcanhares, Getúlio atira um osso para quem resmunga se aquietar.
AGILDO BARATA (1905-1968), um dos líderes da Revolução de 1930

“ Coerência

Eis aqui os meus princípios. Se não gostarem, porém, tenho outros.
GROUCHO MARX (1890-1977), comediante americano

A coerência, a convicção, a certeza são demonstrações evidentes – quantas vezes escusadas – de falta de educação. É uma falta de cortesia com os outros ser sempre o mesmo à vista deles; é maçá-los, apoquentá-los com a nossa falta de variedade.
FERNANDO PESSOA (1888-1935), escritor português

O PT é o partido dos trabalhadores que não trabalham, dos estudantes que não estudam e dos intelectuais que não pensam.
ROBERTO CAMPOS (1917-2001), economista e ex-ministro do Planejamento

O PT é um partido deveras interessante: começou com presos políticos e vai terminar com políticos presos. **JOELMIR BETING** (1936-2012), jornalista

Princípios? Eu sou liberal e liberal inteiro; não sou liberal de conveniências, desses que aceitam um princípio para si e o negam para os outros.
GASPAR SILVEIRA MARTINS (1835-1901), ministro da Fazenda do gabinete do imperador Pedro II, ao responder a uma interpelação na Câmara

Toda coerência é, no mínimo, suspeita.
NELSON RODRIGUES (1912-1980), jornalista e dramaturgo

Meu governo é padrão Felipão. **DILMA ROUSSEFF** (1947-), presidente da República, ao ser questionada se sua gestão era padrão Fifa

“ Começo

Para terminar a Grande Marcha, é preciso dar o primeiro passo.
MAO TSÉ-TUNG (1893-1976), fundador da China comunista

Só o primeiro passo é que custa. Mas depois do primeiro passo dado, o segundo é o primeiro depois desse. É bom reparar nisto e não dar passo nenhum. Todos custam. **FERNANDO PESSOA** (1888-1935), poeta português

Todos os princípios são difíceis.
MACHADO DE ASSIS (1839-1908), escritor

No meu princípio está o meu fim. **T.S. ELIOT** (1888-1965), poeta americano

Jamais se instale à mesa para escrever antes
de ter encontrado a primeira frase do seu artigo.
ORHAN PAMUK (1952-), escritor turco, conselho de um dos personagens de *O livro negro*

A página em branco é a manhã sem nuvens: é a esperança.
EÇA DE QUEIRÓS (1845-1900), escritor português

Comércio

O elogio é uma forma de remuneração. **AUTRAN DOURADO** (1926-2012), escritor e secretário de Imprensa de Juscelino Kubitschek

O povo vende a liberdade por um pouco de tranquilidade.
STANLEY KUBRICK (1928-1999), cineasta americano

Quando o governo não tem teoria, o que vale é a aritmética. **LUIZ PAULO VELLOSO LUCAS** (1956-), ex-deputado federal, sobre os acordos políticos fisiológicos

No Brasil, a última coisa de que você precisa para convencer
alguém a aprovar algo no Congresso é a lógica.
ANTONIO DELFIM NETTO (1928-), economista e ex-ministro da Fazenda

Competição

A concorrência revela o melhor nos produtos e o pior nas pessoas.
DAVID SARNOFF (1891-1971), empresário americano

Está morto: podemos elogiá-lo à vontade.
MACHADO DE ASSIS (1839-1908), escritor

Meu primo Francisco e eu concordamos: ambos queremos Milão.
CARLOS I (1500-1558), rei da Espanha, sobre as disputas territoriais com seu primo Francisco I, rei da França

Os políticos não procuram se diferenciar tanto entre si porque pensam
de forma muito diferente, mas porque aspiram ao mesmo lugar.
JUAN BAUTISTA ALBERDI (1810-1884), intelectual argentino

Sempre fui muito competitivo: comecei como terceiro filho, mas aos oito anos já era o primogênito. **CIRO PELLICANO** (1945-), publicitário

“ Complacência

Dê um peixe a um homem, e você o alimentará por um dia. Ensine a um homem os princípios da arbitragem, e você o alimentará para sempre. **WARREN BUFFETT** (1930-), investidor americano

Nada entorpece a racionalidade como dosagens elevadas de dinheiro sem esforço. **IDEM**

É um defeito comum dos homens não levar em conta as tempestades quando o mar está calmo. **NICOLAU MAQUIAVEL** (1469-1527), filósofo e diplomata italiano

O resultado final de blindar um homem dos efeitos da imprudência é povoar o mundo de tolos. **HERBERT SPENCER** (1820-1903), filósofo inglês

Quanto mais um pai passa a mão na cabeça de um filho, pior será o resultado quinze ou vinte anos depois. **MOISES GROISMAN** (1940-), psicanalista

“ Complexidade

Para cada problema complexo, há uma solução que é simples, elegante e errada. **HENRY LOUIS MENCKEN** (1880-1956), jornalista americano

A psicanálise faz com que pessoas bastante simples sintam-se complexas. **SAMUEL NATHANIEL BEHRMAN** (1893-1973), escritor americano

Hamlet não tinha complexo de Édipo, mas Freud com certeza tinha um complexo de Hamlet, e a psicanálise talvez não seja outra coisa senão um complexo de Shakespeare. **HAROLD BLOOM** (1930-), professor e crítico literário americano

A única coisa que o homem aprende da história é que o homem não aprende nada da história. **GEORG WILHELM FRIEDRICH HEGEL** (1770-1831), filósofo alemão

Imagine quão mais complicada seria a física se os elétrons tivessem sentimentos. **RICHARD FEYNMAN** (1918-1988), físico americano

Muita gente toma a obscuridade por profundeza! **LIMA BARRETO** (1881-1922), jornalista e escritor

“ Comunismo

A liberdade é uma coisa tão preciosa que deve ser racionada.
VLADIMIR I. LÊNIN (1870-1924), revolucionário russo

Comunismo é o fascismo bem-sucedido.
SUSAN SONTAG (1933-2004), escritora americana

Contabilidade e controle – essas são as duas coisas mais necessárias para a atividade tranquila, o funcionamento adequado da primeira fase da sociedade comunista. **VLADIMIR I. LÊNIN** (1870-1924), revolucionário russo

Seu trabalho contradiz a visão leninista sobre a natureza da matéria.
VASSILI GROSSMAN (1905-1964), escritor russo, fala do Professor Gavronov a Viktor Chtrum, justificando seu expurgo, em *Vida e destino*

É uma ironia do destino que os últimos comunistas do mundo sejam padres.
CACÁ ROSSET (1954-), ator

Menino, se você não é comunista, vá sendo logo, que é para deixar de ser depressa. Eu já fui e já larguei. **CARLOS DRUMMOND DE ANDRADE** (1902-1987), poeta, aconselhando o jovem que lhe cobrou uma “posição”

A árvore já estava podre. Eu só lhe dei uma boa sacudida,
e as maçãs podres caíram.
JOÃO PAULO II (1920-2005), papa, a propósito de suas diatribes com a União Soviética

“ Concisão

É difícil para um homem falar longamente sobre si mesmo sem vaidade, portanto serei breve. **DAVID HUME** (1711-1776), filósofo escocês

A espessura deste documento é a sua própria garantia contra o risco de ser lido.
WINSTON CHURCHILL (1874-1965), ex-primeiro-ministro britânico, ao comentar um longo memorando que recebera

É preguiça pura não comprimir o pensamento em um espaço razoável.
WINSTON CHURCHILL

Escreva com simplicidade se quiser ser fácil de ler.
ORHAN PAMUK (1952-), escritor turco, conselho de um dos personagens de *O livro negro*

Não são necessárias muitas palavras para dizer a verdade.
CHIEF JOSEPH (1840-1904), líder indígena americano

Sempre que alguém quer esgotar um assunto, esgota a paciência do leitor.
OSCAR WILDE (1854-1900), dramaturgo irlandês

Uma ideia verdadeira, mas complicada, tem sempre menos chance de sucesso que uma ideia falsa, porém simples.
ALEXIS DE TOCQUEVILLE (1805-1859), pensador francês

Vou fazer um discurso longo, porque não tenho tempo para preparar um curto.
WINSTON CHURCHILL (1874-1965), ex-primeiro-ministro britânico

“ Confiança

Falando francamente, é muito difícil confiar nos chineses. Uma vez mordido por uma cobra, você desconfia mesmo quando enxerga uma corda.
DALAI LAMA (1935-), líder espiritual do Tibete

Temos de desconfiar uns dos outros. É nossa única defesa contra a traição.
TENNESSEE WILLIAMS (1911-1983), dramaturgo americano

Cerque-se dos melhores que você achar, delegue autoridade e não interfira.
RONALD REAGAN (1911-2004), ex-presidente dos Estados Unidos

Confie, mas cheque. **RONALD REAGAN** (1911-2004), ex-presidente dos Estados Unidos

“ Confissão

Não sou alegre. Sou triste e sofro muito. Dentro de mim há um porão cheio de ratos, baratas, aranhas, morcegos, escuro, melancolia, solidão.
OTTO LARA RESENDE (1922-1992), jornalista e escritor

Falta confessada é meia falta. **LIMA BARRETO** (1881-1922), jornalista e escritor

“ Confraternização

Fazer política é namorar homem. **RUBEM BRAGA** (1913-1990), escritor

Getúlio namorava os adversários com uma ternura donjuanesca. Ele tinha a volúpia de atrair os mais insolentes contendores.
JOÃO NEVES DA FONTOURA (1887-1963), vice-presidente do Rio Grande do Sul, sobre período em que Getúlio governou o estado, antes de se tornar presidente da República

Ninguém jamais vencerá a guerra dos sexos: há muita confraternização entre inimigos. **HENRY KISSINGER** (1923-), ex-secretário de Estado americano

Congresso

Quando se faz a chamada no Senado, os senadores não sabem quando devem responder "presente" ou "inocente".
THEODORE ROOSEVELT (1858-1919), ex-presidente dos Estados Unidos

É difícil você visualizar um Parlamento rico de iniciativas. Os Parlamentos tendem a ser em geral reativos. Esse grau de reatividade é que varia muito. No nosso caso, a reatividade é baixa. O nosso Congresso não é ativo, é apenas timidamente reativo.
ROBERTO CAMPOS (1917-2001), economista e ex-ministro do Planejamento

Só uma coisa não está representada no Legislativo: a nação como um todo. Apenas vozes isoladas se põem ao lado do conjunto da nação.
LUDWIG VON MISES (1881-1973), economista austríaco

Nesse zoológico não tem burro. **HERCULANO ANGHINETTI** (1960-), político

O Renan não tem fígado. Já o Eduardo é um ser humano com apenas um órgão, o fígado. **ALTÍSSIMA FONTE PALACIANA**, ao ser perguntada sobre a diferença entre Renan Calheiros, presidente do Senado, e Eduardo Cunha, o da Câmara dos Deputados (ago 2015)

Conjunto vazio

A primeira metade da vida consiste na capacidade de se divertir sem a possibilidade; a metade final consiste na possibilidade sem a capacidade.
MARK TWAIN (1835-1910), escritor americano

A vida do homem se divide em duas épocas: durante a primeira, se deseja que a segunda chegue, e durante a segunda deseja-se que volte a primeira.
GEORG LICHTENBERG (1742-1799), cientista alemão, citado por Marcos Aguinis

Não confio em dois tipos de pessoas: arquitetos que afirmam construir barato e economistas que declaram dar respostas simples.
JOSEPH SCHUMPETER (1883-1950), economista austríaco

Nesse discurso houve coisas verdadeiras e outras banais,
mas o que é verdadeiro é banal e o que não é banal não é verdadeiro.
ARTHUR BALFOUR (1848-1930), ex-primeiro-ministro inglês

Seu livro é bom e original. Infelizmente, a parte que é boa não é original, e a parte que é original não é boa. **SAMUEL JOHNSON** (1709-1784), escritor inglês, para jovem escritor que lhe submetera um original

Uma precondição para ser bom economista é uma ampla dose de humildade.
GREGORY MANKIW (1958-), economista americano

Inteligência militar é uma contradição em termos.
GROUCHO MARX (1890-1977), comediante americano

Lutar pela paz é como trepar pela virgindade.
GEORGE CARLIN (1937-2008), humorista americano

“ Consequência

Em política pode-se tudo, menos evitar as consequências. **ANÔNIMO**

Não se faz política sem vítimas. **TANCREDO NEVES** (1910-1985), político

Em política, não há casamento sem sogra.
RICARDO LÓPEZ MURPHY (1951-), economista e político argentino

Na natureza não há recompensa nem punições: há consequências.
HORACE VACHELL (1861-1955), escritor inglês

Não julgo o acontecimento; procuro a consequência.
ALEXIS DE TOCQUEVILLE (1805-1859), pensador francês

O tempo da procrastinação e do adiamento está acabando.
Está chegando o tempo das consequências.
WINSTON CHURCHILL (1874-1965), ex-primeiro-ministro britânico, no fim da década de 1930, acerca da necessidade de enfrentar o nazismo

Pior que uma batalha perdida é a guerra ganha.
DUQUE DE WELLINGTON (1769-1852), general britânico, após Waterloo

A vida é muito mais divertida quando você não é responsável por suas ações.
BILL WATERSON (1958-), cartunista americano

Conservadorismo

Mudar? Por que mudar? As coisas já estão bastante ruins do jeito que estão.
LORD SALISBURY (1830-1903), ex-primeiro-ministro inglês, a propósito do medo de mudar

Os povos democratas, entregues a si mesmos, quase nunca se dedicam às grandes aventuras. **ALEXIS DE TOCQUEVILLE** (1805-1859), pensador francês

Um conservador é um homem excessivamente covarde
para lutar e excessivamente gordo para fugir.
LAFAYETTE RONALD HUBBARD (1911-1986), escritor americano

O liberal é um conservador que nunca foi assaltado.
MILLÔR FERNANDES (1923-2012), humorista

Consultoria

A maioria das pessoas gasta mais tempo e energia ao falar dos problemas do que a enfrentá-los. **HENRY FORD** (1863-1947), empresário americano

Consultores são pessoas que pedem seu relógio emprestado e
lhe dizem que horas são; depois vão embora com seu relógio.
ROBERT TOWNSEND (1920-1998), empresário e ensaísta americano

Um consultor é um homem enviado depois da batalha para cravar
a baioneta nos feridos. **ANÔNIMO**

Consumidor

Há serviços de Estado, em muitos países, que trabalham com déficit previsto para beneficiar o consumidor. Como, porém, esse consumidor é ao mesmo tempo o

contribuinte, o que o Estado lhe dá com a mão direita terá fatalmente que tirar-lhe com a esquerda. O consumidor é, no fim, quem paga o que se deixa de pagar.
FERNANDO PESSOA (1888-1935), poeta português

Numa sociedade de consumo existem inevitavelmente dois tipos de escravo: os prisioneiros de um vício e os prisioneiros da inveja.
IVAN ILLICH (1926-2002), sociólogo austríaco

O objetivo do consumidor não é possuir coisas, mas consumir cada vez mais e mais, a fim de com isso compensar seu vácuo interior, sua passividade, sua solidão, seu tédio e sua ansiedade. **ERICO VERISSIMO** (1905-1975), escritor

“ Contabilidade

A vida não vale nada, mas nada vale uma vida.
ANDRÉ MALRAUX (1901-1976), escritor francês

Duas coisas só me deu o destino: uns livros de contabilidade e o dom de sonhar.
FERNANDO PESSOA (1888-1935), poeta português

Contadores são os curandeiros do mundo moderno, dispostos a colocar as mãos em todos os tipos de mágica. **CHARLES EUSTACE HARMAN** (1894-1970), magistrado inglês

“ Contabilidade criativa

Em Portugal o desemprego beira os 20%, ou seja, um em cada quatro portugueses está desempregado. **DILMA ROUSSEFF** (1947-), presidente da República

Exigências de um orçamento equilibrado têm mais probabilidade de produzir engenhosidade contábil que orçamentos genuinamente equilibrados.
THOMAS SOWELL (1930-), economista americano

Se o sujeito ganha cem, economiza quinhentos e gasta mil, não pode ser honesto.
JUAREZ TÁVORA (1898-1975), militar e político

Todos os governos fizeram medidas como as nossas. ... Na hora em que a situação aperta, todo mundo faz. Estava errado? Não, mas foi forçado. Então, neste ano, estamos pondo a nu tudo o que estamos fazendo.
GUIDO MANTEGA (1949-), economista e ex-ministro da Fazenda, a propósito das “pedaladas” fiscais, entrevista, *O Estado de S. Paulo* (dez 2013)

Não sei o que é a contabilidade criativa, não sei do que você está falando.
ARNO AUGUSTIN (1960-), economista e ex-secretário do Tesouro Nacional, entrevista, *Época* (nov 2013)

Contabilidade nacional

Déficit público não tem caráter. **MARIO HENRIQUE SIMONSEN** (1935-1997), ex-ministro da Fazenda, acerca da tese segundo a qual o déficit teria "um caráter financeiro"

Pelos curiosos padrões do PIB, o herói econômico do país é um paciente terminal de câncer passando por um dispendioso divórcio.
BILL BRYSON (1951-), escritor americano, aludindo às rendas exorbitantes de médicos e advogados conforme reportadas nas contas nacionais

Contracultura

É preciso substituir a cultura do conflito, da divisão e do antagonismo por uma cultura de cooperação colocada a serviço da modernização do país e que requer acentuar sua integração social.
ALEJANDRO FOXLEY (1939-), ex-ministro da Fazenda do Chile, em 1988

Temos uma cultura que abomina a competitividade, desconfia dos vitoriosos e simpatiza com os fracassados.
GUSTAVO IOSCHPE (1977-), especialista em educação

O Brasil tem a cultura do coitadinho. **MIGUEL FALABELLA** (1956-), ator

Nos Estados Unidos existe uma ética puritana e uma mitologia do sucesso. Aquele que é bem-sucedido é bom. Nos países latinos, a pessoa bem-sucedida é um pecador. **UMBERTO ECO** (1932-), filósofo italiano

Contraditório

É com pessoas cujas ideias não compartilhamos que aprendemos muito.
JENS WEIDMANN (1968-), presidente do Bundesbank, quando lhe pediram que explicasse por que admirava James Tobin, de quem discordava quase sempre

É muito ruim não ter ouvido aberto para aqueles que estão contra você.
FERNANDO HENRIQUE CARDOSO (1931-), ex-presidente da República

É uma pena que aquele com quem mais se aprende seja de quem mais se divirja.
MICHEL DE MONTAIGNE (1533-1592), filósofo francês

Eu quisera, nos meus antagonistas, se não justiça para comigo, ao menos lógica na ligação entre as suas premissas e as suas conclusões.
RUI BARBOSA (1849-1923), jurista, em discurso no Senado (1891)

Reacionário no meu caso é reação a tudo que não presta.
NELSON RODRIGUES (1912-1980), jornalista e dramaturgo

Com os anos, acabei lendo mais aqueles em relação aos quais não concordo que aqueles cuja opinião compartilho.
NASSIM TALEB (1960-), ensaísta e investidor libanês, autor de *O cisne negro*

“ Contrariedade

Aqui jaz, muito a contragosto, Tancredo de Almeida Neves. **TANCREDO NEVES** (1910-1985), político, em ironia ao comentar qual seria sua sugestão de epitáfio

O homem é um sistema de contrariedade.
JOSÉ DE ALENCAR (1829-1877), escritor

“ Controle da mídia

Jornalismo é publicar aquilo que alguém não quer que se publique. Todo o resto é publicidade. **GEORGE ORWELL** (1903-1950), escritor inglês

Imprensa é oposição. O resto é armazém de secos e molhados.
MILLÔR FERNANDES (1923-2012), humorista

Em geral, a imprensa conhece tudo antes da autoridade policial: é ela quem recebe em primeira mão a denúncia de todas as maroteiras, e é ela quem a transmite à polícia. **OLAVO BILAC** (1865-1918), poeta

Não concordo com uma só palavra que dizeis, mas defenderei até a morte o vosso direito de dizê-la. **VOLTAIRE** (1694-1778), filósofo francês

Notícia é o que a gente quer esconder; o resto é propaganda.
LUIZ INÁCIO LULA DA SILVA (1945-), ex-presidente da República, em abril de 2010

A credulidade a respeito dos Ovnis se nutre da desconfiança difundida contra o governo, que nasce muito naturalmente de todas aquelas circunstâncias em que – na tensão entre o bem-estar público e a "segurança nacional" – o governo mente.
CARL SAGAN (1934-1996), astrônomo americano

O povo pobre não precisa mais de formador de opinião.
Nós somos a opinião pública. **LUIZ INÁCIO LULA DA SILVA** (1945-), ex-presidente da República, criticando a imprensa, em setembro de 2010

Quando quero saber o que a França pensa, pergunto a mim mesmo.
CHARLES DE GAULLE (1890-1970), ex-presidente da França

O governo me chamou de "fonte sem confiabilidade". Foi o maior elogio que já recebi. Vou emoldurar e pendurar na parede. Imagine se eu fosse considerado um "homem de confiança" do governo. Eu mudaria de profissão.
DIOGO MAINARDI (1962-), jornalista e escritor

Prefiro um povo sem governo a um governo sem imprensa livre.
THOMAS JEFFERSON (1743-1826), ex-presidente dos Estados Unidos

Apesar de a gente às vezes se irritar com a mídia, ela é essencial.
Ela é essencial porque impede o grande erro.
FERNANDO HENRIQUE CARDOSO (1931-), ex-presidente da República

O inimigo é a imprensa.
RICHARD NIXON (1913-1994), ex-presidente dos Estados Unidos

Vá aonde há silêncio e diga alguma coisa.
AMY GOODMAN (1957-), jornalista americana, aceitando o prêmio dado pela Universidade Columbia à sua cobertura do massacre no Timor-Leste por tropas indonésias, em 1991

A visão das autoridades sobre a literatura em Cuba é de que ela trata, a partir do presente, do estabelecimento da memória do futuro, e também, claro, do passado. **LEONARDO PADURA** (1955-), escritor cubano

Convicção

As opiniões causaram mais dano ao nosso planeta que os vulcões e os terremotos.
VOLTAIRE (1694-1778), filósofo francês

Convicções são cárceres. **FRIEDRICH NIETZSCHE** (1844-1900), filósofo alemão

A receita para a perpétua ignorância é estar satisfeito com as próprias opiniões.
ELBERT HUBBARD (1856-1915), filósofo americano

Crer é errar. Não crer de nada serve.
RICARDO REIS, heterônimo de Fernando Pessoa (1888-1935), poeta português

Todos os dias leio todos os jornais para saber o que penso.
FERNANDO HENRIQUE CARDOSO (1931-), ex-presidente da República

Coragem

A questão naqueles anos se reduzia, simplesmente, a ser um herói ou um merda.
RING LARDNER (1885-1933), escritor americano, evocando os anos do macarthismo

A coragem é a dignidade sob pressão.
ERNEST HEMINGWAY (1899-1961), escritor americano

Viver sem perigo é triunfar sem glória.
PIERRE CORNEILLE (1606-1684), dramaturgo francês

Ousar é perder o equilíbrio momentaneamente. Não ousar é perder-se.
SØREN KIERKEGAARD (1813-1855), filósofo dinamarquês

Corrupção

O poder corrompe. O poder absoluto corrompe totalmente.
LORD ACTON (1834-1902), historiador britânico

Quando o poder corrompe, corrompe a não mais poder.
CIRO PELLICANO (1945-), publicitário

A democracia neste país é relativa, mas a corrupção é absoluta.
PAULO BROSSARD (1924-2015), advogado e político, em 1978

A maior corrupção se acha onde a maior pobreza está ao lado da maior riqueza.
JOSÉ BONIFÁCIO DE ANDRADA E SILVA (1763-1838), político e estadista

Corrupção escondida vale tanto como pública; a diferença é que não fede.
MACHADO DE ASSIS (1839-1908), escritor

Em termos de crescimento econômico, a única coisa pior que uma sociedade com burocracia rígida, altamente centralizada e desonesta é uma sociedade com burocracia rígida, altamente centralizada e honesta.
SAMUEL HUNTINGTON (1927-2006), acadêmico americano

Nós supomos que a humanidade é mais honesta do que ela realmente é.
ALEXANDER HAMILTON (1755-1804), primeiro secretário do Tesouro dos Estados Unidos

O corrupto serve principalmente como assunto de conversa.
Quando se está numa reunião e alguém fala em corrupção,
é inútil mudar de assunto. Pode-se, no máximo, mudar de corrupto.
MILLÔR FERNANDES (1923-2012), humorista

A prosperidade de alguns homens públicos do Brasil é uma prova evidente de que eles vêm lutando pelo progresso do nosso subdesenvolvimento.
STANISLAW PONTE PRETA, pseudônimo de Sérgio Porto (1923-1968), jornalista

Os corruptos são encontrados em várias partes do mundo, quase todas no Brasil.
MILLÔR FERNANDES (1923-2012), humorista

Ponho-me às vezes a imaginar como seriam as coisas cá na Terra se um sábio do eugenismo desse combate à desonestidade pela eliminação completa dos desonestos. Que paraíso! **MONTEIRO LOBATO** (1882-1948), escritor, em *O choque das raças ou O presidente negro*, passado nos Estados Unidos, no ano 2228

Os desfalques andam tão a rodo que a gente de ânimo frouxo já inquire de si mesma se isto de levar dinheiro das gavetas do Estado ou do patrão é verdadeiramente delito ou reivindicação necessária. Tudo vai do modo de considerar o dinheiro público ou alheio. Se se entender que é deveras público e não alheio, mete-se no bolso a moral, a lei e o dinheiro, e brilha-se por algumas semanas. **MACHADO DE ASSIS** (1839-1908), escritor

Um povo corrompido não pode tolerar governo que não seja corruptor.
MARIANO JOSÉ PEREIRA DA FONSECA (1773-1848), marquês de Maricá, escritor, filósofo e político

A gente sabe perfeitamente o que é o enigma brasileiro, não precisa ficar procurando. O Brasil é metade falta de caráter – corrupção –,

metade incompetência. Você pode explicar quase tudo o que acontece no Brasil por uma dessas duas metades do mesmo fenômeno.
EVALDO CABRAL DE MELLO (1936-), historiador

A esquerda brasileira fora do poder é festiva. No poder, é aquisitiva.
ROBERTO CAMPOS (1917-2001), economista e ex-ministro do Planejamento

Às vezes é muito melhor pagar as comissões e não fazer as obras.
MARIO HENRIQUE SIMONSEN (1935-1997), ex-ministro da Fazenda

A inundação de dinheiro que jorra na política nesses dias é a poluição da democracia. **THEODORE H. WHITE** (1915-1986), escritor e jornalista americano

Aceitar um favor é vender sua liberdade. **POLÍBIO** (203 a.C.-120 a.C.), historiador grego

É ou não é piada de salão, o chefe da quadrilha é presidente da nação.
MÚSICA cantada em manifestação em Brasília, em meados de 1992

No Brasil é assim: quando um pobre rouba, ele vai para a cadeia, mas quando um rico rouba, ele vira ministro.
LUIZ INÁCIO LULA DA SILVA (1945-), ex-presidente da República, em 1989

Ele não me subornou... Apenas capturou minha atenção de uma forma monetária.
HOMER JAY SIMPSON, personagem de Matt Groening (1954-), cartunista americano

República significa coisa pública, e não *cosa nostra*.
ANDRÉ FRANCO MONTORO (1916-1999), político, em 1987

Siga o dinheiro!
WILLIAM GOLDMAN (1931-), escritor e roteirista americano, fala de Deep Throat para Bob Woodward em *Todos os homens do presidente*,filme sobre o *impeachment* de Richard Nixon

BRUTUS: Pois eu lhe digo, Cassius, você mesmo/ É bem condenado por ter uma mão coçando,/ E vender postos a peso de ouro/ A quem não o merece.// CASSIUS: Por ganância!/ Só Brutus fala assim comigo: Um outro eu calaria para sempre.// BRUTUS: Se Cassius dá seu nome à corrupção,/ Ele obriga o castigo a se esconder.
WILLIAM SHAKESPEARE (1564-1613), dramaturgo inglês, em *Júlio César*

A obrigação do Tribunal Superior Eleitoral é evitar a continuidade desse projeto, por meio do qual ladrões de sindicato transformaram o país num sindicato de ladrões. **GILMAR MENDES** (1955-), ministro do Tribunal Superior Eleitoral, em debate a propósito das contas de campanha de Dilma Rousseff (ago 2015)

A corrupção gravemente perniciosa é a que assume o caráter subagudo, crônico, impalpável, poupando cuidadosamente a legalidade, mas sentindo-se em toda parte por uma espécie de impressão olfativa, e insinuando-se penetrantemente por ação fisiológica no organismo, onde vai determinar diáteses, irremediáveis.
RUI BARBOSA (1849-1923), jurista

Cortesia

A cortesia é uma distinção cavalheiresca tão importante quanto a coragem.
PAUL JEFFERS (1934-2009), biógrafo de Theodore Roosevelt, ex-presidente dos Estados Unidos, referindo-se a certas características da personalidade de Roosevelt

A pontualidade é a gentileza dos reis. **LUÍS XVIII** (1755-1824), rei da França

A verdadeira dimensão de um homem vem do modo como ele trata quem não pode fazer nada por ele. **SAMUEL JOHNSON** (1709-1784), escritor inglês

Não há motivo melhor para ser cortês do que a superioridade.
MARIE VON EBNER-ESCHENBACH (1830-1916), escritora austríaca

Quando se tem de matar um homem, não custa nada ser polido.
WINSTON CHURCHILL (1874-1965), ex-primeiro-ministro britânico, comentando o tom cerimonioso da declaração de guerra contra o Japão, em 1941

Um cavalheiro só defende causas perdidas.
JORGE LUIS BORGES (1899-1986), escritor argentino

Um sorriso é a distância mais curta entre duas pessoas.
VICTOR BORGE (1909-2000), comediante dinamarquês

Se um homem sorri o tempo todo, ele provavelmente está vendendo algo que não funciona. **GEORGE CARLIN** (1937-2008), humorista americano

Quando um homem abre a porta do carro para sua mulher,
trata-se de um carro novo ou de uma mulher nova.
PRÍNCIPE PHILIP (1921-), duque de Edimburgo, marido da rainha Elizabeth II

Você pode conseguir muita coisa com um sorriso.
Você pode conseguir mais ainda com um sorriso e uma arma.
AL CAPONE (1899-1947), gângster americano

Se você não consegue ser gentil, ao menos seja vago.
DAVID POWERS (1912-1998), assessor especial de John F. Kennedy, ex-presidente dos Estados Unidos

“ Credibilidade

As pessoas comuns não podem acompanhar os meandros dos problemas econômicos e políticos, portanto, elas aprendem a confiar em alguém que faça isso por elas. Para conquistar essa confiança, eu nunca afirmei nada em que não acreditasse, e as pessoas lentamente reconheceram que eu era honesto e sincero.
LEE KUAN YEW (1923-2015), ex-primeiro-ministro de Cingapura

Em política, não há nada mais difícil que obter a confiança antes do êxito.
NAPOLEÃO BONAPARTE (1769-1821), imperador da França

É o oitavo casamento da Elizabeth Taylor.
WINSTON FRITSCH (1948-), economista, em fevereiro de 1994, descrevendo o tamanho do desafio a ser enfrentado pelo então recém-lançado Plano Real, depois do fracasso dos planos Cruzado, Bresser, Verão, Collor 1 e Collor 2

“ Crente

Já pensei em fundar uma religião, mas tenho medo de que me sigam.
MILLÔR FERNANDES (1923-2012), humorista

Não é possível convencer um crente de coisa alguma, pois suas crenças não se baseiam em evidências; baseiam-se numa profunda necessidade de acreditar.
CARL SAGAN (1934-1996), astrônomo americano

A ciência é uma equação diferencial. A religião é uma condição de contorno.
ALAN TURING (1912-1954), matemático inglês

Um devoto é aquele que, sob um rei ateu, seria ateu.
JEAN DE LA BRUYÈRE (1645-1696), escritor francês

Não concordo de jeito nenhum com a ideia de que a nova matriz tenha fracassado. **GUIDO MANTEGA** (1949-), economista e ex-ministro da Fazenda, em Davos, em janeiro de 2014

O coro contra o Mantega não me convence. Nem nas suas alegações, nem nos seus protagonistas, nem na sua batuta.
MARIA DA CONCEIÇÃO TAVARES (1930-), economista, *Carta Maior* (dez 2012)

Criatividade

A mentira é sempre mais interessante que a verdade.
FEDERICO FELLINI (1920-1993), cineasta italiano

Nada pode ser criado a partir de nada. **LUCRÉCIO** (c.94-55 a.C.), poeta grego

Nossa obsessão por criatividade é o resultado de nossa contínua busca de imortalidade numa época em que a maior parte das pessoas já não acredita mais na vida após a morte. **ARIANNA STASSINOPOULOS** (1950-), escritora greco-americana

Pés, por que preciso deles se tenho asas para voar?
FRIDA KAHLO (1907-1954), artista mexicana

Crime

Ditaduras fomentam a opressão, a servidão e a crueldade.
E o mais abominável é que elas fomentam a idiotice.
JORGE LUIS BORGES (1899-1986), escritor argentino

Não entendo como alguns escolhem o crime, quando há tantas maneiras legais de ser desonesto. **LAURENCE J. PETER** (1919-1990), educador canadense

O crime é a extensão lógica de um tipo de comportamento perfeitamente respeitável no mundo dos negócios.
ROBERT RICE, jornalista americano, em *The Business of Crime*

Uma vez na mutreta, você estará sempre no rolo.
AL CAPONE (1899-1947), gângster americano

Crise

Quando o resto do mundo está louco, devemos imitá-lo de algum modo.
CHARLES KINDLEBERGER (1910-2003), economista americano, citando banqueiro do século XVIII, por ocasião do ciclo especulativo dos Mares do Sul, em *Manias, pânicos e crises*

Todos os bichos estão fora da jaula.
HENRY KISSINGER (1923-), ex-secretário de Estado americano, diante da avalanche de críticas ao governo Nixon, pouco antes da votação do *impeachment*

Se essas coisas eram tão grandes, como todos deixaram de ver?
ELIZABETH II (1926-), rainha da Inglaterra, em 2008, falando sobre a crise ao visitar a London School of Economics

Os cachorros mordem os lentos.
DITADO ALEMÃO sobre a fuga de ativos num processo de "efeito manada"

A coisa mais importante a fazer se você está num buraco é parar de cavar.
WARREN BUFFETT (1930-), investidor americano

Não há ateus numa trincheira nem ideologia numa crise financeira.
BEN BERNANKE (1953-), ex-presidente do Banco Central americano

Quando uma briga estoura num bar, você não acerta o homem que a iniciou. Você bate no sujeito de quem não gosta.
ADMINISTRADOR DE FUNDOS DE HEDGE queixando-se da extrema severidade dos reguladores, após a crise, segundo *The Economist* (nov 2009)

Já não se crê na honestidade dos homens públicos. A classe média abate-se progressivamente na imbecilidade e na inércia. Os serviços públicos vão abandonados a uma rotina dormente. O desprezo pelas ideias aumenta a cada dia. O tédio invadiu as almas. A ruína econômica cresce. O comércio definha. A indústria enfraquece. A renda diminui. A agiotagem explora o juro. De resto, a ignorância pesa sobre o povo como um nevoeiro. A intriga política alastra-se por sobre a sonolência enfastiada do país. Não é uma existência; é uma expiação.
EÇA DE QUEIRÓS (1845-1900), escritor português, em 1871

[É] como sempre, desde sempre, o período de transição entre dois períodos de transição.
JACQUES ATTALI (1943-), economista francês

A maior parte das pessoas não se dá conta que há tanto dinheiro a ser feito no naufrágio de uma civilização quanto na reconstrução de uma outra.
RHETT BUTLER, personagem de ... *E o vento levou* , filme premiado, adaptado do romance de Margaret Mitchell

Critério

Eu o demiti porque ele desrespeitou o presidente. Não o demiti porque era um safado. Se eu fosse demitir generais por causa disso, botava 90% deles na cadeia.
HARRY TRUMAN (1884-1972), ex-presidente dos Estados Unidos, a respeito do general MacArthur

O critério último do político e a motivação para o seu trabalho não devem ser o sucesso e menos ainda o lucro material. A política deve ser um compromisso em prol da justiça e, assim, criar as condições de fundo para a paz.
JOSEPH ALOISIUS RATZINGER (1920-), papa Bento XVI, em setembro de 2011

As obras de arte dividem-se em duas categorias: aquelas das quais gosto e aquelas das quais não gosto. Não conheço outro critério.
ANTON TCHEKHOV (1860-1904), escritor russo

Em política econômica, tão importante quanto o rumo é a dosagem.
FERNANDO HENRIQUE CARDOSO (1931-), ex-presidente da República

Crítica

Ele escolhe títulos brilhantes para as suas obras.
Infelizmente, depois ele lhes adiciona um livro.
JORGE LUIS BORGES (1899-1986), escritor argentino, opinando sobre outro escritor

Escritores são as mais invejosas das criaturas. Vingam-se, com ódio, daqueles que conseguiram o sucesso que eles próprios não alcançaram.
RUBEM FONSECA (1925-), fala do marquês anônimo, em *O doente Molière*

Nada irrita tanto os que governam como a sugestão de que talvez não sejam tão sábios como imaginavam. **BERTRAND RUSSELL** (1872-1970), filósofo britânico

Não se comenta Shakespeare, admira-se. **MACHADO DE ASSIS** (1839-1908), escritor

A interpretação é a vingança do intelecto sobre a arte.
SUSAN SONTAG (1933-2004), escritora americana

Sou que nem massa de bolo. Quanto mais batem, mais cresço.
LUIZ INÁCIO LULA DA SILVA (1945-), ex-presidente da República, em 2006

Os críticos são como os eunucos de um harém: eles sabem como é feito, eles olham isso todos os dias, mas são incapazes de fazer por conta própria.
BRENDAN BEHAN (1923-1964), escritor irlandês

D

Day after

Madame, a senhora é horrorosa. E eu amanhã já estarei sóbrio.
WINSTON CHURCHILL (1874-1965), ex-primeiro-ministro britânico, a uma senhora que, ao vê-lo, exclamou: "O senhor está bêbado!"

Todo homem que conheci se apaixonou por Gilda e acordou comigo.
RITA HAYWORTH (1918-1987), atriz americana

Deadline

A suprema inspiração é o prazo.
NOLAN BUSHNELL (1943-), empreendedor americano, fundador da Atari

Aprendi durante décadas de construção que o prazo é uma ferramenta potente para resolver problemas. **ADAM SAVAGE** (1967-), apresentador de TV americano

Minha musa inspiradora é o prazo.
TOM JOBIM (1927-1994), maestro e compositor

Uma meta é um sonho com prazo.
NAPOLEON HILL (1883-1970), empreendedor americano

Debate

A guerra das ideias é uma invenção grega – uma das invenções mais importantes de toda a história. De fato, a possibilidade de lutar com palavras, em vez de lutar com armas, constitui o fundamento da nossa civilização – especialmente das suas instituições legais e parlamentares. **KARL POPPER** (1902-1994), filósofo austríaco

O pugilato das ideias é muito pior que o das ruas.
MACHADO DE ASSIS (1839-1908), escritor

As discussões não durariam muito se a falta de razão estivesse somente de um lado.
DUQUE DE LA ROCHEFOUCAULD (1613-1680), escritor francês

Da discussão pode não nascer a luz, mas pelo menos liquida muita ideia imbecil.
MILLÔR FERNANDES (1923-2012), humorista

Pedir demonstração lógica de um orador seria tão absurdo quanto permitir a um matemático servir-se das artes da persuasão. Não se pode exigir o mesmo grau de precisão em todas as discussões.
ARISTÓTELES (384 a.C.-322 a.C.), filósofo grego

Desconcertar, aturdir o adversário com um caudal de palavras sem sentido.
ARTHUR SCHOPENHAUER (1788-1860), filósofo alemão, estratagema pregando a tática de recorrer a um discurso incompreensível, em *Como vencer um debate sem precisar ter razão*

Há cinquenta anos distribuíam-se prêmios a quem conseguisse reunir o máximo de tolices em frases curtas. Lembro-me de uma sentença lapidar: “Os quatro evangelistas são três: Esaó e Jacu.” Durante muito tempo o debate econômico no Brasil foi pontilhado pelas afirmações de igual quilate bestialógico. Felizmente, o padrão cultural melhorou bastante em nossos meios de comunicação, e, atualmente, há apreciável nível de racionalidade em nossas discussões econômicas. Mas, de vez em quando, ocorrem algumas recaídas.
MARIO HENRIQUE SIMONSEN (1935-1997), ex-ministro da Fazenda

Monólogo é uma pessoa falando sozinha. Diálogo são duas.
CIRO PELLICANO (1945-), publicitário

Nunca discuta com um tolo. As pessoas podem não notar a diferença.
ANÔNIMO

Não se misture com porcos. Você vai se sujar – e eles vão adorar.
DITADO INGLÊS

O mundo é hoje governado por políticos obcecados por ocupar cargos ou derrubar os outros, de modo que sobra pouco tempo para o debate dos pontos essenciais das grandes questões.
WINSTON CHURCHILL (1874-1965), ex-primeiro-ministro britânico

“ Defesa pessoal

Deve-se estudar economia não com a finalidade de oferecer
um conjunto de respostas prontas a questões econômicas,
mas com o objetivo de evitar que os economistas nos enganem.
JOAN ROBINSON (1903-1983), economista britânica

“ Déficit público

A avareza é apenas a exageração de uma virtude, e as virtudes
devem ser como os orçamentos: melhor é o saldo que o déficit.
MACHADO DE ASSIS (1839-1908), escritor

Todos são favoráveis a uma economia geral e a uma despesa particular.
ANTHONY EDEN (1897-1977), político britânico

Equilibrar o orçamento é como ir para o céu. Todos querem ir,
mas ninguém quer fazer o que tem de ser feito para chegar lá.
PHIL GRAMM (1942-), político americano

O Brasil ainda é um país onde são muito fortes as forças
em favor da gastança de recursos públicos sem lastro. Creio que
deva ser um dos últimos países do mundo nessa situação.
PAUL KRUGMAN (1953-), economista americano, em 1999

A meu ver, o Brasil tem de ser ainda mais destemido na redução do superávit primário – e nisso Mantega está sendo até excessivamente fiscalista para o meu gosto. **MARIA DA CONCEIÇÃO TAVARES** (1930-), economista, *Carta Maior* (dez 2012)

“ Democracia

A democracia é o pior dos bons governos, mas o melhor entre os ruins.
PLATÃO (séc.IV a.C.), filósofo grego

A democracia é o pior dos regimes, com exceção, naturalmente, de todos os outros. **WINSTON CHURCHILL** (1874-1965), ex-primeiro-ministro britânico

A democracia não é branca nem negra: é cinza.
NORBERTO BOBBIO (1902-2004), filósofo italiano

Dá para saber quanto o Congresso custa. Incalculável é o preço de fechá-lo.
MURILO PORTUGAL (1948-), ex-secretário do Tesouro Nacional

O sistema democrático está exposto ao mesmo risco que a monarquia: os erros da vontade popular são tantos quanto os das leis da hereditariedade, e as más eleições são tão imprevisíveis como o nascimento de herdeiros tarados.
OCTAVIO PAZ (1914-1998), escritor mexicano, em *Tempo nublado*

Viver em democracia é um privilégio.
JUAN CARLOS (1938-), rei da Espanha até abdicar, em 2014

A democracia é o caos previsto de urnas eleitorais.
THOMAS CARLYLE (1795-1881), escritor escocês

A democracia é a aceitação da derrota.
FELIPE GONZÁLEZ (1942-), ex-primeiro-ministro da Espanha

Democracia é quando as pessoas são livres para escolher alguém que depois irá frustrá-las.
LAURENCE J. PETER (1919-1990), educador canadense

O grande problema do nosso sistema democrático é que permite fazer coisas nada democráticas democraticamente.
JOSÉ SARAMAGO (1922-2010), escritor português

Demografia

À medida que envelhecemos, nosso interesse é não somente somar mais anos de vida, mas sim mais vida aos anos.
ALEXANDRE KALACHE (1945-), ex-diretor do Programa Global de Envelhecimento e Saúde da OMS

A mudança demográfica é um drama em câmera lenta.
PAUL TAYLOR, escritor americano, autor de *The Next America*, sobre a transformação social e etária dos Estados Unidos

Hoje está difícil morrer.
ANA AMÉLIA CAMARANO (1951-), pesquisadora do Ipea, sobre o envelhecimento da população

“ Dentista

A única pessoa de quem tenho medo é o odontólogo.
JORGE LUIS BORGES (1899-1986), escritor argentino

Poucos homens são heróis diante do dentista.
AGATHA CHRISTIE (1890-1976), escritora britânica

“ Desenvolvimentismo

Juscelino Kubitschek teve o grande mérito de despertar o Brasil para a mística do crescimento. **ANTONIO DELFIM NETTO** (1928-), economista e ex-ministro da Fazenda

Estou seguro de que Juscelino Kubitschek não teria construído Brasília se olhasse apenas para o orçamento da União. **JOSÉ DIRCEU** (1946-), político

Que diabos é ser “desenvolvimentista”? Quem assim se autointitula dirá que é querer o desenvolvimento. Mas será que os outros não desejam o mesmo? Ninguém levantou a bandeira do atraso, pois aí teríamos o “atrasadista”, uma espécie tão extravagante quanto o “desenvolvimentista”.
MAILSON DA NÓBREGA (1942-), economista e ex-ministro da Fazenda, *Veja* (15 jul 2007)

O Delfim [Netto] era desenvolvimentista e o [Roberto] Campos era sem saber. Ele se dizia liberal, mas não era.
LUIZ GONZAGA BELLUZZO (1942-), economista, para a revista *Brasileiros* (27 ago 2015)

“ Desenvolvimentismo argentino

A Argentina é o único país do mundo que se empenha em se conservar subdesenvolvido. **RAÚL PREBISCH** (1901-1986), economista argentino

A Argentina é o único país que eu conheço que tem uma política para se tornar pequeno. **H. FLORES DE LA PEÑA** (1923-2010), ex-secretário do Patrimônio Nacional do México e depois embaixador do seu país na França, em 1979

A Argentina é um país que completou a transição para o subdesenvolvimento.
ARTIGO do *New York Times*

Como pode progredir um país tão desorganizado?
ALBERT EINSTEIN (1879-1955), físico alemão, em 1925, ao visitar a Argentina

Existem quatro tipos de país: desenvolvidos, subdesenvolvidos, Japão e Argentina. **SIMON KUTNETZ** (1901-1985), economista

Todo mundo quer gastar mais, e depois dizem: "O problema do gasto, do déficit, é do Ministério da Economia." O problema não é do Ministério da Economia, é da sociedade. **DOMINGO CAVALLO** (1946-), ex-ministro da Economia argentino

“ Desilusão

É muito melhor cair das nuvens que de um terceiro andar.
MACHADO DE ASSIS (1839-1908), escritor

Perder uma ilusão faz você mais sábio que achar uma verdade.
KARL LUDWIG BORNE (1786-1837), escritor alemão

No fundo de cada decepção jaz, para quem sabe entendê-lo, um bem feito. **ANDRÉ GIDE** (1869-1951), escritor francês

“ Desmentido

As notícias a respeito de minha morte têm sido bastante exageradas.
MARK TWAIN (1835-1910), escritor americano, comentando notícias acerca de sua morte

Vou tomar emprestadas as palavras do escritor Mark Twain para lhes dizer que os rumores sobre a minha morte são ligeiramente exagerados.
BORIS IELTSIN (1931-2007), líder soviético, em 1992

Quando o desmentido é histérico e as negativas são acompanhadas de ataques descontrolados e desprovidos de sentido, com certeza é tudo verdade.
RENATO MAURÍCIO PRADO (1957-), jornalista esportivo, a propósito das declarações de dirigentes de futebol depois das prisões na cúpula da Fifa

Eu não usaria a palavra confisco para caracterizar o que está sendo proposto.
IBRAHIM ERIS (1944-), economista, quando presidia o Banco Central, em 1990

Nunca vi ninguém ser demitido por otimismo. Já vi, pelo contrário, por pessimismo. **GUIDO MANTEGA** (1949-), economista e ex-ministro da Fazenda, comentando a proposta de *The Economist* para sua demissão, em 2014

Despeito

O poder só desgasta quem não o possui.
GIULIO ANDREOTTI (1919-2013), ex-primeiro-ministro da Itália

O sucesso no Brasil é considerado ofensa pessoal.
TOM JOBIM (1927-1994), maestro e compositor

Tem muita gente torcendo contra, como o ex-marido que não quer que a mulher seja feliz com outro. **LUIZ INÁCIO LULA DA SILVA** (1945-), ex-presidente da República, em 2004, em resposta a críticas de Fernando Henrique Cardoso

Desperdício

A Cidade da Música (atual Cidade das Artes) é uma sala de concertos com tantos recursos técnicos como poucas no mundo, o que só se justificaria num país (e cidade) que tivesse uma companhia de orquestra avançada. Em sua gênese, é uma obra sem programa, sem acervo, sem nada. É algo tipicamente brasileiro: um apreço por grandes obras que aproxima políticos e empreiteiros.
GUILHERME WISNIK (1972-), curador da Bienal de Arquitetura, em 2013

É uma pena que todas as pessoas que sabem como governar o país estejam ocupadas dirigindo táxis ou cortando cabelo.
GEORGE BURNS (1896-1996), comediante americano

Em um país pobre e sem poupança, o dinheiro não pode ser usado em porcaria. **ELIEZER BATISTA** (1924-), ex-presidente da Companhia Vale do Rio Doce e pai de Eike Batista

Nunca foi tão grande a distância entre a Argentina que poderia ser e a que de fato ela é. **FELIPE GONZÁLEZ** (1942-), ex-primeiro-ministro da Espanha, em 2014

Destruição criadora

A eletricidade matou o luar.
OLAVO BILAC (1865-1918), poeta

Imaginem a perda para a economia mundial se o sindicato dos datilógrafos tivesse logrado impedir a difusão dos microcomputadores.
CARLOS EDUARDO GONÇALVES (1973-), economista da USP

O que seria da humanidade se os governos do século XIX tivessem resolvido proteger os fabricantes de velas contra a concorrência da lâmpada elétrica?
MARIO HENRIQUE SIMONSEN (1935-1997), ex-ministro da Fazenda

Existe uma tendência natural de idealizar as profissões moribundas – há um século eram os agricultores, hoje são os livreiros. Na próxima geração, os livreiros estarão tão fora de moda quanto as diligências.
LUIGI ZINGALES (1963-), economista italiano radicado nos Estados Unidos

Mudança é o processo no qual o futuro invade nossas vidas.
ALVIN TOFFLER (1928-), ensaísta americano

O progresso sempre fez vítimas.
LUIGI ZINGALES (1963-), economista italiano radicado nos Estados Unidos

O progresso humano é o resultado do contraste entre o ruim conhecido e o bom desconhecido. Os medíocres, ocupados em desfrutar o que existe, têm horror a qualquer inovação que afete a sua tranquilidade e os tire de seu conforto.
JOSÉ INGENIEROS (1877-1925), escritor argentino

Uma depressão é uma boa ducha fria para o capitalismo.
JOSEPH SCHUMPETER (1883-1950), economista

O impulso para a destruição é também um impulso criativo.
MIKHAIL BAKUNIN (1814-1876), anarquista russo

Escrevendo um artigo sobre o Uber, procurei uma tradução de "disruptive" em qualquer idioma latino."Perturbateur", em francês, é o melhor que encontrei. Talvez isso signifique algo. **JOÃO MANOEL PINHO DE MELLO**, economista

“ Detalhe

Atitude é uma pequena coisa que faz uma grande diferença.
WINSTON CHURCHILL (1874-1965), ex-primeiro-ministro britânico

Numa peça teatral ou romance, uma palavra imprópria é apenas uma palavra, e a impropriedade, seja ou não percebida, não acarreta consequência alguma. Num código legal composto de lei tidas como constitucionais ou fundamentais, uma palavra imprópria pode ser uma calamidade nacional.
JEREMY BENTHAM (1748-1832), jurista britânico

Nada se ganha em esmiuçar pueris detalhes.
EÇA DE QUEIRÓS (1845-1900), escritor português

Detalhe fundamental

Parece Garanhuns. Só faltam mil anos de história. **LUIZ INÁCIO LULA DA SILVA** (1945-), ex-presidente da República, em Toledo, Espanha, em 2007

O gol é apenas um detalhe. **CARLOS ALBERTO PARREIRA** (1943-), técnico de futebol, em defesa da importância da posse de bola

O crescimento não está essa Brastemp, mas não piorou o emprego nem a distribuição de renda, o que para mim é o essencial. Ninguém come PIB, come alimentos. **MARIA DA CONCEIÇÃO TAVARES** (1930-), economista, comentando a importância das perspectivas de baixo crescimento da economia, *O Globo* (2014)

Determinismo

Não é a maneira de pensar dos homens que lhes determina o modo de viver; é, pelo contrário, a maneira de viver que determina a maneira de pensar.
KARL MARX (1818-1883), filósofo revolucionário alemão, prefácio à *Contribuição à crítica da economia política*

O presente está grávido do futuro. **VOLTAIRE** (1694-1778), filósofo francês

Tratar o progresso artístico antes do progresso material é qualquer coisa como usar perfume no lenço, e não banho, … é qualquer coisa como ensopar de óleo o cabelo antes de o ter ensaboado.
OLAVO BILAC (1865-1918), poeta

O frio é o elemento essencial às civilizações.
LIMA BARRETO (1881-1922), jornalista e escritor

Dieta

Penso que o homem gordo não faz revolução. O abdômen é naturalmente amigo da ordem; o estômago pode destruir um império; mas há de ser antes do jantar.
MACHADO DE ASSIS (1839-1908), escritor

Não há homem galante em jejum. **JOSÉ DE ALENCAR** (1829-1877), escritor

Dize-me o que comes, dir-te-ei o que és. **EÇA DE QUEIRÓS** (1845-1900), escritor português

Todo canalha é magro. **NELSON RODRIGUES** (1912-1980), jornalista e dramaturgo

Existe algo de reconfortante num chanceler alemão que, quando acorda no meio da noite, está pensando em assaltar a geladeira, não em reordenar o mundo. **ARTIGO** sobre Helmut Kohl, que se tornara o mais longevo líder alemão no pós-guerra, *The Economist* (1996)

Gourmet é o comilão erudito. **MILLÔR FERNANDES** (1923-2012), humorista

Em várias oportunidades, tentei fumar maconha, mas sempre fracassei; finalmente, optei pelas pastilhas de menta. **JORGE LUIS BORGES** (1899-1986), escritor argentino

O estômago não tem sexo, e a natureza tem exigências fatais. Aqueles lábios, que nos parecem exclusivamente feitos para risos e beijos, são a entrada indispensável de covilhetes e pastéis. **MACHADO DE ASSIS** (1839-1908), escritor

Veja bem, gosto muito de lagosta e, quando vou a um restaurante e peço um prato dessa iguaria, não pergunto se a lagosta gosta de mim. Simplesmente como e depois pago. **OLACYR DE MORAES** (1931-2015), empresário brasileiro, indagado por um jornalista se as jovens que o acompanhavam depois do seu divórcio, quando ele já tinha mais de setenta anos, gostavam dele

As pessoas têm direito de comer carne, ovo, frango. O brasileiro hoje tem direito a comer todos esses produtos, por isso a frase é infeliz. **DILMA ROUSSEFF** (1947-), presidente da República, comentando a observação de Márcio Holland, secretário de Política Econômica, que recomendou o consumo de frango e ovo, com o encarecimento da carne bovina

“ Dignidade

Seria muito melhor se a civilização da Europa Ocidental, com todas as suas realizações, encontrasse um fim trágico, mas esplêndido, do que se as duas maiores democracias continuassem a existir destituídas de tudo o que faz a vida digna de ser vivida. **WINSTON CHURCHILL** (1874-1965), ex-primeiro-ministro britânico, citado em *Cinco dias em Londres*, de John Lukacs

Entrego as responsabilidades oficiais que assumi neste cargo e reassumo o único título da nossa democracia que tem valor maior do que o de presidente – o título de cidadão.
JIMMY CARTER (1924-), ex-presidente dos Estados Unidos, em seu discurso de despedida

Dinheiro

O cruzeiro não traz a felicidade. O dólar traz.
MILLÔR FERNANDES (1923-2012), humorista

É uma espécie de esnobismo espiritual que faz as pessoas pensarem que podem ser felizes sem dinheiro. **ALBERT CAMUS** (1913-1960), escritor franco-argelino

Ah! O dinheiro tem uma alma própria, uma alma satânica! Mefistófeles vive dentro de uma libra esterlina; Iago palpita na contextura de uma nota de 20 mil réis. **OLAVO BILAC** (1865-1918), poeta

Ouro amarelo, fulgurante ouro precioso! ... Basta uma porção dele para fazer do preto, branco; do feio, belo; do errado, certo; do baixo, nobre; do velho, jovem; do covarde, valente. ... [O ouro] arrasta os sacerdotes e os servos para longe de seu altar, arranca o travesseiro onde repousa a cabeça dos íntegros. Esse escravo dourado ata e desata os vínculos sagrados; abençoa o amaldiçoado; torna adorável a lepra repugnante; nomeia ladrões e lhes confere títulos, genuflexões e a aprovação na bancada de senadores. É isso que faz a viúva anciã casar-se de novo. ... Venha, mineral execrável, prostituta vil da humanidade, ... eu o farei executar o que é próprio da sua natureza. **WILLIAM SHAKESPEARE** (1564-1616), dramaturgo inglês, Timon ao descobrir ouro enquanto cavava o chão procurando raízes, em *Timon de Atenas*

Deixe-me lhe dar uma dica sobre o caráter dos homens: o homem que maldiz o dinheiro o obteve desonestamente; o homem que o respeita, conquistou-o.
AYN RAND (1905-1982), escritora russa radicada nos Estados Unidos

O dinheiro fala coisa com coisa em uma linguagem que todas as nações compreendem. **APHRA BEHN** (1640-1689), dramaturgo inglês

O dinheiro argentino não vale nada. É dinheiro falso, pois não tem respaldo. Viajar com pesos argentinos é a mesma coisa que viajar com vapor, atravessa-se a fronteira, e ele fica equivalente a zero.
JORGE LUIS BORGES (1899-1986), escritor argentino

O dinheiro não fala, ele pragueja. **BOB DYLAN** (1941-), cantor e compositor americano

O dinheiro não é a virtude das donzelas: é a moeda das prostitutas.
JOHN GAHERIN (1914-2000), advogado americano

Quando eu era jovem, pensava que dinheiro era a coisa mais importante do mundo. Hoje, mais velho, tenho certeza.
OSCAR WILDE (1854-1900), dramaturgo irlandês

O dinheiro é como um sexto sentido, sem o qual você não pode ter pleno uso dos outros cinco. **W. SOMERSET MAUGHAM** (1874-1965), escritor britânico

“ Dinheiro de campanha

É necessário que uma pessoa do *métier*, relacionada no comércio, nos meios bancários, vá pessoalmente às firmas simpáticas obter o concurso monetário, mas com garantia de absoluto sigilo, porque tais elementos, fundamentalmente conservadores, não querem complicações com o governo.
GETÚLIO VARGAS (1882-1954), ex-presidente da República, em carta a um amigo, em 1929, acerca da necessidade de caixa para sua campanha à Presidência contra Washington Luís, citado em Lira Neto, *Getúlio* (2013)

Para hacer política hace falta platita. (Para fazer política faz falta uma graninha.)
NÉSTOR KIRCHNER (1950-2010), ex-presidente da Argentina

Você tem obras na Petrobras e tem aditivos. Não pode contribuir só com isso. Tem que contribuir com mais. Eu estou precisando.
RICARDO PESSOA, empreiteiro, em sua delação premiada, narrando as exigências que recebeu de conhecido arrecadador de campanhas políticas, *Veja* (jun 2015)

“ Diplomacia

A ambiguidade às vezes é a força vital da diplomacia.
HENRY KISSINGER (1923-), ex-secretário de Estado americano

A Argentina é o único lugar que importa no qual o Brasil é importante. Há lugares que importam, como os Estados Unidos, em que o Brasil não é importante. E há lugares em que o Brasil é importante, como o Paraguai, que não importam. **MARCOS AZAMBUJA** (1935-), diplomata

A única diferença entre um erro médico e um erro em relações internacionais é que para o erro em relações internacionais é preciso um cemitério muito maior. **KARL DEUTCH** (1912-1992), cientista político tcheco

A vocação da Argentina é ser o Canadá do Brasil. **MARCOS AZAMBUJA** (1935-), diplomata

As grandes nações sempre agiram como gângsteres; as pequenas, como prostitutas. **STANLEY KUBRICK** (1928-1999), cineasta americano

Diplomacia de verdade é aquela em que o sujeito pede desculpas e sai do gramado chorando depois de ter feito cinco gols e tomado um. **ELIO GASPARI** (1944-), jornalista

João Gilberto: "Tom, diga a esse gringo que ele é um burro." Tom Jobim, traduzindo para Stan Getz: "Stan, o João está dizendo que o sonho dele sempre foi gravar com você." **DIÁLOGO** travado na preparação do disco dos três, de 1963, que foi uma espécie de "lançamento" internacional da bossa nova

Os diplomatas produzem blá-blá-blás, mas não são consumidores deles. **MARCOS AZAMBUJA** (1935-), diplomata

Um diplomata é alguém que conta anedotas que nada
têm a ver entre si nem com a realidade de coisa alguma,
notícias vagas sobre países que não parecem estar no mapa
e ideias equivocadas sobre tudo.
JOSÉ ORTEGA Y GASSET (1883-1955), pensador espanhol

Um embaixador é um homem honesto que é enviado ao exterior para mentir em favor do seu país. **SIR HENRY WOTTON** (1568-1639), diplomata inglês

Um navio de guerra é uma embaixada ambulante – muito mais valiosa e útil do que as fixas. **OLAVO BILAC** (1865-1918), poeta

“ Diplomacia lulista

Napoleão Bonaparte disse: "A China é um gigante adormecido, e no dia em que acordar, o mundo vai tremer." E a China acordou, e o mundo está pelo menos preocupado com o potencial de crescimento da China. Antes de Napoleão ter visitado a China, o hino brasileiro já falava que nós somos um gigante. **LUIZ INÁCIO LULA DA SILVA** (1945-), ex-presidente da República, em discurso de 2003, sem lembrar que Napoleão nunca esteve na China

Um país que constrói um monumento daquela magnitude tem tudo para ser mais desenvolvido do que é atualmente.
LUIZ INÁCIO LULA DA SILVA, na Índia, sobre o Taj Mahal, em 2004

Quem chega em Windhoek não parece que está em um país africano. Poucas cidades do mundo são tão limpas, tão bonitas arquitetonicamente e têm um povo tão extraordinário como tem essa cidade.
LUIZ INÁCIO LULA DA SILVA, em visita à Namíbia em 2003

Não tem um país mais preparado para encontrar um ponto G que o Brasil.
LUIZ INÁCIO LULA DA SILVA, em 2010, ao comentar a relação do Brasil com o G8 e o G20

“ Direito constitucional

O direito de ser ouvido não inclui automaticamente o direito de ser levado a sério.
HUBERT HUMPHREY (1911-1978), ex-vice-presidente dos Estados Unidos

Qualquer um é livre para falar bobagens.
ARTHUR SCHOPENHAUER (1788-1860), filósofo alemão

“ Disciplina

Acredito muito na sorte; quanto mais trabalho, mais ela sorri para mim.
THOMAS JEFFERSON (1743-1826), ex-presidente dos Estados Unidos

Sorte é o que acontece quando a preparação encontra a oportunidade.
DARRELL ROYAL (1924-2012), técnico de futebol americano

Sou sortudo. E quanto mais duro eu trabalho, mais sortudo fico.
SAMUEL GOLDWYN (1879-1974), produtor americano

Todas as vezes que a sorte me procurou, ela me encontrou sempre no mesmo lugar: trabalhando em meu ateliê.
PABLO PICASSO (1881-1973), pintor espanhol

Eu me preparo durante pelo menos oito horas por dia, por princípio.
ALEXANDER ALEKHINE (1892-1946), ex-campeão mundial de xadrez, analisando sua atitude, em contraposição à de José Raúl Capablanca, a quem venceu na disputa pelo título mundial de xadrez, e que era considerado bon-vivant

Se não estudo um dia, eu percebo; dois dias, e os críticos percebem; três dias, e o público percebe. **ARTHUR RUBINSTEIN** (1887-1982), pianista polonês

Em todo o mundo, os mercados financeiros se transformaram nos disciplinadores da política econômica.
RUDIGER DORNBUSCH (1942-2002), economista teuto-americano

O esforço só é esforço quando começa a custar.
JOSÉ ORTEGA Y GASSET (1883-1955), pensador espanhol

Sou capaz de resistir a tudo, menos às tentações.
OSCAR WILDE (1854-1900), dramaturgo irlandês

Sucesso é 1% de inspiração e 99% de transpiração.
THOMAS EDISON (1847-1931), inventor e empresário americano

Distanciamento

A maioria dos heróis é como certos quadros: para estimá-los, não se deve olhar muito de perto. **DUQUE DE LA ROCHEFOUCAULD** (1613-1680), pensador francês

Como são admiráveis as pessoas que não conhecemos muito bem!
MILLÔR FERNANDES (1923-2012), humorista

Como se vive aí, na América Latina? **TOMÁS ELOY MARTÍNEZ** (1934-2010), escritor argentino, relatando a pergunta de um escritor que morava na Argentina a um amigo que morava em outro país da América Latina, em *Réquiem por un país perdido*

Eu nunca fui embora da Argentina. Tudo o que é argentino em mim se conserva sem a menor perda. **JULIO CORTÁZAR** (1914-1984), escritor argentino, em 1983, depois de vários anos de exílio

O exilado sempre erra, porque confunde a realidade com os seus desejos.
JUAN BAUTISTA ALBERDI (1810-1884), intelectual argentino

Acho que sou mais argentino estando fora da Argentina.
ASTOR PIAZZOLLA (1921-1992), bandoneonista e compositor argentino

Sou um europeu nascido no exílio.
JORGE LUIS BORGES (1899-1986), escritor argentino

Diversidade

A verdade é uma; o erro, múltiplo. Não é por acaso que a direita professa o pluralismo.
SIMONE DE BEAUVOIR (1908-1986), escritora francesa

As famílias felizes se parecem entre si, mas cada família infeliz é infeliz ao seu modo. **LEON TOLSTÓI** (1828-1910), escritor russo, início de *Anna Karenina*

Não existe absurdo que não encontre seu porta-voz.
FRIEDRICH VON SCHELLING (1775-1854), filósofo alemão

Queríamos mão de obra e chegaram pessoas. **MAX FRISCH** (1911-1991), romancista suíço, em 1965, sobre a necessidade de seu país atrair imigrantes

Dívida

Os excessos da nossa juventude são saques sobre a nossa velhice, pagáveis com juros cerca de trinta anos mais tarde.
CHARLES COLTON (1780-1832), escritor inglês

Purgatório é uma casa de penhores que empresta sobre todas as virtudes a juro alto e prazo curto. **MACHADO DE ASSIS** (1839-1908), escritor

Tristezas não pagam dívidas. Nem bravatas, por falar nisso.
MILLÔR FERNANDES (1923-2012), humorista

Melhor ir dormir sem jantar que acordar endividado.
BENJAMIN FRANKLIN (1706-1790), político e cientista americano

Divisão de trabalho

Metade dos meus homens de governo não é capaz de nada, e a outra metade é capaz de tudo.
GETÚLIO VARGAS (1882-1954), ex-presidente do Brasil

Algumas pessoas fazem ruído com a cabeça. Outras fazem barulho com os pés.
SÁNCHEZ VIAMONTE (1892-1972), líder socialista argentino

Dá o trem para uma empresa e vê se ela quer explorar. Quer nada! Ela quer executar [a obra], ir embora, e a viúva que pague a conta.

PAULO VIEIRA DE SOUZA (1946-), ex-diretor da Dersa, sobre a ideia de os executores de uma obra serem gestores da concessão, *Piauí* (2012)

Nunca chame para trabalhar com você seus amigos da cerveja, porque dá errado; e também não chame para beber cerveja seus amigos do trabalho, porque seu fim de noite ficará chato.

TANCREDO NEVES (1910-1985), político

Pouco importa que a oposição não tenha fundamento ou seja injusta; importante mesmo é que ela ponha o governo em apuros.

GUSTAVO CAPANEMA (1900-1985), ex-ministro da Educação

Serei uma autocrata, esse é o meu ofício, e o bom Deus, com o seu perdão, tem o dele.

CATARINA A GRANDE (1729-1796), imperatriz russa

E

“ Economista

O economista é um ficcionista que venceu na vida.
MILLÔR FERNANDES (1923-2012), humorista

Há três maneiras de se chegar ao desastre: a mais rápida é pelo jogo; a mais agradável é com as mulheres; e a mais segura é consultar um economista.
GEORGES POMPIDOU (1911-1974), ex-primeiro-ministro da França

Os economistas gostam de ficar brigando entre si para não
correr o risco de estar todos errados ao mesmo tempo.
JOHN K. GALBRAITH (1908-2006), economista americano

Economistas são pessoas que sabem o “preço-sombra”
[custo de oportunidade] de tudo e não conhecem o valor de nada.
CARLOS DÍAZ-ALEJANDRO (1937-1985), economista cubano, brincando com a máxima de Oscar Wilde, “Hoje em dia sabemos o preço de tudo e o valor de nada”

Os nossos economistas, que são tão brilhantes, por brilhantes
que são, às vezes propõem coisas insensatas. ...
E não são só os economistas. Os sociólogos, então, nem me falem...
FERNANDO HENRIQUE CARDOSO (1931-), ex-presidente da República

O primeiro economista do mundo foi Cristóvão Colombo:
quando saiu, não sabia para onde ia; quando chegou,
não sabia onde estava. E tudo por conta do governo.
ANEDOTA POPULAR entre políticos no final dos anos 1980

“ Editor

Não se deve ampliar a voz dos imbecis.
MILLÔR FERNANDES (1923-2012), humorista, acerca da responsabilidade da imprensa em limitar a repercussão de certas opiniões

O drama rápido conseguiria um sucesso de doze meses.
O drama profundo significaria um sucesso de doze anos.
VICTOR HUGO (1802-1885), escritor francês, em resposta ao editor que propôs cortar *Os miseráveis*, citado em *A tentação do impossível*, de Mario Vargas Llosa

O que censuro nos jornais é nos fazer prestar atenção, todos os dias, nas coisas insignificantes, ao passo que lemos três ou quatro vezes na vida os livros em que há coisas essenciais. **MARCEL PROUST** (1871-1922), escritor francês

Alguém me disse que cada equação que eu incluísse
no livro reduziria à metade as vendas.
STEPHEN HAWKING (1942-), físico inglês, sobre seu livro *Uma breve história do tempo*

Ser publicado pela Oxford University Press é como estar casado
com uma duquesa: a honra é quase tão grande quanto o prazer.
G.M. YOUNG (1882-1959), historiador inglês

“ Educação

A verdade é que o ensino público do Brasil está à orla do limite possível a uma nação que se presume livre e civilizada; é que somos um povo de analfabetos, e que a massa deles, se decresce, é numa proporção desesperadamente lenta; é que a instrução acadêmica está infinitamente longe do nível científico desta idade; é que a instrução secundária oferece ao ensino superior uma mocidade cada vez menos preparada para o receber. **RUI BARBOSA** (1849-1923), jurista, em 1883

Se o professor fizer uma pergunta em sala de aula cuja resposta pode ser achada no Google, a pergunta está errada. **JOHANA GAGNER**, responsável pelo desenvolvimento escolar da YBC, escola não tradicional de Estocolmo

Educação é o que sobrevive quando se esqueceu o que foi aprendido.
B.E. SKINNER (1904-1990), psicólogo americano

“ Eficiência

Tanto faz se os gatos são pretos ou brancos, desde que cacem ratos.
DENG XIAOPING (1904-1997), político chinês, mentor da mudança econômica da China nos anos 1970

Não basta despachar o papel: é preciso resolver o caso.
RUBEM BRAGA (1913-1990), escritor, relatando na crônica "Um mundo de papel" o conselho de um secretário do estado de Minas Gerais (maio 1958)

" Ego

Falo de mim porque sou a pessoa que tenho mais perto.
MIGUEL DE UNAMUNO (1864-1936), escritor e filósofo espanhol

Não li, mas adorei o título. **HENRY KISSINGER** (1923-), ex-secretário de Estado americano, famoso pela sua vaidade, em resposta ao jornalista Marvin Kalb, em 1979, quando este lhe perguntou o que achava do livro que tinha escrito e cujo título era, justamente, *Kissinger*

Tem hora em que estou no avião e, quando alguém começa a falar bem de mim, meu ego vai crescendo, crescendo, crescendo... Tem hora em que ocupo, sozinho, três bancos com o meu ego.
LUIZ INÁCIO LULA DA SILVA (1945-), ex-presidente da República, em 2010

" Elegância

A vida me ensinou a tratar bem quem me trata bem e ignorar quem me trata mal.
JOEL SANTANA (1948-), técnico de futebol

Parte da arte de falar bem consiste em saber mentir com graça.
ERASMO DE ROTERDÃ (1466-1536), filósofo holandês

" Eleições

Um governo que tira de Pedro para dar a Paulo sempre pode contar com o apoio deste último. **GEORGE BERNARD SHAW** (1856-1950), dramaturgo irlandês

Democracia é algo ótimo, mas o que aborrece é esse negócio de precisar de votos.
ROBERTO CAMPOS (1917-2001), economista e ex-ministro do Planejamento

Política é a arte de obter votos dos pobres e recursos dos ricos, prometendo a cada grupo defendê-lo contra o outro.
OSCAR AMERINGER (1870-1943), escritor alemão

Muitos políticos sabem o que deve ser feito, mas não sabem como se reeleger caso o façam. **DANIEL INNERATY** (1959-), filósofo espanhol

São três as coisas que podem garantir votos em uma eleição: favores, esperança e relações pessoais. Para ganhar os eleitores indecisos, você pode fazer-lhes pequenos favores. Em relação àqueles em quem você desperta a esperança, deve fazê-los acreditar que estará sempre a seu lado para ajudá-los. Deixe que eles saibam que você está agradecido por sua lealdade e que está muito grato pelo que cada um deles faz por você. Em relação aos que já o conhecem, você deve encorajá-los, adaptando sua mensagem à circunstância de cada um e demonstrando a maior gratidão ao apoio de seus seguidores. **QUINTO TÚLIO** (102 a.C.-43 a.C.), general e político romano, em memorando, "Pequeno manual sobre eleições"

Elogio

Churchill possui muito boas qualidades, algumas das quais permanecem escondidas; também tem muitos defeitos, todos expostos na vitrine.
SIR HENRY WILSON (1864-1922), marechal de campo britânico

Ele possui todas as virtudes das quais não gosto e não tem nenhum dos vícios que aprecio. **WINSTON CHURCHILL** (1874-1965), ex-primeiro-ministro britânico, sobre Stafford Cripps, político trabalhista e ministro da Fazenda de 1947 a 1950

Não é que faltem qualidades ao marechal Castello Branco. O problema é que lhe sobram defeitos. **CARLOS LACERDA** (1914-1977), jornalista e político

O mal de quase todos nós é que preferimos ser arruinados pelo elogio a ser salvos pela crítica. **NORMAN PEALE** (1898-1993), pastor americano

Se ele quer que eu caia fora este mês, não poderia ter escrito artigo melhor.
HENRY KISSINGER (1923-), ex-secretário de Estado americano, queixando-se do jornalista Stewart Alsop, que escrevera uma coluna supostamente elogiosa, afirmando que "Nixon sem Kissinger é uma possibilidade assustadora", em 1972

Embalagem

O problema mais difícil do mundo, se for corretamente enunciado, um dia poderá ser resolvido. Já o problema mais fácil, ao ser mal apresentado, é irremediavelmente insolúvel.
MARIO HENRIQUE SIMONSEN (1935-1997), ex-ministro da Fazenda

O diabo é mais diabólico quando respeitável.
ELIZABETH BARRET BROWNING (1806-1861), poeta inglesa

“ Emergentes

O êxito costuma perder as nações imaturas.
GEORGES CLEMENCEAU (1841-1929), ex-primeiro-ministro da França, advertindo os argentinos embriagados pela situação do país nas primeiras décadas do séc.XX

Quando eu era criança, meus pais me diziam: “Termine seu jantar. As pessoas na China e na Índia estão famintas.” Hoje, eu digo às minhas filhas: “Terminem seu dever de casa. As pessoas na China e na Índia estão famintas pelo emprego de vocês.”
THOMAS FRIEDMAN (1953-), escritor americano

“ Empate

As cinzas do capitalismo serão iguais às cinzas do comunismo.
CARL SAGAN (1934-1996), astrônomo americano, ao depor no Congresso dos Estados Unidos em 1983 sobre os eventuais efeitos de uma guerra nuclear

Em economia, não se pode condenar o opositor pelos erros; só se pode convencê-lo de que os cometeu. E, mesmo que estejamos certos, não conseguiremos convencê-lo se a cabeça dele já estiver cheia de noções erradas.
JOHN MAYNARD KEYNES (1883-1946), economista britânico

“ Erudição

Continuo profundamente confuso, mas agora num plano mais elevado.
JOHANN WOLFGANG VON GOETHE (1749-1832), escritor alemão, depois de estudar a fenomenologia de Hegel, em frase a ele atribuída

A erudição é, em muitos casos, uma forma maldisfarçada de preguiça intelectual, ou um ópio para adormecer as inquietações íntimas do espírito.
MIGUEL DE UNAMUNO (1864-1936), escritor e filósofo espanhol

“ Escapatória

É importante preservar, naquele que vai ser derrotado, a ilusão da vitória, pois não há nada mais perigoso que a coragem do desespero.
SUN TZU (544 a.C.-496 a.C.), estrategista chinês

Na política, nunca deixe seus inimigos sem saída. **TANCREDO NEVES** (1910-1985), político

“ Escola

Desde pequeno tive de interromper minha educação para ir à escola.
GEORGE BERNARD SHAW (1856-1950), dramaturgo irlandês

É um milagre que a curiosidade sobreviva à educação formal.
ALBERT EINSTEIN (1879-1955), físico alemão

Educação é o que resta depois de se ter esquecido tudo que se aprendeu na escola.
IDEM

Os grandes navegadores devem sua reputação aos temporais e às tempestades.
EPICURO (341 a.C.-270 a.C.), filósofo grego

Nenhuma mudança favoreceria tanto um crescimento mais rápido da riqueza material quanto uma melhoria das nossas escolas.
ALFRED MARSHALL (1842-1924), economista britânico, em 1920

“ Escolhas

A fórmula do sucesso não existe mas a do fracasso é tentar agradar a todos.
JOHN F. KENNEDY (1917-1963), ex-presidente dos Estados Unidos

A melhor fortaleza que pode existir é não ser odiado pelo povo.
NICOLAU MAQUIAVEL (1469-1527), filósofo e diplomata italiano

Na política, sempre devemos optar por dois males.
CHRISTOPHER MORLEY (1890-1957), jornalista americano

Entre dois males, eu sempre escolho o que nunca tinha experimentado.
MAE WEST (1893-1980), atriz

A política não é a arte do possível. Ela consiste em escolher entre o desagradável e o desastroso.
JOHN K. GALBRAITH (1908-2006), economista americano

Em engenharia, não dá para aliar tempo, qualidade e custo. Escolha dois deles. Se não há tempo para fazer a obra, o custo será mais alto.
ROBERTO LOZINSKY (1951-), engenheiro de tráfego

Na política, a opção jamais tem a ver com a luta entre o bem e o mal, mas entre o preferível e o detestável.
RAYMOND ARON (1905-1983), filósofo francês

O argentino, ao votar, pode escolher entre peronistas e radicais, ou seja, entre a catástrofe e a desilusão.
ADOLFO BIOY CASARES (1914-1994), escritor argentino

Escrúpulo

A Itália pode se permitir perder Aldo Moro, mas não implantar a tortura.
GENERAL DALLA CHIESA (1920-1982), militar italiano, em resposta a um subordinado que lhe propôs torturar um detento que parecia dispor de muitas informações

Percebi que meus escrúpulos morais não fariam qualquer diferença para o mundo real, diante das condições de competição eficaz ou quase perfeita predominantes nos mercados financeiros; se me abstivesse de agir, outra pessoa assumiria o meu lugar. **GEORGE SOROS** (1930-), financista húngaro

Consciência é aquele medo que a gente tem de que alguém esteja olhando.
HENRY LOUIS MENCKEN (1880-1956), jornalista americano

O tarado é um homem que age exatamente como todos os outros, mas é apanhado no ato. **MILLÔR FERNANDES** (1923-2012), humorista

Esforço

O martírio é a única maneira de ganhar fama sem ter competência.
GEORGE BERNARD SHAW (1856-1950), dramaturgo irlandês

A leitura é a malhação da cabeça.
BÁRBARA HELIODORA (1923-2015), tradutora e crítica teatral

As qualidades necessárias ao autor dramático desenvolvem-se e apuram-se com o trabalho. **MACHADO DE ASSIS** (1839-1908), escritor

Para escrever bem, é necessário sofrer. **FIÓDOR DOSTOIÉVSKI** (1821-1881), escritor russo

Quando a fase é ruim, o jeito é suar mais. **ZICO** (1953-), ex-jogador de futebol

“ Especialista

A economia é um tema difícil e técnico, mas ninguém quer acreditar nisso.
JOHN MAYNARD KEYNES (1883-1946), economista britânico

Especialista é alguém que sabe cada vez mais sobre cada vez menos.
NICHOLAS BUTLER (1862-1947), educador americano

No mar, o menor caminho entre dois pontos não é necessariamente o mais curto, mas aquele que conta com o máximo de condições favoráveis.
AMYR KLINK (1955-), navegador, em *Cem dias entre céu e mar*

O especialista é útil apenas quando a sua especialidade é tão restrita que não tem importância. **FERNANDO PESSOA** (1888-1935), poeta português

Não sei nem colocar uma minhoca no anzol. **MARCELO CRIVELLA** (1957-), pastor e político, a propósito do Ministério da Pesca, que comandou entre 2012 e 2014

“ Esperteza

Nada está mais próximo do máximo da ingenuidade que o máximo da esperteza.
SAN TIAGO DANTAS (1911-1964), advogado e político

Os vivos são e serão sempre, cada vez mais, governados pelos mais vivos.
BARÃO DE ITARARÉ, pseudônimo de Apparício Torelly (1895-1971), humorista

“ Espírito animal

A ação política é cruel, baseia-se numa competição animal, é preciso derrotar, esmagar, matar, aniquilar o inimigo.
OTTO LARA RESENDE (1922-1992), jornalista e escritor

É condição necessária a todo ministro da Economia ser dotado de certa ferocidade. **ADOLPHE THIERS** (1797-1877), ex-primeiro-ministro da França

Eu não jogo; eu luto.
ALEXANDER ALEKHINE (1892-1946), ex-campeão mundial de xadrez, definindo seu jogo

Espírito esportivo

Não é feio perder eleições. Feio é não saber perder eleições.
ULYSSES GUIMARÃES (1916-1992), político

Nós jogamos alegremente. Eles jogaram para ser campeões.
FERENC PUSKÁS (1927-2006), jogador de futebol húngaro, sobre a derrota da Hungria para a Alemanha em 1954

Os políticos querem vencer as eleições, não dar aulas.
JUAN CARLOS DE PABLO (1943-), economista argentino

Para mim, o rival é um sujeito que quer tirar o pão da boca dos meus filhos.
CARLOS MONZÓN (1942-1995), ex-campeão mundial de boxe

Quem disse que ganhar ou perder não importa provavelmente perdeu.
MARTINA NAVRATILOVA (1956-), ex-tenista tcheca

Todo mundo tem vontade de vencer, mas poucos têm vontade de se preparar para vencer. **BOBBY KNIGHT** (1940-), famoso treinador de basquete dos Estados Unidos

Essência

O mais puro de todos nós tem dentro de si profundezas insondáveis de maldade, de moléstia moral, de egoísmo. **OLAVO BILAC** (1865-1918), poeta

Você só começa a entender sua ligação com os outros quando fica sozinho. Quanto mais intensamente sozinho você fica, quanto mais profundamente mergulha em um estado de solidão, mais profundamente sente essa ligação.
PAUL AUSTER (1947-), escritor americano

O aspecto pode ser contrário à essência/ o mundo muito engana na aparência.
WILLIAM SHAKESPEARE (1564-1616), dramaturgo inglês, Bassânio, prestes a escolher a arca de chumbo e ganhar o privilégio de casar-se com Pórcia, em *O mercador de Veneza*

“ Estatismo

De todas as coisas “organizadas”, é o Estado, em qualquer parte ou época, a mais mal organizada de todas.
FERNANDO PESSOA (1888-1935), poeta português

Não há Estado sem um grande corpo de funcionários.
LIMA BARRETO (1881-1922), jornalista e escritor

A esquerda brasileira, e eu também, foi criada com a ideia de que, se algo não é estatal, não é bom. Uma parte importante do pensamento político brasileiro é assim, e no PSDB também. **FERNANDO HENRIQUE CARDOSO** (1931-), ex-presidente da República, entrevista, *O Globo* (2011)

Não há nada mais inútil do que fazer eficientemente aquilo que não se deveria fazer. **PETER DRUCKER** (1909-2005), professor e consultor austríaco

Os riscos e, pois, os prejuízos da administração de Estado estão evidentemente na razão direta da extensão com que essa administração intervém na vida social espontânea. **FERNANDO PESSOA** (1888-1935), poeta português

Quando você perceber que, para produzir, precisa obter a autorização de quem não produz nada; quando comprovar que o dinheiro flui para quem negocia não com bens, mas com favores; quando perceber que muitos ficam ricos pela influência, mais que pelo trabalho; e que as leis não nos protegem deles, mas, pelo contrário, são eles que estão protegidos de você; quando perceber que a corrupção é recompensada e a honestidade se converte em sacrifício, então poderá afirmar, sem receio de errar, que sua sociedade está condenada.
AYN RAND (1905-1982), escritora russa radicada nos Estados Unidos

O Estado deveria esquecer que existe cultura e se preocupar mais com a cultura da soja. **MÁRCIO SOUZA** (1946-), escritor

O Estado é como o corpo humano. Nem todas as suas funções são dignas.
ANATOLE FRANCE (1844-1924), escritor francês

Se o governo é grande o suficiente para lhe dar tudo o que você quer, é grande o suficiente para lhe tirar tudo o que você tem.
GEORGE FORD (1909-2006), político americano

“ Estatística

Usa-se a estatística como um homem bêbado usa um poste, mais para apoiar que para iluminar.
ANDREW LANG (1844-1912), escritor escocês

Se você torturar os dados por tempo suficiente, eles confessam.
RONALD COASE (1910-2013), economista britânico

Análise formal de série temporal é maravilhosa quando leva a respostas robustas para questões interessantes. A experiência sugere que dificilmente isso acontece.
ROBERT SOLOW (1924-), economista americano

Há duas formas de mentira: a mentira e a estatística.
GEORGE BERNARD SHAW (1856-1950), dramaturgo irlandês

“ Estatura

O estadista tem a posição de suas ideias, e não as ideias de sua posição.
MILTON CAMPOS (1900-1972), político

É fácil, no mundo, viver de acordo com a opinião do mundo; é fácil, na solidão, viver de acordo com nós mesmos; mas o grande homem é aquele que, no meio da multidão, conserva a independência da solidão.
RALPH WALDO EMERSON (1803-1882), filósofo americano

Nascer estadista em país subdesenvolvido é como nascer com um tremendo talento de violinista numa tribo que só conhece a percussão.
MILLÔR FERNANDES (1923-2012), humorista

Eles vivem me chamando de anão, mas sou mais alto que Sarkozy e Putin.
SILVIO BERLUSCONI (1936-), político italiano

Há uma nítida diferença entre o estadista e o político. O primeiro é alguém que pertence à nação; o segundo, alguém que pensa que a nação lhe pertence.
ANTÔNIO ERMÍRIO DE MORAES (1928-2014), empresário

A capacidade de reunir os povos em tempos de crise, mesmo “tendo apenas para prometer sangue, suor e lágrimas”, é o que distingue um estadista de um simples político. **MIGUEL SOUSA TAVARES** (1952-), escritor português

El maestro estuvo benigno, aunque creo que ignoraba quien era yo.
(O mestre foi benevolente, embora creio que ele ignorava quem era eu.)
CÉSAR LUIS MENOTTI (1938-), técnico da seleção argentina de futebol, em 1978, comentando sua conversa com Jorge Luis Borges poucas semanas depois que a Argentina se sagrou campeã do mundo sob seu comando

“ Estelionato

Aprovamos o Plano Real e, mais do que isso, levamos à frente e o utilizamos de forma adequada.
DILMA ROUSSEFF (1947-), presidente da República

Jânio elegeu-se com seus defeitos e governa com suas qualidades.
MILTON CAMPOS (1900-1972), político

O poder é que nem violino: toma-se com a esquerda, mas toca-se com a direita.
ANTONIO DELFIM NETTO (1928-), economista e ex-ministro da Fazenda

O primeiro cuidado dos governos no Brasil, mal acabam de constituir-se, está em imitarem aos seus adversários os vícios que na véspera lhes exprobaram.
RUI BARBOSA (1849-1923), jurista, em *Queda do Império*

“ Estilo

A direita, embora não saiba pensar melhor que a esquerda, escreve melhor.
CLAUDIO ABRAMO (1923-1987), jornalista

Bossa nova é um tipo de música feita por quem tenta compor igual ao Tom Jobim e tocar violão igual ao João Gilberto, só que não consegue.
CANTORA brasileira não identificada

Eu não escrevo em português. Escrevo eu mesmo.
FERNANDO PESSOA (1888-1935), poeta português

FHC tinha a virtude de dissipar tensões: as crises entravam no palácio e saíam menores.
ELIO GASPARI (1944-), jornalista

“ Estresse

Warren não sofre de estresse. Ele o causa nos outros.
CHARLIE MUNGER (1924-), amigo e sócio de Warren Buffett

“ Eternidade

O tempo não existe. É apenas uma vaga e ilusória convenção humana.
JORGE LUIS BORGES (1899-1986), escritor argentino

O tempo é uma convenção que não existe nem para o craque, nem para a mulher bonita. **NELSON RODRIGUES** (1912-1980), jornalista e dramaturgo

“ Evacuação

A explicação do sucesso econômico da Áustria está em ter conseguido exportar os seus economistas eminentes.
ROBERTO CAMPOS (1917-2001), economista e ex-ministro do Planejamento, anedota a propósito dos êxitos da Áustria no pós-guerra, depois da emigração de vários economistas, na época do nazismo

“ Evasão

Don't tax me, don't tax thee; let's tax this guy behind the tree. (Não taxe a mim, nem a você, taxe aquele cara atrás da árvore.) **ANTIGO VERSO AMERICANO**

“ Evasivas

Saiba como usar evasivas. É assim que as pessoas astutas se livram das dificuldades. Elas se desembaraçam do mais intricado labirinto com o emprego espirituoso de uma observação inteligente. Elas se livram de uma séria controvérsia com um gracioso nada ou suscitando um sorriso. A maioria dos grandes líderes conhece a fundo essa arte.
BALTASAR GRACIÁN (1601-1658), teólogo jesuíta, sobre como ter êxito na política

Muitas desculpas são sempre menos convincentes que uma.
ALDOUS HUXLEY (1894-1963), escritor inglês

Nunca explique – seus amigos não precisam, e seus inimigos não vão acreditar mesmo. **ELBERT HUBBARD** (1859-1915), escritor americano

“ Evolucionismo

O homem, em sua arrogância, pensa a si mesmo como uma grande obra, merecedora da intervenção de uma divindade.
CHARLES DARWIN (1809-1882), naturalista britânico

“Quando foi que os ancestrais do ser humano deixaram de andar em quatro patas e começaram a caminhar com os dois pés?” “Quando o valor presente dos seus benefícios futuros ultrapassou seus custos.” **PIADA** de economistas

Nós somos do gênero humano, da espécie *sapiens*, somos aqueles que têm a capacidade de jogar, de brincar, porque jogar é isso aqui. O importante não é ganhar, e sim celebrar. Isso que é a capacidade humana, lúdica, de ter uma atividade cujo fim é ela mesma, a própria atividade. Esporte tem essa condição, essa bênção, ele é um fim em si. E é essa atividade que caracteriza primeiro as crianças, a atividade lúdica de brincar. Então, para mim, essa bola é o símbolo da nossa evolução, quando nós criamos uma bola dessas, nós nos transformamos em *Homo sapiens* ou mulheres *sapiens*.
DILMA ROUSSEFF (1947-), presidente da República

Sou mais madura, mais experiente, mais consciente das limitações de ser governo. Sou mais tolerante na convivência com outras forças políticas e entendo que um governo tem de ser mais amplo. Mudei muito.
LUIZA ERUNDINA (1934-), ex-prefeita de São Paulo, dizendo o que mudara desde que ocupara a Prefeitura, entrevista, *Folha de S.Paulo* (2000)

Os governos que duram muito tempo começam com os melhores, continuam com os amigos e acabam com os que ficam. **AXIOMA POLÍTICO ARGENTINO**

“ Excesso de demanda

A democracia tem a demanda fácil e a resposta difícil.
NORBERTO BOBBIO (1902-2004), filósofo italiano

Hoje há grande demanda de pessoas que fazem o errado parecer certo.
TERÊNCIO (séc.II a.C.), dramaturgo de Cartago

O Brasil é uma economia subdesenvolvida em que as aspirações superam em muito a capacidade de gerar satisfações. **ROBERTO CAMPOS** (1917-2001), economista e ex-ministro do Planejamento, em *A lanterna na popa*

Experiência

Experiência é o nome que damos aos nossos erros.
OSCAR WILDE (1854-1900), dramaturgo irlandês

A experiência é o único defeito que não piora com o tempo.
ROBERTO CAMPOS (1917-2001), economista e ex-ministro do Planejamento

A experiência é o melhor professor, mas sempre chega tarde. **ANÔNIMO**

A gente nunca deve repetir o mesmo erro na vida quando há tantos novos erros a escolher. **BERTRAND RUSSELL** (1872-1970), filósofo britânico

O erro democrático é sempre melhor que o possível acerto autoritário.
EDUARDO PORTELLA (1932-), escritor e ex-ministro da Educação

O problema em aprender com a experiência é que você nunca se forma.
DOUG LARSON (1926-), colunista americano

Um ator deveria viver cem anos: cinquenta aprendendo e cinquenta interpretando. **VITTORIO GASSMAN** (1922-2000), ator italiano

Há três métodos para ganhar sabedoria: primeiro, por reflexão, que é o mais nobre; segundo, por imitação, que é o mais fácil; e terceiro, por experiência, que é o mais amargo. **CONFÚCIO** (551 a.C.-479 a.C.), filósofo chinês

Experimentação

Não existe melhor escola que a adversidade.
BENJAMIN DISRAELI (1804-1881), ex-primeiro-ministro britânico

Não falhei; apenas descobri 10 mil maneiras que não funcionam.
THOMAS EDISON (1847-1931), inventor e empresário americano

Se você quiser ser bem-sucedido, dobre sua taxa de fracassos.
THOMAS WATSON (1874-1956), pioneiro da IBM

Não me arrependo de nenhum de meus empreendimentos e fracassos. Cada um deles me ensinou algo sobre mim mesmo e sobre a vida que eu não teria percebido com um constante sucesso.
JOSEPH SCHUMPETER (1883-1950), economista austríaco, em seu diário

O fracasso ensina muito mais que o sucesso. **DANIEL FILHO** (1937-), diretor de TV

Os gênios podem errar; costumam errar; é conveniente que errem. Suas falsas criações resultam muito úteis pelas correções que geram, as pesquisas que estimulam, as paixões que acendem, as inércias que removem.
JOSÉ INGENIEROS (1877-1925), escritor argentino

É preciso entender a cultura da inovação. Aprenda a fracassar. Às vezes você falha, mas tudo bem. Mexa-se e vá em frente.
DOV MORAN (1956-), empresário israelense e criador do pen-drive

Exposição

Políticos que se queixam da imprensa são como comandantes de navio que se queixam do mar. **MARK TWAIN** (1835-1910), escritor americano

O jornal é hoje, com efeito, o grande assoprador da vaidade humana.
EÇA DE QUEIRÓS (1845-1900), escritor português

A fama é a sede da juventude. **LORD BYRON** (1788-1824), poeta britânico

Quem não tem quer. Quem já tem quer mais. **THOMAS DAVENPORT** (1954-), especialista em administração da informação, autor de *A economia da atenção*, sobre a importância de receber atenção em um mundo com excesso de informação

Se alguém vence sendo um imbecil, não deixará de sê-lo, mas as pessoas deixarão de tratá-lo como tal. **ROBERTO PAYRÓ** (1867-1928), escritor argentino

Expropriação

Quando um governo tributa um determinado nível de renda ou de herança com uma alíquota de 70% ou 80%, o objetivo principal obviamente não é aumentar as receitas (porque as alíquotas altas nunca geram muita receita). O objetivo é abolir essas rendas e heranças vultosas, as quais são socialmente inaceitáveis e economicamente improdutivas. **THOMAS PIKETTY** (1971-), economista francês

Eu, infelizmente, não tenho mais nada a fazer aqui. Parto porque vocês consideram que o sucesso, a criação, o talento, na verdade, a diferença, devem ser punidos. **GÉRARD DEPARDIEU** (1948-), ator francês, em 2012, em carta aberta explicando que estava migrando para a Bélgica em decorrência dos altos impostos

“ Extremismo

Os pequenos grupos radicais converteram-se numa orquestra crepuscular de sapos e grilos, tocando uma deliberante musiquinha, à margem da realidade. O tema dessa estridente partitura, seu estribilho, é “a revolução agora”, mas o seu significado verdadeiro, aquilo que os psicanalistas chamam de “conteúdo latente”, é o suicídio político. **OCTAVIO PAZ** (1914-1998), escritor mexicano, em carta ao prisioneiro político Adolfo Gilly, em 1972

Se ao crime do terrorismo se responde com o crime do terrorismo estatal, o terrorismo vence. **ERNESTO SABATO** (1911-2011), escritor argentino

Acho muito pouco cair um avião sobre o Pentágono.
Deviam cair 25 aviões. É preciso destruir o Pentágono todo.
LEONARDO BOFF (1938-), teólogo e escritor, entrevista, *O Globo* (10 nov 2001)

O interrogatório do prisioneiro Aldo Moro terminou, e não há dúvida de que é culpado; portanto, foi condenado à morte.
BRIGADAS VERMELHAS, grupo terrorista italiano, Comunicado n.5 (17 abr 1978)

F

“ Família

Aos vinte anos, cheio de fervor humanista, acreditava que todos os homens eram meus irmãos. Aos trinta, eram apenas primos.
ENRIQUE SANTOS DISCÉPOLO (1901-1951), compositor de tangos argentino

É uma grande sorte ter poucos parentes.
MENANDRO (342 a.C.-291 a.C.), autor de comédias grego

[É] tempo de voltar nossa atenção para desafios prementes, como ... fazer as famílias americanas mais parecidas com os Waltons e um pouco menos como os Simpsons. **GEORGE BUSH** (1924-), ex-presidente dos Estados Unidos, em 1992

Eu tenho três filhos e nenhum dinheiro. Por que não posso ter nenhum filho e três dinheiros?
HOMER JAY SIMPSON, personagem de Matt Groening (1954-), cartunista americano

“ Fanatismo

O fanatismo é a deformação da fé.
CARLOS LACERDA (1914-1977), jornalista e político

Um fanático é alguém que redobra seu esforço enquanto esquece qual é o alvo.
GEORGE SANTAYANA (1863-1952), filósofo espanhol

“ Fantasia

A imaginação é a memória que enlouqueceu.
MÁRIO QUINTANA (1906-1994), poeta

Que seria de nós sem a ajuda do que não existe?
PAUL VALÉRY (1871-1945), escritor francês, em *Breve epístola sobre o mito;*
epígrafe com a qual Mario Vargas Llosa abre El *Paraíso en la otra esquina*

Fantasia é como geleia: você tem de espalhar sobre uma sólida fatia de pão.
ITALO CALVINO (1923-1985), escritor italiano

“ Farsante

O poeta é um mentiroso que diz as mais belas verdades.
CARLOS DRUMMOND DE ANDRADE (1902-1987), poeta

Um escritor é alguém congenitamente incapaz de dizer a verdade. Por isso, o que ele escreve chama-se ficção. **WILLIAM FAULKNER** (1897-1962), escritor americano

A imaginação é nossa própria forma de coragem.
FRANCIS UNDERWOOD, personagem de *House of Cards*, depois de inventar feitos heroicos de juventude para seu biógrafo

Alguém pode enganar uma pessoa o tempo todo ou pode enganar a todos durante algum tempo, mas ninguém pode enganar a todos o tempo todo.
ABRAHAM LINCOLN (1809-1865), ex-presidente dos Estados Unidos

Ao contrário do que se diz, pode-se enganar a muitos durante muito tempo.
JAMES THURBER (1894-1961), cartunista americano

Temos uma obrigação de denunciar. Se a gente fizesse só passeata, iriam nos ouvir? É uma forma de luta. **MILITANTE** da Coordenação Nacional do MST, justificando a ação que destruiu mudas de eucalipto cultivadas durante catorze anos para pesquisa genética por parte de quinhentos militantes do movimento, *O Globo* (7 mar 2015)

O diabo, quando quer se meter entre os mortais, esconde o rabo.
ALMINO AFFONSO (1929-), político

Você pode fingir ser sério; você não pode fingir ser espirituoso.
SACHA GUITRY (1885-1957), dramaturgo russo

“ Fascismo

Nenhum argentino pode deixar de querer, sem negar seu nome de argentino, o que nós queremos. Por isso, afirmamos que a nossa doutrina é a de todos os argentinos, e que, pela coincidência dos seus princípios essenciais, irá se consolidar definitivamente a unidade nacional. **JUAN DOMINGO PERÓN** (1895-1974), ex-presidente da Argentina, mensagem ao Congresso, em 1º de maio de 1950

O fascismo é uma caricatura reacionária do jacobinismo.
LEON TRÓTSKI (1879-1940), revolucionário russo

O nazismo foi uma tragédia; o fascismo italiano foi uma comédia.
LUCHINO VISCONTI (1906-1976), cineasta italiano

O peronismo nada mais foi que uma caricatura da comédia mussoliniana. Embora não tenha carecido de crime, faltou-lhe a grandeza wagneriana da maldade nazista. **JUAN JOSÉ SEBRELI** (1930-), escritor argentino

“ Fé

A fé não é algo que possuímos, e sim algo que nos possui.
TOMÁS DE MATTOS (1947-), escritor uruguaio

Age como se não houvesse Deus, lembrando-te, porém, que Ele existe.
FERNANDO PESSOA (1888-1935), poeta português

Não importa saber se a gente acredita em Deus. O que importa é saber se Deus acredita na gente. **MÁRIO QUINTANA** (1906-1994), poeta

Que será de nós sem criações, fábulas, arte, mitos, crenças? Que será de nós sem o socorro do que não existe? **PAUL VALÉRY** (1871-1945), escritor francês

No creo en Dios, pero lo quiero.
ANTONIO PORCHIA (1885-1968), poeta italiano radicado na Argentina

“ Federalismo

No Brasil, o metro quadrado vota.
ANTONIO DELFIM NETTO (1928-), economista e ex-ministro da Fazenda

Querer convencer os governadores da necessidade de cortar verbas é a mesma coisa que tentar explicar o significado do Natal ao peru.
CIRO GOMES (1957-), político cearense, quando era ministro da Fazenda

É tão normal para o subsecretário de Estado para Assuntos Interamericanos dos Estados Unidos visitar países americanos como para mim, no marco de minhas funções, percorrer as províncias argentinas.
GENERAL ALBANO HARGUINDEGUY (1927-2012), ministro do Interior argentino, em 1977

Se quisesse punir uma província, deixaria que fosse governada por um filósofo.
FREDERICO II O GRANDE (1712-1786), rei da Prússia

Se tentássemos mexer na partilha de tributos nos Estados Unidos teríamos outra guerra civil. **OLIVER OLDMAN** (1920-2008), ex-chefe do Departamento Fiscal de Harvard

Tome-se cuidado ao incitar a sedição numa cidade, pensando que se possa contê-la ou dirigi-la conforme sua vontade.
NICOLAU MAQUIAVEL (1469-1527), filósofo e diplomata italiano

“ Felicidade

O homem só é feliz em breves intervalos e só se dá conta quando já é muito tarde.
FERNAND BRAUDEL (1902-1985), historiador francês

Três condições são necessárias para alcançar a felicidade: ser imbecil, ser egoísta e gozar de boa saúde. É preciso deixar claro, porém, que sem a primeira condição tudo estará perdido. **GUSTAVE FLAUBERT** (1821-1880), escritor francês

“ Fervor

A intensidade da convicção de que uma hipótese é verdadeira nada nos diz sobre se ela é verdadeira ou falsa. **PETER MEDAWAR** (1915-1987), biólogo

Morrer por uma causa não faz com que ela seja justa.
HENRY DE MONTHERLANT (1895-1972), escritor francês

Uma coisa não é necessariamente verdadeira porque um homem morreu por ela.
OSCAR WILDE (1854-1900), dramaturgo irlandês

Não importa com que força se acredite em algo, a força de uma crença não é um critério de verdade. **FRIEDRICH NIETZSCHE** (1844-1900), filósofo alemão

Nenhuma opinião deveria ser defendida com fervor. Ninguém mantém fervorosamente que 7 × 8 = 56 porque pode mostrar que é isso. O fervor apenas se faz necessário quando se trata de sustentar uma opinião que é duvidosa ou falsa.
BERTRAND RUSSELL (1872-1970), filósofo britânico

“ Fidelidade partidária

As feridas da divisão de um partido que perde demoram muito a fechar, mas as feridas de um partido que vence se fecham em algumas horas.
CONSULTOR POLÍTICO ARGENTINO

Em política, a traição é uma questão de tempo.
CHARLES-MAURICE DE TALLEYRAND (1754-1838), diplomata francês

Um traidor é um indivíduo que deixou nosso partido para ingressar em outro. Um convertido é um traidor que deixou seu partido para ingressar no nosso.
GEORGES CLEMENCEAU (1841-1929), ex-primeiro-ministro da França

“ Filosofia

A filosofia é a lucidez intelectual chegando à loucura.
FERNANDO PESSOA (1888-1935), poeta português

Aqueles que não conseguem vencer na vida vingam-se falando mal dela.
VOLTAIRE (1694-1778), filósofo francês

Leva-se muito tempo para não entender nada.
EDWARD DAHLBERG (1900-1977), escritor americano

Os filósofos apenas interpretaram o mundo de diferentes maneiras; a questão é mudá-lo. **KARL MARX** (1818-1883), filósofo revolucionário alemão

“ Finanças públicas

Não nos esqueçamos nunca desta verdade fundamental: o Estado não tem outra fonte de recursos além do dinheiro que as pessoas ganham por si próprias. Se o Estado deseja gastar mais, ele só pode fazê-lo tomando emprestado da poupança ou cobrando mais tributos. E não adianta pensar que alguém irá pagar. Esse “alguém” é você. Não existe isso que chamam dinheiro público. Existe apenas o dinheiro de quem paga impostos.
MARGARET THATCHER (1925-2013), ex-primeira-ministra britânica

O espírito das pessoas, seu nível cultural, sua estrutura social, os traços de sua política, isso tudo e outras coisas estão escritas na história fiscal. Aquele que souber escutar essa mensagem poderá entender o trovão da história mundial melhor que ninguém. **JOSEPH SCHUMPETER** (1883-1950), economista austríaco

Não espere que a solução venha do governo. O governo é o problema.
RONALD REAGAN (1911-2004), ex-presidente dos Estados Unidos

Nas noites de Brasília, cheias de mordomia, todos os gastos são pardos.
MILLÔR FERNANDES (1923-2012), humorista

Em matéria de necessidade pública, primeiro a gente faz a despesa necessária ao interesse coletivo, e depois, a receita.
LEONEL BRIZOLA (1922-2004), político

Essa história de que investimento é bom e despesa corrente é ruim é uma simplificação grotesca. Despesa corrente é vida: ou você proíbe o povo de nascer, de morrer, de comer ou de adoecer, ou vai ter despesa corrente.
DILMA ROUSSEFF (1947-), presidente da República, entrevista, *O Estado de S. Paulo* (9 nov 2005)

A dívida pública se assemelha a uma gravidez indesejada. Ela é geralmente a consequência não desejada e defasada de atos praticados com outros fins por mais de uma pessoa. **RICARDO HAUSMANN** (1956-), economista venezuelano

“ Flor da idade

Há criaturas que chegam aos cinquenta anos sem nunca passar dos quinze.
MACHADO DE ASSIS (1839-1908), escritor

Eu escrevo todo dia, por compulsão. Mas agora, aos setenta anos, uma das perguntas que mais me intrigam é o que eu vou ser quando crescer.
OTTO LARA RESENDE (1922-1992), jornalista e escritor

“ Foco

Um barco parece ser um objeto cujo fim é navegar, mas o seu fim não é navegar, senão chegar a um ponto. **FERNANDO PESSOA** (1888-1935), poeta português

Você nunca chegará ao fim da jornada se parar para arremessar uma pedra toda vez que um cão ladrar.
WINSTON CHURCHILL (1874-1965), ex-primeiro-ministro britânico

Cubrirse y pegar, cubrirse y pegar. Lo demás es ballet.
(Proteger-se e bater; proteger-se e bater. O resto é balé.)
RICARDO PIGLIA (1941-), escritor argentino, definindo a luta de boxe

Se você tem de explicar algo muito importante, não tente ser sutil: bata. Então, volte e bata de novo. Finalmente, bata uma terceira vez.
WINSTON CHURCHILL (1874-1965), ex-primeiro-ministro britânico

Escrever bem exige revisar, revisar e revisar de novo. Seus trabalhos estão concorrendo com muitos outros que chegam constantemente na mesa das pessoas às quais você quer alcançar. Portanto, se não ficar logo claro para elas que vão ganhar alguma coisa lendo seu trabalho, sequer começarão a lê-lo.
WILLIAM THOMSON (1824-1907), cientista britânico, em *The Young Person's Guide to Writing Economic Theory*

O meu governo está diuturnamente e até noturnamente atento a todas as pressões inflacionárias, venham de onde vierem.
DILMA ROUSSEFF (1947-), presidente da República

“ Fracasso

Nunca me impressionaram os militares, especialmente aqueles que perderam a guerra. **JORGE SEMPRÚN** (1923-2011), escritor espanhol, criticando os militares stalinistas do Partido Comunista Espanhol derrotados na guerra civil

A ambição é o último recurso do fracassado.
OSCAR WILDE (1854-1900), dramaturgo irlandês

Qualquer um que seja encontrado em um ônibus com idade acima de trinta anos é um fracasso na vida.
LOELIA, duquesa de Westminster (1902-1993), aristocrata inglesa

“ Fraternidade

Os brasileiros amam odiar os argentinos, enquanto os argentinos odeiam amar os brasileiros.
PABLO ALABARCES (1961-), sociólogo argentino

“ Fraude

Era preciso escolher entre a realidade do discurso e o discurso da realidade.
JORGE SEMPRÚN (1923-2011), escritor espanhol, acerca de sua briga com os stalinistas do Partido Comunista Espanhol, em *Autobiografia de Federico Sánchez*

O respeito devotado à ciência é tamanho que as mais absurdas opiniões podem se tornar correntes, desde que sejam expressas em linguagem que faça lembrar alguma fraseologia científica conhecida. **JAMES MAXWELL** (1831-1879), físico britânico

“ Frieza

Um bom general que ousa marchar ousa também parar. E nunca pressiona seu triunfo além da necessidade. **LAO TZU** (604 a.C.-531 a.C.), filósofo chinês

Um governante não deve jamais mobilizar seus homens quando está tomado pela raiva; um general não deve jamais lançar-se ao combate movido pelo rancor. O governante esclarecido é prudente; o general eficiente é cauteloso.
SUN TZU (544 a.C.-496 a.C.), estrategista chinês, em *A arte da guerra*

Um primeiro-ministro ou um presidente não tem o direito de ficar irritado.
JOSÉ LUIS RODRÍGUEZ ZAPATERO (1960-), ex-primeiro-ministro da Espanha

“ Fundamentos

Regra número 1: Nunca perca dinheiro. Regra número 2: Nunca esqueça a regra número 1. **WARREN BUFFETT** (1930-), investidor americano

Como em quase todos os casos de sucesso instantâneo, o meu levou uns vinte anos para acontecer. **SAM WALTON** (1918-1992), fundador do Walmart

É na maré baixa que se vê quem está nadando nu.
WARREN BUFFETT (1930-), investidor americano

Tive de gastar incontáveis horas, muito além do treinamento básico, para aperfeiçoar os fundamentos. **JULIUS ERVING** (1950-), conhecido como “Doctor J”, astro de basquetebol profissional americano

Funeral

Quando morrer, quero ser carregado ao céu pelos beija-flores.
AUGUSTO RUSCHI (1915-1986), cientista

Aqui jaz Fernando Sabino, que nasceu homem e morreu menino.
FERNANDO SABINO (1923-2004), escritor, opinando sobre o próprio epitáfio

Seu cadáver estava cheio de mundo.
CÉSAR VALLEJO (1892-1938), poeta peruano, dedicando alguns versos à morte de seu amigo Pedro Rojas, em *Espanha, afasta de mim esse cálice*

Futebol

A mais sórdida pelada é de uma complexidade shakespeariana.
NELSON RODRIGUES (1912-1980), jornalista e dramaturgo

A verdade está com a imaginação dos locutores de rádio, e não com a burrice do videoteipe – a imaginação está sempre muito mais próxima da essência. **IDEM**

Cada brasileiro, vivo ou morto, já foi Flamengo por um instante, um dia. **IDEM**

No futebol, o pior cego é aquele que só vê a bola. **IDEM**

No futebol, o raciocínio é uma carroça diante da velocidade vertiginosa do instinto. **IDEM**

Há no torcedor botafoguense a emanação específica de um pessimismo imortal. **IDEM**

O Fla-Flu surgiu quarenta minutos antes do nada. **IDEM**

Façam um desfile de escola de samba por semana e, no fim de um mês, a sociedade brasileira pedirá pelo amor de Deus para pararem.
JOÃO SALDANHA (1917-1990), jornalista e técnico de futebol, defendendo a supremacia do futebol como produto nacional, em relação ao samba

Futebol não é uma questão de vida ou morte.
É muito mais importante que isso. **BILL SHANKLY** (1913-1981), treinador que transformou o Liverpool em time de ponta na Europa

Nas arquibancadas do Maracanã, o mais fino gentleman
se torna o mais sórdido canalha.
ZÓZIMO BARROZO DO AMARAL (1941-1997), jornalista

O futebol é um esporte muito simples: 22 jogadores correm atrás de uma bola durante noventa minutos e, no final, os alemães sempre vencem.
GARY LINEKER (1960-), ex-jogador inglês

“ Futuro

O futuro me preocupa porque é o lugar onde penso passar o resto da minha vida.
WOODY ALLEN (1935-), cineasta americano

A coisa que menos me mete medo é o futuro.
MONTEIRO LOBATO (1882-1948), escritor

O futuro pertence à nação que mais bem educa seus cidadãos.
BARACK OBAMA (1961-), presidente dos Estados Unidos

Façam filhos, eles vão ver o socialismo. Eu fiz quatro,
vou fazer mais, se tiver tempo.
JOÃO PEDRO STÉDILE (1953-), líder do Movimento dos Sem Terra

G

“ Gênero

As mulheres são apenas homens com menos dinheiro.
PAUL SAMUELSON (1915-2009), economista

É tão mais fácil para os homens... Eles não têm de pintar as unhas para ir a uma reunião. **EVE POLLARD** (1945-), jornalista

É verdade que nem todos os homens brancos são capitalistas ou possuem grandes privilégios de classe, mas é correto afirmar que 99,44% deles são racistas e sexistas. **BARBARA SMITH** (1946-), escritora feminista americana

O que nas mulheres é sentimento nos homens é pieguice.
MACHADO DE ASSIS (1839-1908), escritor

Os homens amam com os olhos, e as mulheres com os ouvidos.
ZSA ZSA GABOR (1917-), atriz húngara radicada nos Estados Unidos

Se as mulheres continuarem tão reivindicativas e as crianças tão chatas, já, já, no primeiro naufrágio que houver por aí, alguém vai gritar bem alto: crianças e mulheres por último.
MILLÔR FERNANDES (1923-2012), humorista

Filha, você é tão inteligente, se fosse homem poderia ser cientista.
HOMER JAY SIMPSON, personagem de Matt Groening (1954-), cartunista americano

Nunca uma mulher gostou de ver outra coroada e idealizada!
EÇA DE QUEIRÓS (1845-1900), escritor português

Toda mulher é assim, um equilíbrio entre a ternura e a fúria.
HELOÍSA HELENA (1962-), política

Uma mulher não pode ser submissa ao homem por causa de um prato de comida. Tem que ser submissa porque gosta dele.
LUIZ INÁCIO LULA DA SILVA (1945-), ex-presidente da República, em janeiro de 2010

A ministra [Dorothea Werneck] é muito inteligente, apesar de ser mulher.
MARIO AMATO (1918-1992), empresário e ex-presidente da Fiesp

O trabalhador é o escravo da sociedade capitalista.
A trabalhadora é a escrava desse escravo.
JAMES CONNELY (1868-1916), sindicalista irlandês

“ Genialidade

Gênio é o talento de alguém que já morreu.
EDMOND DE GONCOURT (1822-1896), escritor francês

O talento é como o arqueiro que acerta um alvo que outros não atingem; o gênio é como o arqueiro que acerta um alvo que os demais nem sequer conseguem ver.
ARTHUR SCHOPENHAUER (1788-1860), filósofo alemão

“ Gestão

Com duzentas pessoas, é possível administrar o Brasil
com eficiência e transformá-lo em uma potência.
ROBERTO CAMPOS (1917-2001), economista e ex-ministro do Planejamento

Com funcionários bons, é possível governar, mesmo com leis ruins. Entretanto, com funcionários ruins, mesmo as melhores leis não servem para nada.
OTTO VON BISMARCK (1815-1898), ex-chanceler alemão

Choque de gestão é contratar mais gente. **LUIZ INÁCIO LULA DA SILVA** (1945-), ex-presidente da República, *O Estado de S. Paulo* (2 out 2007)

“ Gestão de riscos

As pequenas dívidas são aborrecidas como moscas. As grandes,
logicamente, deviam ser terríveis como leões e são mansíssimas.
MACHADO DE ASSIS (1839-1908), escritor

É melhor ser pessimista que otimista. É porque o pessimista fica feliz quando acerta e quando erra. **MILLÔR FERNANDES** (1923-2012), humorista

Eu não teria escrito dois livros sobre controle do risco se achasse que a psicologia é muito importante. **PETER LEWYN BERNSTEIN** (1919-2009), economista e consultor americano, especialista em gestão de risco

Este é um país onde as pessoas preferem o risco a fazer uma manutenção preventiva. **ROBERTO LOZINSKY** (1951-), engenheiro de tráfego

“ Gesto

Você quer fazer Shakespeare na terra de Dercy Gonçalves. **MAURÍCIO LACERDA** (1888-1959), irmão de Carlos Lacerda, em 1968, tentando dissuadi-lo de manter a greve de fome em protesto contra sua prisão, tendo em vista a falta de repercussão da iniciativa

A moralidade não é prática. A moralidade é um gesto. Um gesto complicado aprendido nos livros. **ROBERT BOLT** (1924-1995), dramaturgo inglês

“ Gigante

Vi um pouco mais do mundo que outras pessoas porque me apoiei nos ombros de gigantes. **ISAAC NEWTON** (1643-1727), cientista inglês

A importância do trabalho científico pode ser medida pelo número de publicações anteriores cuja leitura passa a ser supérflua. **DAVID HILBERT** (1862-1943), matemático alemão

“ Globalização

A Terra é redonda, mas, para a maioria dos propósitos, é sensato tratá-la como chata. **THEODORE LEVITT** (1925-2006), economista

Os Estados-nação se tornaram pequenos demais para os grandes problemas e grandes demais para os pequenos problemas. **DANIEL BELL** (1919-2011), sociólogo americano

Fui acusada de ser a favor da globalização. Isso é como ser acusada de ser a favor de que o sol se levante de manhã. **CLARE SHORT** (1946-), política britânica

Os Estados nacionais se enfraquecem à medida que as decisões tornam-se locais ou globais. **ONU**, *Human Development Report* (1994)

“ Golpismo

As Constituições são como as virgens: nasceram para ser violadas.
GETÚLIO VARGAS (1882-1954), ex-presidente do Brasil,
frase a ele maldosamente atribuída, acerca da Constituição de 1934

Ele não será candidato; se for, não vencerá as eleições;
se vencer, não tomará posse; se tomar posse, não governará.
CARLOS LACERDA (1914-1977), jornalista e político, sobre a candidatura
de Juscelino Kubitschek

Não será candidato; se for candidato, não será eleito; se for eleito,
não tomará posse; se tomar posse, não governará.
OTÁVIO MANGABEIRA (1886-1960) ex-governador da Bahia, em 1950,
falando sobre a candidatura de Getúlio Vargas

“ Governabilidade

A arte de governar deve ser julgada pelo modo como se administram as ambiguidades. **HENRY KISSINGER** (1923-), ex-secretário de Estado americano

Quem vence governa e quem perde ajuda.
RICARDO BALBÍN (1904-1981), político argentino

Se você um dia for presidente da República, vai ver como é bom uma medida provisória. **LUIZ INÁCIO LULA DA SILVA** (1945-), ex-presidente da República,
respondendo ao então presidente do Senado, Renan Calheiros, em 2006

Tu ainda és muito jovem para saber que um ditador não pode tudo.
GETÚLIO VARGAS (1882-1954), ex-presidente do Brasil, entrevista a Otto Lara Resende (1946)

Aceitar os limites da própria capacidade é um dos testes da arte de governar.
HENRY KISSINGER (1923-), ex-secretário de Estado americano

O regime está atingindo a perfeição: mata de fome os pobres e de raiva os ricos.
CARLOS LACERDA (1914-1977), jornalista e político

Um presidente da República não pode definir seu sucessor,
mas determinar quem não será.
ALAN GARCÍA (1949-), ex-presidente do Peru

“ Gozação

A vida é um mal digno de ser gozado.
PANTALEÃO, heterônimo de **FERNANDO PESSOA** (1888-1935), poeta português

“ Grafia

A ortografia é mais que um mau hábito; é uma vaidade.
RAYMOND QUENEAU (1903-1976), escritor francês

Só há uma coisa errada com a palavra revolução. É a letra R.
ROBERTO CAMPOS (1917-2001), economista e ex-ministro do Planejamento

No meu governo não faltará carne bovina nem porquina na mesa dos mineiros.
NEWTON CARDOSO (1938-), político

“ Grandeza

Só nasceram grandes neste país as estatais e as multinacionais.
HÉLIO BELTRÃO (1916-1997), economista e administrador

Pibinho é o da União Europeia, o nosso é Pibão.
GUIDO MANTEGA (1949-), economista e ex-ministro da Fazenda, comentando o crescimento do PIB no terceiro trimestre de 2009

Renúncia é um gesto de grandeza e FHC não tem esta grandeza.
LUIZ INÁCIO LULA DA SILVA (1945-), ex-presidente da República, em 1999

Se a própria presidente não for capaz do gesto de grandeza (renúncia ou a voz franca de que errou, e sabe apontar os caminhos da recuperação nacional), assistiremos à desarticulação crescente do governo e do Congresso, a golpes de Lava Jato.
FERNANDO HENRIQUE CARDOSO (1931-), ex-presidente da República, em agosto de 2015

“ Grosseria

Uma carta áspera ou violenta é sempre injustificada, porque é sempre inútil. Indispõe e não dá resultado. Quem não paga porque

não quer não passa a pagar por lhe dizerem que não paga porque não quer. Isso já ele sabe. E quem não paga porque não pode, não fica contente que se lhe diga ou se lhe insinue que não paga porque não quer.
FERNANDO PESSOA (1888-1935), poeta português

É pouco educado cobrar aos governantes suas promessas de candidato.
CLEMENT ATTLEE (1883-1967), ex-primeiro-ministro inglês

A sinceridade é o passaporte da má educação.
ENRIQUE PONCELA (1901-1952), romancista espanhol

Groucho-marxismo

Cerveja é algo que só serve para nos deixar barrigudos.
É uma das armas do capitalismo para causar vícios na população.
HUGO CHÁVEZ (1954-2013), ex-presidente da Venezuela

A conspirata envolve os senhores da mídia. A estrutura de classes no Brasil é muito original: na cúspide, os predadores que disputam os despojos na riqueza velha; no meio, os trouxas e os espertalhões ideológicos das camadas falantes semi-ilustradas; lá embaixo, os "'ferrados" que tentam desesperadamente emergir da miséria... As fontes [da imprensa estrangeira] são os idiotas funcionais do cosmopolitismo caboclo. O arranjo social do atraso preconiza uma sociedade submissa ao rentismo, refém da estagnação, prisioneira da defesa da riqueza estéril alimentada pelos fluxos de *hot dollars*. Imobilizados nos pântanos do parasitismo, os bacanas e sabichões acovardam-se diante dos azares da incerteza, avessos aos riscos de construção da nova riqueza. Aí está desvelado, em sua perversidade essencial, o "segredo" das reivindicações antissociais dos vassalos do enriquecimento sem esforço cevado por taxas de juros absurdas. **LUIZ GONZAGA BELLUZZO** (1942-), economista, "A Constituinte e os donos do Brasil", *Valor Econômico* (1º out 2013)

A política é a arte de procurar problemas, encontrá-los, fazer o diagnóstico errado e depois aplicar mal os remédios errados.
GROUCHO MARX (1890-1977), comediante americano

Em primeiro lugar vamos desmitificar a afirmação de que foi o Plano Real que acabou com a inflação. Os dados mostram que até 1993 a economia mundial vivia uma hiperinflação na qual todas as economias apresentavam inflações superiores a 10%. A partir de 1994, TODAS AS ECONOMIAS DO MUNDO APRESENTARAM UMA

QUEDA DA INFLAÇÃO PARA MENOS DE 10%. Claro que em cada país apareceram os "gênios" locais que se apresentaram como os autores desta queda. Mas isto é falso: tratava-se de um movimento planetário.
THEOTONIO DOS SANTOS (1936-), economista, em carta aberta a Fernando Henrique Cardoso (out 2010, ênfase no original)

Gostava do comunismo e gosto ainda hoje. Revelou-se utópico, mas, para mim, antes utopia que acomodação ou o trabalho escravo do qual o capitalismo com tanta naturalidade lança mão.
ADRIANA CALCANHOTO (1965-), cantora e compositora, "O sonho acabou", *O Globo* (11 jan 2015)

Sempre que a atitude ideológica de uma classe social entra em conflito com seus interesses materiais, sua ideologia entra em processo de remodelação.
IGNÁCIO RANGEL (1914-1994), economista

O governo do Estado moderno é apenas um comitê para gerir os negócios comuns de toda a burguesia.
KARL MARX (1818-1883), filósofo revolucionário alemão

O mundo não estaria em tamanha enrascada se Marx tivesse sido Groucho, e não Karl.
IRVING THALBERG (1899-1936), produtor americano

O capitalismo é essencialmente um sistema corrupto, e os capitalistas estão permanentemente corrompendo o setor público.
LUIZ CARLOS BRESSER-PEREIRA (1934-), economista

Temos que fazer uma resistência à ofensiva neoliberal. O governo [FHC] confia em um deus neoliberal e, como nas seitas fanáticas, oferece estatais como sacrifício a esse deus.
ALDO REBELO (1956-), político

Surgiu um fenômeno que eu nunca tinha visto no Brasil. De repente, vi um ódio coletivo da classe alta, dos ricos, contra um partido e uma presidente. Não era preocupação ou medo. Era ódio. Esse ódio decorreu do fato de se ter um governo, pela primeira vez, que é de centro-esquerda e que se conservou de esquerda. Fez compromissos, mas não se entregou. Continua defendendo os pobres contra os ricos. O ódio decorre do fato de que o governo revelou uma preferência forte e clara pelos trabalhadores e pelos pobres. Não deu à classe rica, aos rentistas.
LUIZ CARLOS BRESSER-PEREIRA (1934-), economista

Grupo de trabalho

Examinei todos os parques em todas as cidades – e não encontrei nenhuma estátua de comitê. **G.K. CHESTERTON** (1874-1936), escritor inglês

Quando você vê uma cobra, simplesmente mata-a – não nomeia um comitê sobre cobras. **ROSS PEROT** (1930-), empresário e político americano

Trata-se de um monte de pessoas inteligentes fazendo algo realmente idiota.
ZHANG WEIYING (1959-), economista chinês, opinando sobre a Comissão Nacional de Desenvolvimento e Reforma chinesa

Uma comissão consiste em uma reunião de pessoas importantes que, sozinhas, não podem fazer nada, mas que juntas decidem que nada pode ser feito.
FRED ALLEN (1894-1956), comediante americano

Guerra

A guerra é, acima de tudo, um catálogo de asneiras.
WINSTON CHURCHILL (1874-1965), ex-primeiro-ministro britânico

Ao vencido, ódio ou compaixão; ao vencedor, as batatas.
MACHADO DE ASSIS (1839-1908), escritor

Aos vencedores, as batatas. Aos vencidos, as cascas.
JARBAS PASSARINHO (1920-), militar e político

Falo da guerra porque acho a guerra uma estupidez.
AKIRA KUROSAWA (1910-1998), cineasta japonês

Milhares de homens honestos, não apenas argentinos, como também ingleses, foram enviados para morrer. E, o que é pior, também para matar. Morrer é um destino comum, mas matar, não.
JORGE LUIS BORGES (1899-1986), escritor argentino, sobre a Guerra das Malvinas

Todos perdem algo na vida. Alguns, o sorriso.
SOLDADO ARGENTINO ANÔNIMO, depois da Guerra das Malvinas

Uma guerra se faz em nome de ideias e termina em nome de interesses.
CARLOS DRUMMOND DE ANDRADE (1902-1987), poeta

H

“ Harmonia

O jazz é como a democracia: cada um tem direito ao seu solo, mas deve negociar esse direito com o conjunto. **WYNTON MARSALIS** (1961-), músico americano

Sou um aprendiz de ternuras. **TOM JOBIM** (1927-1994), maestro e compositor

“ Heroísmo

Ninguém jamais teria se exposto à morte pelo seu país sem uma boa esperança de alcançar a imortalidade. **CÍCERO** (107 a.C.-44 a.C.), filósofo romano (séc.I a.C.)

Ele me parece um homem disposto a morrer lutando pela Rússia,
desde que haja uma boa plateia assistindo.
BRUCE LOCKHART (1887-1970), diplomata britânico, opinando sobre Trótski

Há ocasiões em que o mais indiferente é um herói.
MACHADO DE ASSIS (1839-1908), escritor

Herói é uma das profissões mais curtas que existem.
WILL ROGERS (1879-1935), humorista americano

Isso aí é consequência da falta de referências positivas no país. Daí a necessidade de se encontrar um herói. Mesmo que seja um anti-herói, como eu.
JOAQUIM BARBOSA (1954-), ex-ministro do Supremo Tribunal Federal, ao afirmar que não gostava de ser tratado como “herói” do julgamento do Mensalão

As pessoas apenas se tornam heróis quando não podem agir de outra maneira.
PAUL CLAUDEL (1868-1955), poeta e diplomata

Mostrem-me um herói, e eu lhe escreverei uma tragédia.
F. SCOTT FITZGERALD (1896-1940), escritor americano

Um povo que precisa de um salvador não merece ser salvo.
MILLÔR FERNANDES (1923-2012), humorista

“ Heterodoxia

Na cultura popular prevalece uma espécie de lei de Gresham, segundo a qual a ciência ruim expulsa a boa.
CARL SAGAN (1934-1996), astrônomo americano

No Brasil, confunde-se matemática elementar com visão tecnocrática.
FRANCISCO MARCELO ROCHA FERREIRA (1951-), economista

Que significado isso tem? Isso é coisa de estelionatários.
LUIZ GONZAGA BELLUZZO (1942-), economista, ex-secretário de Política Econômica do Ministério da Fazenda, sobre o rebaixamento da nota de risco do Brasil pela Standard & Poor's

A diferença é que nós fazemos o mesmo, mas com dor no coração.
JACQUES DELORS (1925-), político francês do Partido Socialista e ex-presidente da Comissão Europeia, quando perguntado acerca da diferença entre a ortodoxia econômica praticada por Mitterrand e a de outros governos

A esquerda é boa para duas coisas: organizar manifestações de rua e desorganizar a economia.
HUMBERTO DE ALENCAR CASTELLO BRANCO (1900-1967), militar e ex-presidente da República

As dissipações não produzem nada, a não ser dívidas e desgostos.
MACHADO DE ASSIS (1839-1908), escritor

Eu não quero regras claras. Prefiro a arbitrariedade.
GUILLERMO MORENO (1955-), secretário de governo de Cristina Kirchner, em frase a ele atribuída por um empresário com quem se reuniu e que pedia regras "claras, mesmo que duras"

Se vocês fazem o que o governo quer, não terão problemas.
Caso contrário, deixem a chave da empresa com a minha secretária.
GUILLERMO MORENO, conforme relato de reunião com empresários, *Clarín* (20 abr 2012)

“ Heterônimo

Cada ser humano é uma pequena sociedade.
FRIEDRICH NOVALIS (1772-1801), escritor alemão

Eu sou exasperadamente sensível e exasperadamente inteligente. Nisto pareço-me (salvo um bocado mais de sensibilidade e um bocado menos de inteligência)

com o Fernando Pessoa; mas, ao passo que no Fernando a sensibilidade e a inteligência interpenetram-se, confundem-se, intersecionam-se, em mim existem paralelamente ou, melhor, sobrepostamente.
ÁLVARO DE CAMPOS, heterônimo de Fernando Pessoa (1888-1935), poeta português

Fausto reclamou de ter duas almas no peito. Eu possuo toda uma multidão batendo boca. É como se fosse uma República.
OTTO VON BISMARCK (1815-1898), ex-chanceler alemão

Quando um personagem nasce, adquire imediatamente tal independência, inclusive do seu próprio autor, que pode ser imaginado por todos em tantas outras situações em que o autor não pensou inseri-lo, e às vezes pode adquirir também um significado que o autor jamais sonhou em dar-lhe!
LUIGI PIRANDELLO (1867-1936), escritor italiano

Ao longo da minha vida, tenho aprendido a ser Borges.
JORGE LUIS BORGES (1899-1986), escritor argentino

Hidrologia

Temos um sistema hidrológico muito sensível à água.
DILMA ROUSSEFF (1947-), presidente da República

O que fazer com a sede de um país que não tem água? Transformá-la em orgulho.
HENRI MICHAUX (1899-1984), poeta belga

As únicas responsáveis pelas enchentes foram as chuvas.
MÁRIO COVAS (1930-2001), político, em 1985

Higiene

A luz do Sol é o melhor desinfetante que existe.
LOUIS BRANDEIS (1856-1941), ex-juiz da Suprema Corte dos Estados Unidos

Não admira que não haja higiene em uma terra onde não há política.
EÇA DE QUEIRÓS (1845-1900), escritor português

O movimento operário precisa de cérebros lúcidos, mas principalmente de mãos limpas. **VLADIMIR I. LÊNIN** (1870-1924), revolucionário russo

“ Hiperinflação

É pedir dois chopes de uma vez, pois o segundo ainda estará gelado quando o preço subir. **SABEDORIA CARIOCA**

Hiperinflação é puxar a nota de quinhentos para pagar a conta de cinquenta.
MILLÔR FERNANDES (1923-2012), humorista

Hitler é o filho adotivo da inflação. **LIONEL ROBBINS** (1898-1994), economista inglês

Em nove meses, quando qualquer cidadão normal produz um filho, o governo [da Nova República] produziu duas hiperinflações.
ANTONIO DELFIM NETTO (1928-), economista e ex-ministro da Fazenda

“ História

A história é a soma das coisas que poderiam ter sido evitadas.
KONRAD ADENAUER (1876-1967), estadista alemão

A história é pessoa entrada em anos, gorda, pachorrenta, meditativa, tarda em recolher documentos, mais tarda ainda em os ler e decifrar.
MACHADO DE ASSIS (1839-1908), escritor

A história é um conjunto de mentiras sobre as quais se chegou a um acordo.
NAPOLEÃO BONAPARTE (1769-1821), imperador da França

A história é um pesadelo do qual estou querendo acordar.
JAMES JOYCE (1882-1941), escritor irlandês, fala do personagem Stephen Dedalus, em *Ulisses*

A história é uma puta. Sempre fica com quem paga melhor.
JUAN DOMINGO PERÓN (1895-1974), ex-presidente da Argentina, em frase a ele atribuída por Tomás Eloy Martínez em *La novela de Perón*

A história não é o palco da felicidade.
GEORG WILHELM FRIEDRICH HEGEL (1770-1831), filósofo alemão

O que é a história? É a soma de relatos, quase todos falsos, de eventos quase todos menores, provocados por políticos quase todos velhacos e executados por soldados quase todos patetas.
AMBROSE BIERCE (1842-1914), escritor e jornalista americano

Quanto mais se recua na observação do passado, mais se avança na visão do futuro. **WINSTON CHURCHILL** (1874-1965), ex-primeiro-ministro britânico

Só acreditam que a história vai acabar três categorias de pessoas: os cristãos, os judeus e os marxistas. **EVALDO CABRAL DE MELLO** (1936-), historiador

A história humana nunca foi comandada de maneira visível pela razão.
RAYMOND ARON (1905-1983), filósofo francês

Na minha juventude, achávamos que a história era um trem indo para uma direção precisa. Hoje, a gente sabe que a história é uma senhora bêbada que tropeça em tudo que vê.
CACÁ DIEGUES (1940-), cineasta

Historiografia

O historiador é o profeta que olha para trás.
HEINRICH HEINE (1797-1856), poeta alemão

O jornalismo é a primeira versão da história.
PHIL GRAHAM (1915-1963), antigo dono do *Washington Post*

Os livros são a segunda versão da história.
BOB WOODWARD (1943-), jornalista americano

O passado é um país estrangeiro. As pessoas agem de outra forma lá.
LESLIE POLES HARTLEY (1895-1972), escritor britânico

Pode-se dizer que as batalhas históricas, ou os eventos em geral que envolvem conflitos, são travados pelo menos duas vezes. A primeira quando se verificam na forma de evento e a segunda quando se trata de estabelecer sua versão histórica ou sua memória. A primeira é uma batalha histórica, a segunda é um combate historiográfico. E não há como dizer que a primeira vez seja mais importante que a segunda. **JOSÉ MURILO DE CARVALHO** (1939-), historiador

Os tempos modernos terão contribuído com apenas dois grandes retratistas da história: Shakespeare e Marx.
JACQUES ATTALI (1943-), economista francês

Hospitalidade

Peixe e hóspede, depois de três dias, fedem.
RUBEM BRAGA (1913-1990), escritor

Virtude que nos obriga a alimentarmos e alojarmos certas pessoas que não precisam ser alimentadas nem alojadas.
AMBROSE BIERCE (1842-1914), escritor e jornalista americano

Marido e mulher amavam os hóspedes porque sem eles acabavam por brigar.
ANTON TCHEKHOV (1860-1904), escritor russo

Foi uma visita agradável – perfeita, em sendo bem curtinha.
JANE AUSTEN (1775-1817), escritora inglesa

Humanidade

Adoro a humanidade. O que não suporto são as pessoas.
CHARLES SCHULTZ (1922-2000), cartunista americano

A elevada crença na perfeição humana é mais adequada a um padre que a um primeiro-ministro. **WINSTON CHURCHILL** (1874-1965), ex-primeiro-ministro britânico

O homem nasceu para a imortalidade. A morte foi um acidente de percurso.
ARIANO SUASSUNA (1927-2014), escritor

O homem vive entre dois "atos-limite" que não são fruto de sua vontade: o nascimento e a morte. Ele fica entre parênteses, aberto do nada. É uma espécie de linguiça existencial, como um sanduíche entre dois pedaços de vazio absoluto. **LEOPOLDO MARECHAL** (1900-1970), escritor argentino

O mundo está cheio de gente comum, mas não de gente comum que se reconheça como tal.
MARIO BENEDETTI (1920-2009), escritor uruguaio

Por que o homem se comporta como um perfeito idiota?
ALBERT SZENT-GYÖRGYI (1893-1986), fisiologista húngaro

Por que tive de nascer com tais contemporâneos?
GEORGE BERNARD SHAW (1856-1950), dramaturgo irlandês

A renúncia progressiva dos instintos parece ser um dos fundamentos do desenvolvimento da civilização humana.
SIGMUND FREUD (1856-1939), médico austríaco, pioneiro da psicanálise

Humildade

Este país não merece nos ter como presidente.
CRISTINA KIRCHNER (1953-), presidente da Argentina, no dia em que quis renunciar após uma derrota parlamentar, segundo relato de Joaquín Morales Solá

Até outro dia, quem entrava no governo olhava o que foi feito no outro: nada. Já quem vier depois de nós vai dizer: "Eu vou ter que trabalhar porque o paradigma é outro."
LUIZ INÁCIO LULA DA SILVA (1945-), ex-presidente da República, *O Estado de S. Paulo* (2009)

I

“ Idealismo

O homem está pronto para morrer por uma ideia, desde que a ideia não esteja bastante clara para ele. **PAUL ELDRIDGE** (1888-1982), poeta americano

O idealismo de uma pessoa cresce na proporção direta de sua distância do problema. **JOHN GALSWORTHY** (1867-1933), romancista inglês

A primeira coisa que um homem fará por seu ideal é mentir.
JOSEPH SCHUMPETER (1883-1950), economista austríaco

A característica do homem imaturo é que ele quer morrer por uma causa nobre, enquanto a característica do homem maduro é que ele quer viver com humildade por outra. **WILHELM STEKEL** (1868-1940), psiquiatra austríaco

Idealismo é bom, mas, quando a realidade se aproxima, seu custo se torna proibitivo. **WILLIAM BUCKLEY JR.** (1925-2008), comentarista político americano

Toda espécie de dependência é ruim. Não importa que o narcótico seja o álcool, a morfina ou o idealismo.
CARL G. JUNG (1875-1961), psiquiatra suíço, pioneiro da psicanálise

Mas quantas divisões militares tem o papa?
JOSEF STÁLIN (1879-1953), ditador soviético

“ Ideias

As ideias não podem ser assassinadas.
DOMINGO FAUSTINO SARMIENTO (1811-1888), ex-presidente da Argentina

Há ideias que são da família das moscas teimosas: por mais que a gente as sacuda, elas tornam e pousam. **MACHADO DE ASSIS** (1839-1908), escritor

Ideias são como coelhos. Você compra um casal, aprende a lidar com eles, e logo tem uma dúzia. **JOHN STEINBECK** (1902-1968), escritor americano

Lembrem-se disso, orgulhosos homens de ação. Vocês não passam de instrumentos inconscientes dos homens de pensamento que, com frequência, no mais modesto silêncio, predeterminaram, de modo preciso, qual a sua ação.
HEINRICH HEINE (1797-1856), poeta alemão

Uma ideia não é responsável pelas pessoas que acreditam nela.
DON MARQUIS (1878-1937), humorista americano

É melhor entreter uma ideia que levá-la para casa e viver com ela para o resto da vida.
RANDALL JARRELL (1914-1965), poeta americano

Os homens práticos, que se pensam isentos de qualquer influência intelectual, são, em geral, escravos do pensamento de algum defunto economista.
JOHN MAYNARD KEYNES (1883-1946), economista britânico

“ Idioma

A sorte de um povo depende do estado da sua gramática. Não há grande nação sem propriedade de linguagem.
FERNANDO PESSOA (1888-1935), poeta português

Vamos investigar se houve atentado à lei penal ou ao português.
CARLOS FERNANDO DOS SANTOS LIMA (1965-), procurador da República, a propósito da instrução “destruir e-mail sondas”, em bilhete de Marcelo Odebrecht a seus advogados, e da interpretação segundo a qual se tratava de destruir os argumentos da acusação, e não de eliminar provas, entrevista, *O Globo* (jun 2015)

O poliglota nunca é patriota.
EÇA DE QUEIRÓS (1845-1900), escritor português

Quanto mais línguas tiver, quanto mais amigos, quanto mais artes e ofícios, mais ele é um homem.
RALPH WALDO EMERSON (1803-1882), filósofo americano

A cada nova língua aprendida se adquire uma nova alma.
PROVÉRBIO ESLOVACO

Devemos transformar o inglês no latim do mundo inteiro.
FERNANDO PESSOA (1888-1935), poeta português

“ Ignorância

A ignorância não duvida porque desconhece que ignora. **MARIANO JOSÉ PEREIRA DA FONSECA** (1773-1848), marquês de Maricá, escritor, filósofo e político

A sabedoria humana é não julgar saber o que de fato não se sabe.
PLATÃO (séc.IV a.C.), filósofo grego

No fim de quase meio século de estudo quase exclusivo de economia, estou consciente de uma maior ignorância em relação a ela que no início.
ALFRED MARSHALL (1842-1924), economista britânico

O homem está sempre disposto a negar tudo aquilo que não compreende.
ÉTIENNE PASCAL (1588-1651), matemático francês

Ignorância não é inocência, mas pecado.
ROBERT BROWNING (1812-1889), poeta inglês

“ Ilusão

A esperança é a confusão entre o desejo de uma coisa e sua probabilidade.
ARTHUR SCHOPENHAUER (1788-1860), filósofo alemão

A nada se aferram tanto os homens como a suas ilusões.
TOMÁS ELOY MARTÍNEZ (1934-2010), escritor argentino

O sábado é uma ilusão. **NELSON RODRIGUES** (1912-1980), jornalista e dramaturgo

A população brasileira tem uma enorme virtude: é extremamente generosa. Por isso mesmo, tem um enorme problema: parte dela recusa-se a aceitar a miserável realidade física do mundo no qual tem que viver. Acredita na existência de uma alternativa benevolente ao alcance de uma mão com suficiente “coragem política”. É contra a aritmética e a história.
ANTONIO DELFIM NETTO (1928-), economista e ex-ministro da Fazenda

“ Impensado

A distância mais curta entre dois pontos é uma curva vadia e delirante.
EÇA DE QUEIRÓS (1845-1900), escritor português

Eu consigo calcular o movimento dos corpos celestes,
mas não a loucura das pessoas.
ISAAC NEWTON (1643-1727), cientista inglês

Muitas vezes, as pessoas olham sem ver, ouvem sem escutar, tocam sem sentir, comem sem saborear, respiram sem cheirar e falam sem pensar.
LEONARDO DA VINCI (1452-1519), artista, inventor e cientista italiano

Impostos

A arte da tributação consiste em depenar o ganso de modo a obter o máximo de penas com o mínimo de grasnidos.
JEAN-BAPTISTE COLBERT (1619-1683), ministro das Finanças francês, em frase a ele atribuída

Do ponto de vista do interesse geral e do bem comum, é preferível tributar os ricos a tomar emprestado deles. **THOMAS PIKETTY** (1971-), economista francês

Impostos são o preço a pagar por uma sociedade civilizada.
OLIVER WENDELL HOLMES (1809-1894), médico americano

Impostos temporários são como visitantes indesejáveis: têm o péssimo hábito de ficar por um longo prazo. **VITO TANZI** (1935-), economista italiano

Me arrancam tudo à força, depois me chamam de contribuinte.
MILLÔR FERNANDES (1923-2012), humorista

O Brasil não pode ter medo de arrecadar mais, porque o mal do Brasil é que durante muito tempo ele arrecadou de menos. O Brasil tem que arrecadar o justo para fazer a política social justa de que precisa.
LUIZ INÁCIO LULA DA SILVA (1945-), ex-presidente da República

O contribuinte é o único cidadão que trabalha para o governo sem ter de prestar concurso. **RONALD REAGAN** (1911-2004), ex-presidente dos Estados Unidos

Os impostos não são altos nem baixos. São do tamanho da despesa.
EVERARDO MACIEL (1947-), ex-secretário da Receita Federal

Quanto menos a pessoa entende de impostos, mais acha fácil fazer a reforma tributária. **FRANCISCO DORNELLES** (1935-), ex-ministro da Fazenda

Improviso

Cinquenta anos em cinco, mesmo às caneladas.
JUSCELINO KUBITSCHEK (1902-1976), ex-presidente da República

A maioria das pessoas não planeja fracassar. Fracassa por não planejar.
JOHN BECKLEY (1757-1807), bibliotecário inglês, considerado o pai das campanhas políticas

Winston devotou os melhores anos de sua vida à preparação de seus discursos de improviso. **LORD BIRKENHEAD** (1872-1930), político britânico, sobre Winston Churchill

Olha, eu não gosto de fazer puxadinho. Puxadinho me irrita profundamente. O Brasil tem muito isso. Tudo o que se constrói dura um ano. O Brasil tem que se desenhar nisso. ... Esse conceito de fazer do zero, fazer certo, para durar duzentos anos ou mais, são os projetos que eu faço, que não são Power Points.
EIKE BATISTA (1956-), empresário, ao criticar a qualidade dos grandes projetos realizados no país e, ao mesmo tempo, debochando dos rumores de que a maioria de suas ideias não saía do papel

Impunidade

Não é miserável a República onde há delitos, senão onde falta o castigo deles.
PADRE ANTÔNIO VIEIRA (1608-1697), religioso português

Se você escapar irá contar a verdade sobre os campos da morte. Mas ninguém irá acreditar em você. Como, Wiesenthal, alguém irá acreditar nessa terrível história, a menos que a tenha vivido?
OFICIAL ANÔNIMO das SS em campo de concentração nazista a Simon Wiesenthal, o judeu que depois se dedicou à procura e punição dos responsáveis pelo Holocausto

Incentivos

Na história do mundo, ninguém jamais lavou um carro alugado.
LAWRENCE SUMMERS (1954-), economista americano

Ele sempre elogia você enquanto lhe arranja mais o que fazer. **FUNCIONÁRIO** do investidor americano Warren Buffett, sobre os métodos gerenciais do patrão

Mostre-me os incentivos que eu lhe mostrarei o resultado. **CHARLIE MUNGER** (1924-), investidor americano parceiro de Warren Buffett na Berkshire Hathaway

Ninguém será enterrado com o epitáfio "Ele maximizou o valor para os acionistas". **JOHN KAY** (1948-), economista britânico

O Exército não é pró-Estados Unidos nem pró-Alemanha, mas pró-armamento.
EURICO GASPAR DUTRA (1883-1974), ex-presidente do Brasil, então ministro da Guerra, em 1940

O sonho de toda empresa é tornar-se monopolista e conquistar uma vida tranquila. É o que dita a racionalidade econômica e é o que deve ser esperado do comportamento desregrado da atividade econômica. Ao mesmo tempo, é o empenho de se tornar monopolista – auferir lucro econômico ou supranormal – o que sustenta a dinâmica da concorrência e o que gera progresso econômico.
LÚCIA HELENA SALGADO (1962-), ex-conselheira do Cade

Qualquer coisa grátis vale o que você paga por ela.
ROBERT HEINLEIN (1907-1988), escritor americano

Se um pai tem os meios para isso, deveria dar aos filhos o suficiente para fazerem qualquer coisa, mas não o suficiente para não fazerem nada.
WARREN BUFFETT (1930-), investidor americano

“ Incerteza

As promessas de cada novo governo são folhas em um mar turbulento. Nenhum presidente eleito pode saber ao certo em que praia será finalmente lançado por essa tormenta de prazos, informações ambíguas, escolhas complexas e múltiplas pressões que recaem sobre todos os líderes de uma grande nação.
HENRY KISSINGER (1923-), ex-secretário de Estado americano

Em assuntos internacionais, cada solução aparente é em geral o bilhete de entrada para uma nova série de problemas relacionados. **IDEM**

“ Inclusão financeira

O crediário leva o brasileiro a comprar coisas que não precisa com o dinheiro que não tem.
JOELMIR BETING (1936-2012), jornalista

Aos sonhos não importa o preço.
ETTORE BUGATTI (1881-1947), engenheiro italiano

Todas as pessoas decentes vivem além de seus próprios meios em nossos dias, e aquelas que não são respeitáveis vivem além dos meios dos outros.
HECTOR HUGH MUNRO (1870-1916), conhecido como Saki, escritor escocês

“ Incontinência verbal

Adlai Stevenson foi um gênio que disse as coisas certas, na hora certa, às pessoas erradas. **JOE LEWIS** (1902-1971), comediante americano

Ele tem o dom de comprimir o maior número possível de palavras na menor quantidade de pensamentos. **WINSTON CHURCHILL** (1874-1965), ex-primeiro-ministro britânico, sobre Ramsay MacDonald, primeiro trabalhista inglês a ocupar o cargo de primeiro-ministro

Eu admiro a capacidade dos oradores latino-americanos de converter uns poucos gramas de fatos em toneladas de palavras. **SIR ALEXANDER CADOGAN** (1884-1968), diplomata britânico, então delegado na ONU, ao escutar o longo discurso de um delegado latino-americano, citado na autobiografia de Roberto Campos, *A lanterna na popa*

Geralmente aqueles que não têm nada a dizer conseguem levar o máximo de tempo para fazê-lo. **JAMES RUSSEL LOWELL** (1819-1891), poeta americano

Kirchner tem o inconsciente muito perto dos lábios.
JOAQUÍN MORALES SOLÁ (1950-), jornalista argentino

Muitas pessoas são bastante educadas para não falar com a boca cheia, porém não se preocupam em fazê-lo com a cabeça oca.
ORSON WELLES (1915-1985), cineasta americano

Calado, é um poeta.
ROMÁRIO (1966-), ex-jogador de futebol e político, sobre Pelé, um de seus desafetos

“ Indecisão

O conselheiro do príncipe ocasionalmente enfrenta o dilema de equilibrar os benefícios da capacidade de alterar os acontecimentos e a possibilidade de exclusão, caso apresente suas objeções a determinada política do líder.
HENRY KISSINGER (1923-), ex-secretário de Estado americano

A tragédia de um homem que não conseguia se decidir. **LAURENCE OLIVIER** (1907-1989), ator e diretor inglês, na introdução à adaptação de *Hamlet* para o cinema

Vou lhe dar um talvez definitivo. **SAMUEL GOLDWYN** (1882-1974), produtor americano

“ Índio

A perícia do alemão nada é à vista da destreza dos selvagens do Brasil. **JOSÉ DE ALENCAR** (1829-1877), escritor

O inglês é uma língua de índio. **TOM JOBIM** (1927-1994), maestro e compositor

Onde há índio, há um arco. **JOSÉ DE ALENCAR** (1829-1877), escritor

Os índios do Brasil não podem desaparecer. Porque, se os índios desaparecerem, a Funai desaparece. E aí, como é que a gente vai fazer para arrumar tantos empregos para os generais e coronéis da reserva? **MÁRIO JURUNA** (1942-2002), cacique xavante, liderança indígena dos anos 1980, em 1981

Quem conseguir pacificar a Funai talvez fique habilitado a pacificar o Oriente Médio. **JARBAS PASSARINHO** (1920-), militar e político

“ Indústria automobilística

O americano é um povo que fica feliz quando consegue acrescentar uma casa à sua garagem. **GEORGE BERNARD SHAW** (1856-1950), dramaturgo irlandês

O automóvel é um monumento ao individualismo, uma geringonça tecnológica que pesa novecentos quilos e ocupa dez metros quadrados de espaço público, embora quem o dirija ocupe apenas 0,36 metro quadrado, que consome petróleo em plena crise energética, que contamina o ar em plena crise ambiental, que é vendido por um caminhão de dinheiro em plena crise econômica e que atropela e mata pessoas em plena crise demográfica. É uma completa idiotice. **SANTIAGO VARELA** (1948-), arquiteto chileno, em 2009

Assim como a Nicarágua é uma república bananeira, o Brasil é uma república Volkswagen. **DARCY RIBEIRO** (1922-1997), antropólogo brasileiro

“ Infelicidade

A felicidade existe apenas na imaginação.
WOLFGANG AMADEUS MOZART (1756-1791), compositor austríaco

Nenhuma sociedade pode certamente ser florescente e feliz se a maior parte dos seus membros for pobre e desgraçada. **ADAM SMITH** (1723-1790), economista escocês

O destino do homem está projetado para momentos felizes, mas não para eras felizes. **FRIEDRICH NIETZSCHE** (1844-1900), filósofo alemão

“ Infidelidade

Infidelidade é como apanhar o seu sócio roubando dinheiro do caixa.
FERNANDO SABINO (1923-2004), escritor

Não é seguro julgar por uma festa de algumas horas a situação moral de duas pessoas. **MACHADO DE ASSIS** (1839-1908), escritor

É melhor ser infiel que fiel sem querer.
BRIGITTE BARDOT (1934-), atriz francesa

Fidelidade à coroa e à mulher são coisas totalmente distintas. De qualquer modo, serei rei. **PRÍNCIPE CHARLES** (1948-), herdeiro do trono da Inglaterra

Aos vinte anos, aos trinta, todos os homens têm amantes: é tão necessário como tomar banho. **EÇA DE QUEIRÓS** (1845-1900), escritor português

Por que se assanhar com um hambúrguer quando você tem um *steak* em casa?
PAUL NEWMAN (1925-2008), ator americano, quando perguntado sobre manter-se fiel a Joanne Woodward, sua esposa

“ Inflação

Em matéria de política anti-inflacionária, estamos hoje no ingrato intervalo entre a aplicação dos remédios e a cura da moléstia. O que se recomenda, no momento, é a firme aplicação da terapêutica monetária e fiscal. E uma paciência algo estoica, à espera dos resultados que, pela experiência, necessariamente virão.
MARIO HENRIQUE SIMONSEN (1935-1997), ex-ministro da Fazenda, em 1976

As coisas estão armadas de tal jeito que a inflação vai cair, realmente.
ANTONIO DELFIM NETTO (1928-), economista e ex-ministro da Fazenda, em 1980

Queremos apenas reduzir uma inflação indecente de 220% para um nível não menos indecente de 150%, e depois o próximo governo continuará a luta.
ANTONIO DELFIM NETTO, em 1984

Se o povo nas ruas derrubou a ditadura, derrubará também a inflação.
ANDRÉ FRANCO MONTORO (1916-1999), político, a propósito do Plano Cruzado, em 1986

A inflação é um animal burro. **JOÃO SAYAD** (1947-), economista, em 1987

Os ministros da área econômica, como diz o ditado, estão mais perdidos que cachorro em dia de mudança.
ORESTES QUÉRCIA (1938-2010), político, logo após o Plano Bresser, em 1987

Chega de pacotes. Agora vai ser feijão com arroz. **MAILSON DA NÓBREGA** (1942-), economista, ao assumir o Ministério da Fazenda, em 1988

Não se faz omelete sem quebrar ovos, nem se acaba com uma inflação de 30% [ao mês] sem recessão. Parto sem dor só em ginecologia.
MAILSON DA NÓBREGA, a propósito do Plano Verão, em 1989

É possível [no caratê] vencer com um só golpe, o *ippon*.
Irei vencer a inflação brasileira por *ippon*.
FERNANDO COLLOR DE MELLO (1949-), ex-presidente da República, em 1990

A inflação está no chão, o juiz já disse um, dois, está no três.
Quando ele disser dez, aí é outro mundo.
IBRAHIM ERIS (1944-), economista, quando presidia o Banco Central, em 1990

Acreditamos que a inflação voltará a seu leito natural. **MARCÍLIO MARQUES MOREIRA** (1931-), diplomata e executivo, quando ministro da Fazenda, em 1991

Esperamos que a idoneidade moral e a definição contra choques possam contribuir para a desaceleração da inflação até o fim do ano.
PAULO HADDAD (1939-), economista, quando ministro da Fazenda, em 1992

A principal virtude do plano FHC-2 é ter sido feito à imagem e semelhança de seus autores: é um plano civilizado, sem tablitas, congelamentos, confiscos ou outras manifestações de hidrofobia. **MARIO HENRIQUE SIMONSEN** (1935-1997), ex-ministro da Fazenda, a propósito do Plano Real, em dezembro de 1993

A inflação de 0,5% em setembro [de 1995], a menor em 22 anos, foi a gota d'água.
EDMAR BACHA (1942-), economista, ao brincar sobre o motivo de sua saída da presidência do BNDES, aludindo à variação da inflação medida pelo ICV-Dieese (Índice de Custo de Vida do Departamento Intersindical de Estatística e Estudos Socioeconômicos), que sempre trazia leituras mais elevadas que os outros índices.

Eu quero adentrar pela questão da inflação e dizer a vocês que a inflação foi uma conquista desses dez últimos anos do governo do presidente Lula e do meu governo. **DILMA ROUSSEFF** (1947-), presidente da República, em 2013

“ Inflacionismo

A inflação é a única forma de taxação que pode ser imposta sem legislação.
MILTON FRIEDMAN (1912-2006), economista americano

Inflação é a arte de falsificar a moeda por conta do Estado.
LUIS FELIPE ANGELL DE LAMA (1926-2004), mais conhecido pelo pseudônimo de Sofocleto, escritor, poeta e humorista peruano

O cruzeiro é um imposto recolhido da diferença entre o valor que lhe imprime a Casa da Moeda e a cotação vazante do dinheiro que escorrega pela sociedade abaixo, até chegar vazio à mão do último otário. Entenda-se por otário qualquer degredado da correção monetária. Ou seja, o pobre. **MARCOS SÁ CORRÊA** (1951-), jornalista

Por que o governo não acaba com a inflação? Muito simples: enquanto há inflação o pessoal só pergunta “Por que o governo não acaba com a inflação?”. Acabada a inflação, o pessoal vai querer que o governo acabe com a canalhice, a violência, a corrupção e, sobretudo, a própria, dele, governo, incompetência.
MILLÔR FERNANDES (1923-2012), humorista

Toda sociedade tem a inflação que merece.
MARIO HENRIQUE SIMONSEN (1935-1997), ex-ministro da Fazenda

Estabilidade não é tudo, mas, sem estabilidade, tudo é nada.
KARL SCHILLER (1911-1994), economista alemão, ex-ministro da Economia

Ingleses

A Inglaterra não tem amigos; só interesses.
LORD PALMERSTON (1784-1865), ex-ministro britânico

Na Comunidade Europeia de Defesa havia integração demais e Inglaterra de menos. **PIERRE MENDÈS FRANCE** (1907-1982), primeiro-ministro francês, em 1954, explicando o fracasso dos planos de desenvolvimento da CED

O que jamais tu lograrás é que um inglês admita não ter razão. Tudo que ele faz é por princípios. Por princípios patrióticos te move uma guerra; por princípios imperialistas te escraviza; por princípios de comércio te oprime. Sustenta seu rei por princípios de lealdade e o decapita por princípios democráticos.
GEORGE BERNARD SHAW (1856-1950), dramaturgo irlandês

Ingratidão

Há serviços tão grandes que só podem ser pagos com a ingratidão.
ALEXANDRE DUMAS, pai (1802-1870), escritor francês

A gratidão é o sentimento que envelhece mais depressa.
ARISTÓTELES (384 a.C.-322 a.C.), filósofo grego

Gratidão é uma doença sofrida por cães.
JOSEF STÁLIN (1879-1953), ditador soviético

Cada vez que preencho um cargo, faço cem descontentes e um ingrato.
LUÍS XIV (1638-1715), rei da França

O estadista tem a obrigação de ser ingrato.
CHARLES DE GAULLE (1890-1970), ex-presidente da França

Iniciativa

Não sabendo que era impossível, ele foi lá e fez.
JEAN COCTEAU (1889-1963), romancista francês

Encontrar defeito é fácil, mas fazer melhor pode ser difícil.
PLUTARCO (45-120), filósofo grego

Progressão é avançar. Retroceder é regressão. Andar de lado é agressão.
NOEL GALLAGHER (1967-), cantor inglês

Não há nada mais assustador que os decisores desatarem a tomar decisões que ninguém lhes pediu e cuja necessidade ninguém sente. Apenas porque acham que assim estão a mostrar serviço.
MIGUEL SOUSA TAVARES (1952-), escritor português

A iniciativa é o primeiro passo para o fracasso.
HOMER JAY SIMPSON, personagem de Matt Groening (1954-), cartunista americano

Inimigo

"O senhor tem inimigos?", perguntaria um dia o biógrafo Emil Ludwig a Getúlio. "Devo ter; mas não tão fortes que não possa torná-los amigos", responderia. "E amigos?", insistiria Ludwig. "Claro que os tenho; mas não tão firmes que não venham a se tornar inimigos", replica Getúlio.
GETÚLIO VARGAS (1882-1954), ex-presidente da República, citado por Lira Neto em *Getúlio*

É um homem modesto, com muitas boas razões para ser modesto.
WINSTON CHURCHILL (1874-1965), ex-primeiro-ministro britânico, opinando sobre Clement Attlee, líder do Partido Trabalhista

Ele é um cordeiro em pele de cordeiro.
WINSTON CHURCHILL, sobre Clement Attlee

Eu não desejo mal a Stanley Baldwin, mas teria sido melhor se ele não tivesse existido.
WINSTON CHURCHILL, sobre um de seus desafetos políticos

Inocência

Todas as coisas diabólicas começam com uma inocência.
ERNEST HEMINGWAY (1899-1961), escritor americano

O futuro é um menino nu. **RAUL GONZÁLEZ TUÑÓN** (1905-1947), poeta argentino

A maior parte do que importa em sua vida acontece na sua ausência.
SALMAN RUSHDIE (1947-), escritor indiano

Todo confronto é fruto de mal-entendido; se as partes em disputa se conhecessem uma à outra, o confronto cessaria. Nenhum homem, no fundo, tenciona a injustiça; é sempre por uma imagem distorcida e obscura de algo moralmente correto que ele batalha.
THOMAS CARLYLE (1795-1881), escritor escocês

“ Inovação

As invenções são sobretudo resultado de um trabalho teimoso.
ALBERTO SANTOS-DUMONT (1873-1932), aeronauta e inventor

Em alguma garagem, há um empresário que está forjando um projétil destinado à sua empresa. **GARY HAMEL** (1954-), escritor e consultor em temas de administração

Não tenha medo de ser excêntrico em suas opiniões, pois todas as opiniões hoje aceitas foram excêntricas um dia. **BERTRAND RUSSELL** (1872-1970), filósofo britânico

O homem sensato adapta-se ao mundo; o insensato persiste em tentar adaptar o mundo a si. Todo progresso depende, portanto, do homem insensato.
GEORGE BERNARD SHAW (1856-1950), dramaturgo irlandês

O progresso é obra de minorias esclarecidas e atrevidas.
JOSÉ INGENIEROS (1877-1925), escritor argentino

Os entraves o obrigam a se mostrar engenhoso. A coerção estimula a inteligência.
JOHANN WOLFGANG VON GOETHE (1749-1832), escritor alemão

Toda experiência histórica confirma a verdade de que o homem não teria alcançado o possível se repetidas vezes não tivesse tentado o impossível.
MAX WEBER (1864-1920), sociólogo alemão, em *A política como vocação*

“ Insanidade

A definição de insanidade é repetir algo uma e outra vez, e esperar que os resultados sejam diferentes.
BENJAMIN FRANKLIN (1706-1790), político e cientista americano

A ciência moderna desenvolveu-se com base no princípio de indução formulado por Francis Bacon: se uma experiência leva aos mesmos resultados num grande número de repetições, é altamente provável que ela continue dando o mesmo resultado na próxima repetição. ... Nossos economistas heterodoxos, em estreita colaboração com seus colegas argentinos, parecem ter inventado o princípio da contraindução: uma experiência que dá errado várias vezes deve ser repetida até que dê certo. **MARIO HENRIQUE SIMONSEN** (1935-1997), ex-ministro da Fazenda

Insegurança

A insolência é a armadura dos fracos.
HENRY KISSINGER (1923-), ex-secretário de Estado americano, sobre uma autoridade de outro país que fizera questão de faltar a uma reunião com ele

Para entender a origem das crises, observe homens poderosos que se sentem vulneráveis e subestimados. Seu temor da fraqueza e até sua fragilidade imaginada causam a beligerância.
MAX FRANKEL (1930-), jornalista americano, em *High Noon in the Cold War*

Insistência

Diante de um obstáculo impossível de superar, obstinação é estupidez.
SIMONE DE BEAUVOIR (1908-1986), escritora francesa

Gritar engrossa as cordas vocais, mas enfraquece o argumento.
AGOP KARAGOZIAN (1925-2013), em *Pensamientos para compartir*

Os oradores são mais veementes quanto mais fracas as suas causas.
CÍCERO (107 a.C.-44 a.C.), filósofo romano

Persistência é a teimosia com um objetivo.
RICHARD DEVOS (1926-), empresário americano

Não me conceder o Prêmio Nobel converteu-se num costume escandinavo.
JORGE LUIS BORGES (1899-1986), escritor argentino

Insônia

Eu sou bom de cama: deito e durmo imediatamente. **MURILO PORTUGAL** (1948-), ex-secretário do Tesouro Nacional, ao ser perguntado se o cargo lhe tirava o sono.

Leio muito à noite. Só não sou inteiramente uma besta porque sofro de insônia.
OTTO LARA RESENDE (1922-1992), jornalista e escritor

O exílio é uma noite sem sono. **JORGE SEMPRÚN** (1923-2011), escritor espanhol

“ Instituições

Nada acontece sem os homens e nada perdura sem instituições.
JEAN MONNET (1888-1979), político francês e um dos pais da integração europeia

Só se ama e se teme aquilo que deve existir por muito tempo.
ALEXIS DE TOCQUEVILLE (1805-1859), pensador francês

Os homens não são virtuosos, mas as instituições precisam ser.
MONTESQUIEU (1689-1755), filósofo francês

É necessário dar um pretexto honroso mesmo às piores instituições.
EÇA DE QUEIRÓS (1845-1900), escritor português

“ Intelectual

Um intelectual é alguém que achou alguma coisa mais interessante do que sexo.
EDGAR WALLACE (1875-1932), escritor inglês

Pensar é o primeiro dever da “inteligência”; e, em certos casos, o único.
OCTAVIO PAZ (1914-1998), escritor mexicano, sobre o papel dos intelectuais

O intelectual é um homem que diz uma coisa simples de maneira difícil;
o artista é um homem que diz uma coisa difícil de maneira simples.
CHARLES BUKOWSKI (1920-1973), escritor alemão radicado nos Estados Unidos

É muito complicada a vida de um intelectual na sociedade de consumo de massa.
FLORESTAN FERNANDES (1920-1995), sociólogo, entrevista, *Folha de S. Paulo* (jul 1977)

“ Intelectual orgânico

Intelectual na política é quase sempre errado. É sempre errado. A práxis não deixa espaço para pensar; pensar é muito sutil, enrascado, complexo, multiplica as alternativas. **OTTO LARA RESENDE** (1922-1992), jornalista e escritor

Eu odeio a classe média. A classe média é o atraso de vida. A classe média é a estupidez, é o que tem de reacionário, conservador, ignorante, petulante, arrogante, terrorista, é uma coisa fora do comum a classe média. ... A classe média é uma abominação política, porque ela é fascista. É uma abominação ética, porque ela é violenta. E é uma abominação cognitiva porque ela é ignorante.
MARILENA CHAUI (1936-), filósofa

Sou um homem de classe média, como a maioria em meu país.
JORGE LUIS BORGES (1899-1986), escritor argentino

O Despotismo Esclarecido dos Grandes Timoneiros precisa de luzes. E, quando os Grandes Timoneiros são burocratas moldados num partido, são os intelectuais em geral aqueles que carregam a pasta. Alguns a carregam até o final de suas vidas, *voyeurs* fascinados pelo espetáculo do seu próprio fascínio. Sua autojustificação é a fidelidade à causa (da classe operária, do povo, dos humilhados e ofendidos), quando na verdade eles são fiéis apenas aos sucessivos donos do poder e à sua própria ausência de fidelidade ao que é essencial. Outros um dia decidem, sempre tarde demais, cabe dizer, salvar sua alma, voltar a ser o que foram. **JORGE SEMPRÚN** (1923-2011), escritor espanhol

Todo casamento de um intelectual com o Partido Comunista termina em adultério. **NICOLAS GÓMEZ DÁVILA** (1913-1994), escritor colombiano

“ Interesses

Quem quiser ter um amigo em Washington compre um cachorro.
HARRY TRUMAN (1884-1972), ex-presidente dos Estados Unidos

Não se vai ao Rubicão para pescar. **TANCREDO NEVES** (1910-1985), político

Ninguém vai a Brasília a passeio.
ANTONIO DELFIM NETTO (1928-), economista e ex-ministro da Fazenda

Hoje a gente só pensa em cargo, a gente só pensa em emprego, a gente só pensa em ser eleito, e ninguém hoje mais trabalha de graça.
LUIZ INÁCIO LULA DA SILVA (1945-), ex-presidente da República, em junho de 2015, em desabafo, referindo-se ao PT, no Instituto Lula

Para os povos dignos, como para os indivíduos nobres, a mais bela das virtudes é a do desinteresse. **OLAVO BILAC** (1865-1918), poeta

Inveja

A inteligência é um crime para o qual não existe anistia.
CARLOS LACERDA (1914-1977), jornalista e político

A inveja é a homenagem que o medíocre presta ao mérito.
JOSÉ INGENIEROS (1877-1925), escritor argentino

Imoralidade é a moralidade daqueles que estão se divertindo mais que nós.
HENRY LOUIS MENCKEN (1880-1956), jornalista americano

O puritano é alguém que vive suspeitando que outra pessoa, em algum lugar, está se divertindo. **IDEM**

Quando no mundo aparece um verdadeiro gênio, é possível identificá-lo por um sinal: todos os tolos conspiram contra ele.
JONATHAN SWIFT (1667-1745), escritor irlandês

Toda indignação moral, na maioria dos casos, é 2% moral, 48% indignação e 50% inveja. **VITTORIO DE SICA** (1901-1974), cineasta italiano

Não há nada pior que o ressentimento dos medíocres.
JORGE LUIS BORGES (1899-1986), escritor argentino

Investimento

Falando sobre meias ou ações [*socks or stocks*], gosto de comprar mercadoria de qualidade quando está na promoção.
WARREN BUFFETT (1930-), investidor americano

Um dos meus princípios é fugir de estatais. Por uma questão básica: elas não visam ao lucro. Por que vou investir em uma empresa cujo objetivo é servir o Estado? **LUIS STUHLBERGER** (1954-), administrador de fundos

Quando muita gente insiste muito tempo que você está errado, você está certo.
MILLÔR FERNANDES (1923-2012), humorista

A Itália é hoje um grande país para se investir. Temos poucos comunistas, e aqueles que ainda o são, negam. Outra razão pela qual investir na Itália: temos belas secretárias. Garotas soberbas! **SILVIO BERLUSCONI** (1936-), político italiano, em 2003, durante uma visita a investidores em Nova York

Não venham para o Brasil, porque vocês vão perder dinheiro. Mais cedo ou mais tarde, vamos recuperar a soberania nacional.
JOÃO PEDRO STÉDILE (1953-), líder do Movimento dos Sem Terra

Não sabia que era investimento. **MILLÔR FERNANDES** (1923-2012), humorista, sobre a indenização às vítimas do governo militar

Tento comprar ações de companhias que são tão maravilhosas que até um idiota pode administrá-las. E porque, mais cedo ou mais tarde, um deles vai fazê-lo.
WARREN BUFFETT (1930-), investidor americano

“ Ironia

A ironia é o primeiro indício de que a consciência se tornou consciente.
FERNANDO PESSOA (1888-1935), poeta português

O diplomata pode ser ligeiramente cômico, mas não deve ser inteiramente risível.
MARCOS AZAMBUJA (1935-), diplomata, acerca de certas propostas da diplomacia latino-americana

O pudor da razão diante da vida. **MACHADO DE ASSIS** (1839-1908), escritor

“ Irreversibilidade

Eu ontem disse para o presidente Obama que era claro que ele sabia que, depois que a pasta de dente sai do dentifrício, ela dificilmente volta para dentro do dentifrício, e que então a gente tinha de levar isso em conta. E ele me respondeu que faria todo o esforço político para que essa pasta de dente pelo menos não ficasse solta por aí, e voltasse para a parte de dentro do dentifrício.
DILMA ROUSSEFF (1947-), presidente da República, depois de queixar-se a Obama sobre atos de espionagem

“ Isolamento

Lá, a crise é um tsunami. Aqui, se chegar, vai ser uma marolinha que não dá nem para surfar. **LUIZ INÁCIO LULA DA SILVA** (1945-), ex-presidente da República, em 2008, ao comentar os efeitos da crise financeira no país

Para nós, naquele momento, foi sim. Mas depois a marola se acumula e vira uma onda. Por que ela vira onda? Porque o mar não serenou. Se o mar tivesse serenado, se a economia americana tivesse, de fato, tido uma crise em V, ou seja, cai e depois sobe... Mas não foi isso. Agora é que está se curvando.
DILMA ROUSSEFF (1947-), presidente da República, em 2015, sobre as palavras do ex-presidente Lula, em 2008, afirmando que a crise econômica mundial, se chegasse ao Brasil, seria uma "marolinha"

A mim não me enganam. Ah, quer dizer então que o Brasil vive uma crise de confiança, por isso os empresários não investem? Sei...
MARIA DA CONCEIÇÃO TAVARES (1930-), economista, *Carta Maior* (dez 2012)

Vou encontrar com meu amigo Bush e vou dizer: Bush, resolva o problema da crise, porque não deixaremos ela atravessar o Atlântico e chegar no território brasileiro. **LUIZ INÁCIO LULA DA SILVA** (1945-), ex-presidente da República, a propósito da "crise do *subprime*", esquecendo que Estados Unidos e Brasil estão do mesmo lado do oceano (18 set 2007)

"O que pensam da gente no Japão?" "Nada. Não pensam nada. Talvez nem sequer saibam que a gente existe." "Então, são uns ignorantes." "Não, são apenas distraídos." **DIÁLOGO** entre jornalista argentino e Jorge Luis Borges, depois de uma visita do escritor ao Japão, relatado por Tomás Eloy Martínez em *Réquiem por un país perdido*

Itália

Governar a Itália não é fácil nem difícil. É inútil.
BENITO MUSSOLINI (1883-1945), líder fascista italiano

Talvez a Fiat seja grande demais para a Itália, mas é pequena para o mundo.
GIANNI AGNELLI (1921-2003), antigo presidente da Fiat

A Itália viveu trinta anos sob os Bórgias e houve guerras, terror, assassinato e derramamento de sangue, mas nos deu Michelangelo, Da Vinci e o Renascimento. Já na Suíça, eles têm amor fraterno e quinhentos anos de democracia e paz, e o que produziram? O relógio cuco!
ORSON WELLES (1915-1985), cineasta americano

J

“ Jeitinho

Montanhas não podem ser vencidas, exceto por caminhos sinuosos.
JOHANN WOLFGANG VON GOETHE (1749-1832), escritor alemão

No Brasil, sendo só cartesiano não se vai longe.
FERNANDO HENRIQUE CARDOSO (1931-), ex-presidente da República

“ Jornalismo

A profissão do folhetim não é ser exato como um relógio; e, ainda assim, todos sabem como, até na casa dos relojoeiros, os relógios divergem entre si.
MACHADO DE ASSIS (1839-1908), escritor

Não foi o mundo que piorou. As coberturas jornalísticas é que melhoraram muito. **G.K. CHESTERTON** (1874-1936), escritor inglês

Eu nunca mudo. O mundo muda. Eu sou um *voyeur* assistindo.
GAY TALESE (1932-), jornalista americano

O maior pecado, depois do pecado, é a publicação do pecado.
MACHADO DE ASSIS (1839-1908), escritor

Sou jornalista, especialista em ideias gerais.
Sei alguns minutos de muitos assuntos. E não sei nada.
OTTO LARA RESENDE (1922-1992), jornalista e escritor

O jornalista é um homem que sabe explicar aos outros o que ele próprio não entende. **OTTO MARIA CARPEAUX** (1900-1978), crítico literário

O repórter de rock é um jornalista que não sabe escrever entrevistando gente que não sabe falar para pessoas que não sabem ler.
FRANK ZAPPA (1940-1993), roqueiro americano

Jornalista vive muito mal, só pensa maldade.
SERGIO MOTTA (1940-1998), empresário e político

O jornalista deve ser o sujeito que duvida. Infelizmente no Brasil nós temos um número elevadíssimo de jornalistas e jornais movidos a certezas.
ANTONIO BRITTO (1952-), jornalista e político

O único jornal em que acredito é o *Diário Oficial*.
ANÍBAL TEIXEIRA (1933-), político

Não é o criminoso quem ganha com o crime; são os jornais.
LIMA BARRETO (1881-1922), jornalista e escritor

“ Judiciário

La ley es como el cuchillo: no corta al que la maneja. (A lei é como a faca: não corta aquele que a segura.) **JOSÉ HERNÁNDEZ**, escritor argentino (1834-1886), fala de Martín Fierro, protagonista de *El gaucho Martín Fierro* (1872)

Todos os juízes são políticos, mesmo que eles não saibam. São como os caranguejos, crustáceos, embora não saibam.
ENRIQUE PETRACCHI (1935-2014), ex-juiz da Corte Suprema de Justiça argentina

Os anos ensinam uma coisa muito clara no campo da literatura: nós só encontramos nosso lugar quando já estamos muito longe daqui. O veredicto não é dado pelos contemporâneos, mas pelo tempo. Se minha obra tiver valor ou não, só se saberá quando eu já não tiver condições de ser informado.
MARIO VARGAS LLOSA (1923-), escritor peruano

Sinto que meu verdadeiro lugar na história talvez só seja conhecido daqui a cinquenta anos. **FERNANDO HENRIQUE CARDOSO** (1931-), ex-presidente da República, em *O improvável presidente do Brasil*

“ Justiça

Aprendi mais, com minha doença, sobre a natureza humana, o amor, a fraternidade e coisas que não entendia e provavelmente nunca iria entender.
LEE ATWATER (1951-1991), ex-assessor do Partido Republicano americano, conhecido por ser o mestre da propaganda negativa sobre os adversários políticos, declarando-se arrependido pelas suas atitudes, pouco antes de morrer precocemente de câncer

Que fácil é ser bom. O difícil é ser justo. **VICTOR HUGO** (1802-1885), escritor francês, fala do policial Javert, *Os miseráveis*; ao advertir, segundo Mario Vargas Llosa, "que o Bem e o Mal não são, como ele sempre tinha pensado, algo rigidamente separado e reconhecível, mas caminhos que se cruzam e se afastam, e às vezes se perdem um do outro sem que seja possível distingui-los", em *A tentação do impossível*

Justificativas

Nossas paixões sempre se justificam, quer dizer, sugerem-nos opiniões que ajudam a justificá-las. **NICOLAS MALEBRANCHE** (1638-1715), filósofo francês

Quando as pessoas julgam que uma conclusão é verdadeira, ficam muito propensas a acreditar nos argumentos que parecem sustentá-la, mesmo que eles não sejam confiáveis. **DANIEL KAHNEMAN** (1934-), economista israelense, ganhador do Prêmio Nobel por suas pesquisas sobre psicologia comportamental

Não me encomendaram um projeto de revolução, mas um plano de governo. **CELSO FURTADO** (1920-2004), economista, em resposta aos deputados nacionalistas no Congresso, que o criticavam pelo Plano Trienal

Juventude

A juventude é uma longa intoxicação.
DUQUE DE LA ROCHEFOUCAULD (1613-1680), pensador francês

É um desperdício deixar a juventude nas mãos dos jovens.
GEORGE BERNARD SHAW (1856-1950), dramaturgo irlandês

Os jovens são o futuro do país – a não ser que façamos alguma coisa.
HOMER JAY SIMPSON, personagem de Matt Groening (1954-), cartunista americano

O que eu tenho a dizer aos jovens é o seguinte: envelheçam depressa.
NELSON RODRIGUES (1912-1980), jornalista e dramaturgo

Que estranho que ainda existam pessoas com esta idade!
JORGE LUIS BORGES (1899-1986), escritor argentino, sobre a idade de um interlocutor, de quarenta anos

L

“ Legislação

Artigo 1. Suprima-se o senador Pinheiro Machado. Artigo 2. Revogam-se as disposições em contrário.
GONÇALVES MAIA (1866-1924), político, projeto de lei sobre Pinheiro Machado

Eu proporia que se substituíssem todos os capítulos da Constituição por:
Artigo 1. Todo brasileiro fica obrigado a ter vergonha na cara.
Parágrafo Único: Revogam-se as disposições em contrário.
CAPISTRANO DE ABREU (1853-1927), historiador

“ Legislação trabalhista

Legisla-se em favor do empregado, contra o comerciante e o industrial; e supõe-se que sobre esse mesmo empregado não recairão nunca os efeitos da legislação. Limita-se a produção com restrições das condições de trabalho. Quando, depois, a produção baixa e a estrutura social inteira (incluindo o empregado) se sente variadamente disso, olha-se para essas consequências como para um ciclone ou um terremoto, uma coisa vinda de fora e inteiramente imprevisível.
FERNANDO PESSOA (1888-1935), poeta português

Eu só o sirvo para servir-me dele. **WILLIAM SHAKESPEARE** (1564-1616), dramaturgo inglês, Iago falando sobre seu patrão, Otelo, ao amigo Rodrigo, em *Otelo, o mouro de Veneza*

Marge, lembre-se: se algo der errado na usina, culpe o cara que não fala inglês.
HOMER JAY SIMPSON, personagem de Matt Groening (1954-), cartunista americano

“ Lei

Para os correligionários, tudo. Para os adversários, a lei.
ARTHUR BERNARDES (1875-1955), ex-presidente da República

Em política, a ética é um procedimento para se aplicar ao adversário.
POLÍTICO ARGENTINO ANÔNIMO

Al enemigo, ni justicia. **JUAN DOMINGO PERÓN** (1895-1974), ex-presidente da Argentina, frase escrita pessoalmente em memorando ao secretário de Assuntos Políticos, citado em Juan José Sebreli, *Los deseos imaginarios del peronismo*

Clareza é a cortesia do legislador para com seu povo.
CELSO CUNHA (1917-1989), filólogo, acerca da necessidade de clareza nas leis

Não é a lei que deve ser forte. É a carne que não pode ser fraca.
ROBERTO CAMPOS (1917-2001), economista e ex-ministro do Planejamento

No Brasil, lei é como vacina. Umas pegam, outras não.
OTTO LARA RESENDE (1922-1992), jornalista e escritor

As leis do Brasil são feitas para não serem cumpridas.
LIMA BARRETO (1881-1922), jornalista e escritor

É difícil melhorar nossas condições materiais por meio de leis melhores, mas é bastante fácil arruiná-las com leis ruins.
THEODORE ROOSEVELT (1858-1919), ex-presidente dos Estados Unidos

As leis são um aparato de eloquência parlamentar, e não uma eficácia de organização civil. **EÇA DE QUEIRÓS** (1845-1900), escritor português

Falta ao Brasil a convicção profunda de que a lei conta.
FERNANDO HENRIQUE CARDOSO (1931-), ex-presidente da República

Esta Constituição é inflacionária. **IBRAHIM ERIS** (1944-), economista

A lei vale para todos, não importa o tamanho de sua empresa, o poder econômico, isso não irá garantir impunidade. **IGOR DE PAULA**, delegado da Polícia Federal, sobre o nome da Operação Erga Omnes, que prendeu os presidentes das duas maiores empreiteiras do país em junho de 2015

“ Lei da selva

Para aqueles de nós escalando até o topo da cadeia alimentar, não pode haver misericórdia. Só há uma regra: cace ou seja caçado.
FRANCIS UNDERWOOD, personagem da série de TV *House of Cards*

Aqui, homem não tem palavra, mulher não tem honra, terra não tem dono e árvore não tem raiz. **MADEIREIRO ANÔNIMO** do Amazonas

A violência é a lei dos brutos. **MAHATMA GANDHI** (1869-1948), líder pacifista indiano

Existem dois modos de combater: um com as leis, o outro com a força. O primeiro é próprio do homem, o segundo, dos animais; mas, como o primeiro modo muitas vezes não é suficiente, convém recorrer ao segundo. **NICOLAU MAQUIAVEL** (1469-1527), filósofo e diplomata italiano

“ Leis da economia

A primeira lição da economia é a escassez: nunca há o suficiente de coisa alguma para satisfazer plenamente todos que a querem. A primeira lição da política é desconsiderar a primeira lição da economia. **THOMAS SOWELL** (1930-), economista americano

Primeira lei da economia: para cada economista, existe outro que diz exatamente o contrário. Segunda lei da economia: ambos estão errados. **PIADA** sobre economia

“ Liberalismo

Sou liberal radical e independente. Detesto partido político, seita religiosa, torcida organizada, máfias e patotas. Gosto do indivíduo, de me relacionar com a pessoa. **NELSON MOTTA** (1944-), jornalista e escritor

A humanidade não vive para ter um governo, mas ela cria um governo para poder viver. **EDUARD VON HARTMANN** (1842-1906), filósofo alemão

Os governos existem não para tornar a vida na Terra um paraíso, mas para evitar que ela se torne um completo inferno. **NIKOLAI BERDYAEV** (1874-1948), filósofo russo

Os governos foram instituídos para o bem dos povos, e não estes últimos para desfrute dos governos. **FREI CANECA** (1779-1825), religioso e político

O Estado deve fazer o que é útil. O indivíduo deve fazer o que é belo. **OSCAR WILDE** (1854-1900), dramaturgo irlandês

“ Liberdade

Liberdade é liberdade, não igualdade, ou equidade, ou justiça, ou felicidade humana, ou uma consciência tranquila. **ISAIAH BERLIN** (1909-1997), filósofo inglês

Liberdade é sempre e exclusivamente liberdade para aquele que pensa diferente.
ROSA LUXEMBURGO (1871-1919), ativista alemã

A sociedade que coloca a igualdade à frente da liberdade irá terminar sem igualdade e sem liberdade. **MILTON FRIEDMAN** (1912-2006), economista americano

Liberdade não é direito acabado. É uma peleja sem fim.
CÁRMEN LÚCIA (1954-), ministra do Superior Tribunal Federal, no voto que conduziu a decisão sobre inexigibilidade de autorização para a publicação de biografias

“ Liderança

Consenso é a negação da liderança.
MARGARET THATCHER (1925-2013), ex-primeira-ministra britânica

É possível que nenhuma outra forma de governo precise tanto de grandes líderes quanto a democracia. **LORD BRYCE** (1838-1922), historiador e diplomata irlandês, a respeito da necessidade de diagnósticos e liderança corretos por parte dos dirigentes de um país

Se há um idiota no poder, é porque os que o elegeram estão bem representados.
BARÃO DE ITARARÉ, pseudônimo de Apparício Torelly (1895-1971), humorista

Em todos os movimentos e cruzadas, é justamente o psicopata que se torna o líder. **ROBERT LINDNER** (1914-1956), escritor americano

Liderança não se proclama, se exerce. **FERNANDO HENRIQUE CARDOSO** (1931-), ex-presidente da República, sobre a liderança do Brasil na América do Sul

Gestão é fazer as coisas corretamente; liderança é fazer as coisas corretas.
PETER DRUCKER (1909-2005), professor e consultor austríaco

Qual é mesmo o número que eu devo discar quando quiser falar com a Europa?
HENRY KISSINGER (1923-), ex-secretário de Estado americano

“ Linguagem

A maneira como se diz uma coisa pode ser tão importante quanto aquilo que se diz.
THORSTEN HAVENER (1972-), palestrante alemão especialista em técnicas de comunicação

Algumas vezes, uma expressão tem de ser retirada da linguagem e submetida a um processo de limpeza – só então ela pode ser recolocada em circulação.
LUDWIG WITTGENSTEIN (1889-1951), filósofo austríaco

Comunicação não é o que você diz, mas o que os outros entendem.
DUDA MENDONÇA (1944-), publicitário

Delfim, olhe para a cara daquele sujeito ali. O que você acha que ele entendeu do seu discurso? Ele não sabe o que é processo. Não sabe o que é inflacionário. Não sabe o que é déficit. E não tem a menor ideia do que é orçamentário. Da próxima vez, diga assim: "A causa da carestia é a roubalheira do governo!"
JÂNIO QUADROS (1917-1992), ex-presidente do Brasil, após um comício, durante a campanha para a Prefeitura de São Paulo, em 1985, e a propósito do discurso de Delfim Netto, que terminara sua fala dizendo: "A grande causa do processo inflacionário é o déficit orçamentário." O relato é de Antônio Suárez Abreu, em *A arte de argumentar* (2001)

Não troco o meu "Oxente" pelo "o.k." de ninguém.
ARIANO SUASSUNA (1927-2014), escritor

Os problemas filosóficos surgem quando a linguagem sai de férias.
LUDWIG WITTGENSTEIN (1889-1951), filósofo austríaco, acerca da dificuldade de expressar com palavras alguns dos grandes temas da humanidade

Se quer influenciar alguém, diga o mínimo possível e o máximo necessário.
THORSTEN HAVENER (1972-), palestrante alemão especialista em técnicas de comunicação

“ Literatura

A leitura é uma forma de felicidade. **MICHEL DE MONTAIGNE** (1533-1592), filósofo francês

Alguns livros são do tipo que, quando você os larga, não consegue pegar mais.
MILLÔR FERNANDES (1923-2012), humorista

Eu não quero ser inútil. Eu quero que a palavra do escritor tenha algum sentido, utilidade. **NÉLIDA PIÑON** (1937-), escritora

Há pessoas que acreditam que a literatura é algo para distrair. Para isso existem produtos literários como as novelas policiais e certos entretenimentos engenhosos. Mas a literatura de que falo tem como objetivo fundamental os dilemas últimos da condição humana que são o bem e o mal.
ERNESTO SABATO (1911-2011), escritor argentino

Ler é mais importante que estudar. **ZIRALDO** (1932-), cartunista

Ler é sonhar pela mão de outrem. Ler mal e por alto é libertarmo-nos da mão que nos conduz. A superficialidade na erudição é o melhor modo de ler bem e ser profundo.
FERNANDO PESSOA (1888-1935), poeta português

Que os outros se orgulhem das páginas que escreveram. Eu me orgulho das que li. **JORGE LUIS BORGES** (1899-1986), escritor argentino

A literatura é um lugar, em qualquer sociedade, onde, dentro do sigilo de nossas próprias mentes, podemos ouvir vozes falando sobre qualquer coisa de todas as maneiras possíveis. **SALMAN RUSHDIE** (1947-), escritor indiano

Aqui no Brasil não se publica livro para ser lido. Publica-se livro para o autor se tornar assessor de ministro. **MÁRCIO SOUZA** (1946-), escritor, em 1996

“ Livre pensar

Os intelectuais e formadores de opinião têm a obrigação moral de dizer o que pensam, não o que traz os aplausos fáceis da plateia. Pode-se mesmo dizer que a impopularidade é um imperativo moral.
CLAUDIO DE MOURA CASTRO (1938-), economista, em *Da indispensável arte do bem pensar*

Quiçá a melhor definição de democracia seja esta: a forma de convivência social em que se maximiza a criatividade humana.
CELSO FURTADO (1920-2004), economista

“ Lógica

Quis custodiet ipsos custodes? (Quem guardará os próprios guardiões?)
DÉCIMO JÚNIO JUVENAL (séc.II), poeta satírico romano, perguntando quem vigiaria os guardas que os maridos contratavam para tomar conta de suas mulheres e mantê-las fiéis

Se formos assassinar um assassino, teríamos de devorar os canibais.
JORGE LUIS BORGES (1899-1986), escritor argentino

Se os fins justificam os meios, o que justifica os fins?
NORBERTO BOBBIO (1902-2004), filósofo italiano

Se para driblar o mentiroso minto, e para combater o assassino mato, posso pretender que minha mentira e meu crime sejam menores que os alheios? Como Deus irá distinguir minha causa da perversa se me oponho ao perverso atuando como ele? **MAHATMA GANDHI** (1869-1948), líder pacifista indiano

A lógica pode tomar conta de si mesma.
LUDWIG WITTGENSTEIN (1889-1951), filósofo austríaco

Longo prazo

A mocidade passa e as apólices ficam.
MACHADO DE ASSIS (1839-1908), escritor

Em qualquer país o longo prazo é difícil de prever, com exceção de dois casos: a Noruega, onde o longo prazo é sempre previsível; e a Argentina, onde prever o longo prazo é simplesmente uma tarefa impossível.
FINN KYDLAND (1943-), economista norueguês, ganhador do Prêmio Nobel

No longo prazo estaremos todos mortos.
JOHN MAYNARD KEYNES (1883-1946), economista britânico

Loucura

Jânio é um louco que pensa que é Jânio Quadros.
CARLOS LACERDA (1914-1977), jornalista e político

Napoleão era um maluco que achava que era Napoleão.
JEAN COCTEAU (1889-1963), romancista francês

Victor Hugo é um louco que acreditou que era Victor Hugo.
JEAN COCTEAU, sobre Victor Hugo, visto com amor e ódio pela intelectualidade francesa

Na clínica tem um cara que diz que é Napoleão e outro que pensa que é San Martín. Quando digo que sou o Maradona, eles não acreditam.
DIEGO MARADONA (1960-), jogador de futebol argentino, na reabilitação

Deus primeiro enlouquece àquele a quem quer destruir.
DITADO LATINO ANÔNIMO

No campo político é preciso manter a lucidez, mesmo que isso pareça uma espécie de loucura, num contexto em que a loucura é a norma. No campo literário, não. Estou a favor da loucura, da fantasia, dos fantasmas, dos mitos.
MARIO VARGAS LLOSA (1923-), escritor peruano

Haverá contágio na loucura? **LIMA BARRETO** (1881-1922), jornalista e escritor

“ Lucidez

A ausência de alternativas clarifica maravilhosamente a mente.
HENRY KISSINGER (1923-), ex-secretário de Estado americano

Decisões são mais fáceis quando não há mais escolhas.
NARASIMHA RAO (1921-2004), ex-primeiro-ministro da Índia

Tendo visto com que lucidez e coerência lógica certos loucos justificam, a si próprios e aos outros, as suas ideias delirantes, perdi para sempre a segura certeza da lucidez da minha lucidez.
BERNARDO SOARES, heterônimo de Fernando Pessoa (1888-1935), poeta português

“ Lula

O presidente encarna uma perigosíssima combinação de inteligência, esperteza e ignorância. **JOÃO UBALDO RIBEIRO** (1941-2014), escritor (*O Globo*, 2007)

Governar não é fazer churrasco na granja do Torto a toda hora e fazer vários discursos por dia. É enfrentar dificuldades cotidianas, não ter sábado e domingo, é ler relatórios, enfrentar questões espinhosas.
MARCO ANTONIO VILLA (1955-), historiador

O apoio popular a Berlusconi se explica pela ideia de que ele adora os filhos, conhece futebol, xinga e conta piada: parece com a gente, é um de nós.
BEPPE SEVERGNINI (1956-), jornalista italiano

O Lula é viciado em si mesmo. **MILLÔR FERNANDES** (1923-2012), humorista

Se Lula fosse primeiro-ministro da Inglaterra em 1939, teria convidado Hitler para assistir a um jogo de futebol. **MARCO ANTONIO VILLA** (1941-2014), historiador, sobre a tendência de Lula a tentar evitar os problemas

“ Luta de classes

A esquerda ainda acredita num mundo em que os pobres odeiam os ricos. Isso não é verdade. Os excluídos odeiam não ter as mesmas oportunidades dos ricos, e isso é muito diferente da velha luta de classes.
THOMAS FRIEDMAN (1953-), escritor americano, autor de *O mundo é plano*

O problema da extrema esquerda é que ela nunca esteve preocupada em ajudar os pobres, mas apenas em prejudicar os ricos.
JULIO BÁRBARO (1942-), ex-deputado argentino da esquerda moderada do peronismo

A sociedade se compõe de duas classes: uma que tem mais apetite que jantares e outra que tem mais jantares que apetite.
NICOLAS CHAMFORT (1741-1794), jornalista e poeta francês

Nem todo problema que se tem com a namorada se deve necessariamente ao modo capitalista de produção.
HERBERT MARCUSE (1898-1979), filósofo alemão, advertindo jovens mais afoitos, em 1968

O proletariado é um sujeito explorado financeiramente pelos patrões e literalmente pelos poetas engajados.
MÁRIO QUINTANA (1906-1994), poeta

M

“ Mágica

A Constituição prometeu-nos uma seguridade social sueca com recursos moçambicanos. **ROBERTO CAMPOS** (1917-2001), economista e ex-ministro do Planejamento

Um livro é a prova de que os homens são capazes de fazer magia.
CARL SAGAN (1934-1996), astrônomo americano

Superstição é a poesia da vida.
JOHANN WOLFGANG VON GOETHE (1749-1832), escritor alemão

“ Maioria

Deus deve amar os homens medíocres. Fez muito deles.
ABRAHAM LINCOLN (1809-1865), ex-presidente dos Estados Unidos

O maior argumento contra a democracia é uma conversa de cinco minutos com o eleitor médio. **WINSTON CHURCHILL** (1874-1965), ex-primeiro-ministro britânico

A democracia consiste em substituir a escolha dos governantes por uns poucos corruptos por sua eleição por muitos incompetentes.
GEORGE BERNARD SHAW (1856-1950), dramaturgo irlandês

A rebelião dos cretinos fundamentais é o maior acontecimento do século XX. Antes, eles raspavam a parede de sua humildade, tinham consciência de sua inépcia. Agora, eles conseguiram se impor pela superioridade numérica: para um gênio, há 10 milhões de imbecis.
NELSON RODRIGUES (1912-1980), jornalista e dramaturgo

Democracia é a crença patética na sabedoria coletiva da ignorância individual.
HENRY LOUIS MENCKEN (1880-1956), jornalista americano

O maior defeito da democracia é que os partidos que não fazem parte do governo são justamente os únicos que sabem governar.
JORGE LUIS BORGES (1899-1986), escritor argentino

Se a Espanha quer ressuscitar, é preciso que tome conta dela um formidável apetite pela perfeição. A grande desgraça da história espanhola tem sido a carência de minorias esclarecidas e o império imperturbável da maioria. Portanto, de agora em diante, uma exigência deveria comandar os espíritos e orientar as vontades: o imperativo da seleção.
JOSÉ ORTEGA Y GASSET (1883-1955), pensador espanhol, em *Espanha invertebrada* (1921)

Tenho por detestável a máxima de que em matéria de governo a maioria de um povo tenha o direito de tudo fazer.
ALEXIS DE TOCQUEVILLE (1805-1859), pensador francês

“ Mais-valia

O dinheiro é tempo de vida transformado em moeda.
MILLÔR FERNANDES (1923-2012), humorista

O trabalho enobrece o homem para quem você trabalha.
CIRO PELLICANO (1945-), publicitário

“ Maldade

Já ouvi vasta quantidade de tolices serem ditas sobre o fato de homens maus não nos olharem nos olhos. Não confie nessa ideia convencional. A desonestidade vai encarar a honestidade a ponto de desconcertá-la a qualquer momento, se tiver alguma coisa a ganhar com isso.
CHARLES DICKENS (1812-1870), escritor inglês

Não há mal que não traga um pouco de bem, e por isso é que o mal é útil, muita vez indispensável, alguma vez delicioso. **MACHADO DE ASSIS** (1839-1908), escritor

Nem sempre é por espírito do mal que se comete o mal.
EÇA DE QUEIRÓS (1845-1900), escritor português

Quis fazer o bem a alguns e o mal a outros.
Tudo que quis fazer bem fez mal, mas todo o mal foi bem-feito.
JORNALISTA acerca de ex-autoridade argentina famosa por criar polêmicas

Um príncipe, em particular um príncipe novo, não pode praticar todas aquelas coisas pelas quais os homens são considerados bons, uma vez que,

frequentemente, é obrigado, para manter o Estado, a agir contra a fé, contra a caridade, contra a humanidade, contra a religião.
NICOLAU MAQUIAVEL (1469-1527), filósofo e diplomata italiano

Não creio que o brasileiro seja fundamentalmente bom. Quem lê meus livros de história percebe isso. **SÉRGIO BUARQUE DE HOLANDA** (1902-1982), historiador

A crença em uma origem sobrenatural da maldade não é necessária. Os homens sozinhos são capazes de qualquer maldade.
JOSEPH CONRAD (1857-1924), escritor britânico

Há uma exuberância na bondade que parece ser maldade.
FRIEDRICH NIETZSCHE (1844-1900), filósofo alemão

As pessoas boas dormem muito melhor à noite que as pessoas más. Claro, durante o dia as pessoas más se divertem muito mais.
WOODY ALLEN (1935-), cineasta americano

A maldade é a vingança do homem contra a sociedade pelas restrições que ela impõe. ... É o resultado do conflito entre nossos instintos e nossa cultura.
SIGMUND FREUD (1856-1939), médico austríaco, pioneiro da psicanálise

A integridade dos justos serve-lhes de guia; mas a perversidade dos pérfidos arrasta-os à ruína. **BÍBLIA**, Antigo Testamento, Livro de Provérbios de Salomão

“ Mão invisível

Capitalismo é a crença estarrecedora de que o mais iníquo dos homens fará a mais iníqua das coisas para o bem maior de todos.
JOHN MAYNARD KEYNES (1883-1946), economista britânico

Pouca coisa mais é necessária, para levar um Estado da mais baixa barbárie ao mais alto degrau da opulência, que paz, poucos impostos e uma administração tolerável da justiça, sendo o resto resultante do curso natural das coisas.
ADAM SMITH (1723-1790), economista escocês

“ Marketing

Hoje o marketing político gera a obrigatoriedade de fazer pesquisas para saber o que as pessoas querem e repetir na campanha os pontos que o povo quer. Todo o

esforço dos marqueteiros é não discutir problemas que possam dividir. E toda a discussão intelectual divide. Então, [ela] é um teatro onde as pessoas dizem aquilo que se acha que o povo quer ouvir.
FERNANDO HENRIQUE CARDOSO (1931-), ex-presidente da República, *O Globo* (1º ago 2010)

Vinte mentiras fazem uma verdade.
BENITO MUSSOLINI (1883-1945), líder fascista italiano

Para um vendedor, não há um fundo do poço na vida.
Um vendedor deve sonhar, rapaz. Isso vem com o território.
ARTHUR MILLER (1915-2005), dramaturgo americano, em *A morte do caixeiro-viajante*

“ Marxismo

O marxismo, reduzido a ser a arte e a maneira de justificar o curso das coisas, é um esgoto acadêmico, um miserável antro de ópio ideológico, um carnaval de conceitos. **JORGE SEMPRÚN** (1923-2011), escritor espanhol

A dialética é a arte e a técnica de sempre cair de pé, meu velho.
JORGE SEMPRÚN, em frase que teria ouvido de um veterano comunista no campo de concentração de Buchenwald, em *Aquele domingo*

A violência é a parteira da história.
KARL MARX (1818-1883), filósofo revolucionário alemão

Marx escrevendo sobre dinheiro é como padre falando sobre sexo.
PAULO FRANCIS (1930-1997), jornalista

“ Materialismo dialético

Desconfio de todo idealista que lucra com seu ideal.
MILLÔR FERNANDES (1923-2012), humorista

É melhor ter um rendimento permanente do que ser fascinante.
OSCAR WILDE (1854-1900), dramaturgo irlandês

Ficar rico é glorioso. **DENG XIAOPING** (1904-1997), político chinês, mentor da mudança econômica da China nos anos 1970

A rebeldia hoje é estar dentro do regime, fazer rock e ganhar dinheiro com isso.
RENATO RUSSO (1960-1996), compositor, em 1985

Marcela amou-me durante quinze meses e onze contos de réis.
MACHADO DE ASSIS (1839-1908), escritor

Quando a pobreza entra pela porta, o amor sai pela janela.
THOMAS FULLER (1608-1661), clérigo inglês

Para ser sonhador, falta-me o dinheiro. As grandes melancolias, as tristezas cheias de tédio, não podem existir senão com um ambiente de conforto e de sóbrio luxo. **FERNANDO PESSOA** (1888-1935), poeta português

“ Maturidade

Ele era demasiadamente velho para se permitir ilusões, mas demasiadamente novo para se conformar com a falta de ilusões.
MIGUEL SOUSA TAVARES (1952-), escritor português, frase sobre os anos de Salazar dita por Diogo Ribera Flores, personagem de *Rio das Flores*

Estou me relendo, descobrindo coisas que já nem me lembrava de ter escrito.
CLEONICE BERARDINELLI (1916-), escritora

Meia-idade é quando se deixa de criticar os mais velhos e se começa a criticar os mais novos. **LAURENCE J. PETER** (1919-1990), educador canadense

Quando um homem descobre que seu pai tinha razão, normalmente já tem um filho que o julga um cara errado. **CHARLES WADSWORTH** (1929-), músico americano

Só um perfeito imbecil chega aos quarenta anos sem se sentir um homem frustrado. **STÉPHANE MALLARMÉ** (1842-1898), poeta francês, em carta a Camille Monclair

“ Mecenato

Não fossem a cobiça, a intolerância, o ódio, a paixão e o assassinato, não haveria nenhuma obra de arte, nenhum grande edifício, nenhuma ciência médica, nenhum Mozart, nenhum Van Gogh, nada de Muppets e nenhum Louis Armstrong. **JASPER FFORDE** (1961-), escritor inglês

O pior mecenas é o público.
MIGUEL DE UNAMUNO (1864-1936), escritor e filósofo espanhol

Medicina

A arte da medicina consiste em distrair o paciente enquanto a natureza cuida da doença. **VOLTAIRE** (1694-1778), filósofo francês

A existência da moléstia, ao contrário do que geralmente se pensa, é posterior à existência do médico. **OLAVO BILAC** (1865-1918), poeta

Eu gostaria de morrer repentinamente, sem ter de recorrer para isso ao auxílio dos médicos. **ADOLFO BIOY CASARES** (1914-1994), escritor argentino

No verão tem dengue; no inverno tem meningite; se há enchente, tem leptospirose, logo vai ter cólera. E o ano todo tem fraude.
SÉRGIO AROUCA (1941-2003), médico sanitarista e político, em 1991

Mediocridade

A consistência é o último refúgio daqueles que não têm imaginação.
OSCAR WILDE (1854-1900), dramaturgo irlandês

A mediocracia provavelmente foi – e ainda é – uma doença mais grave na Argentina que a aristocracia, a oligocracia e a plutocracia. Eu tenho medo dos medíocres. Primeiro, porque eles são em maior número. Segundo, porque eles vivem mais. E terceiro, porque fingem mais. A gente pode achar que eles não estão por perto, mas sempre estão. A conspiração da mediocracia impede o debate, porque os medíocres têm o mesmo problema dos baixinhos, que dizem que o problema não são eles, mas as pessoas altas. Se essas pessoas tivessem as pernas serradas, por definição, não haveria mais baixinhos. E os medíocres pensam da mesma forma. Por isso não querem o debate, porque ele ilumina as diferenças e imediatamente se percebe quem é medíocre e quem não é.
JORGE SÁBATO (1938-1995), físico argentino

Alguns têm na vida um grande sonho e faltam a esse sonho.
Outros não têm na vida nenhum sonho e faltam a esse também.
BERNARDO SOARES, heterônimo de Fernando Pessoa (1888-1935), poeta português

As mediocridades caracterizam-se pela apatia conservadora. Mitiga-se a ansiedade pelas coisas elevadas. Os governantes que não pensam parecem prudentes. Aqueles que não roubam resultam exemplares. O conceito do mérito torna-se negativo: as sombras são preferidas aos homens. Procura-se o originalmente medíocre. Em vez de heróis, gênios ou santos, pedem-se discretos administradores. Porém, o estadista e os que predicam algum ideal estão ausentes. **JOSÉ INGENIEROS** (1877-1925), escritor argentino

Certas pessoas não aumentam o mundo quando nascem nem o diminuem quando morrem. **MACHADO DE ASSIS** (1839-1908), escritor

Há pessoas que despontam para o anonimato.
STANISLAW PONTE PRETA, pseudônimo do jornalista Sérgio Porto (1923-1968), opinando sobre certos escritores

Não imaginas como andam propícios os tempos a todas as mediocridades. Estamos no período hilariante dos grandes homens-pulhas, dos Pachecos empavesados e dos Acácios triunfantes.
EUCLIDES DA CUNHA (1866-1909), engenheiro, jornalista e historiador, em carta de 1909 ao cunhado

O maior perigo para os homens não é fixar um alvo muito alto e não o alcançar, mas fixar um alvo baixo e alcançá-lo. **MICHELANGELO** (1475-1564), pintor italiano

“ Medo

O medo não pode ser conselheiro de nenhum partido político.
ULYSSES GUIMARÃES (1916-1992), político

Os líderes podem cair de duas maneiras: com glória, na liça política, inclusive eliminados fisicamente; e por capitulacionismo, por covardia, por medo. **IDEM**

Repetidas vezes, quando chega a prudência, desaparece a coragem. **IDEM**

Não há terror em uma explosão, apenas em sua expectativa.
ALFRED HITCHCOCK (1889-1980), cineasta inglês

Agora um homem fala francamente somente com sua esposa, à noite, com o cobertor por cima da cabeça. **ISAAC BABEL** (1894-1940), escritor russo, em 1937

“ Melancolia

A doença comum a todos nós é a desesperança: já não temos mais tempo. Ele foi embora. **JORGE SÁBATO** (1924-1983), físico argentino, sobre as gerações do seu país nas décadas de 1920 e 1930

A melancolia é o prazer de estar triste. **VICTOR HUGO** (1802-1885), escritor francês

Eu não tenho medo da morte. Eu tenho é saudade da vida. **VINICIUS DE MORAES** (1913-1980), poeta, pouco tempo antes de morrer, em resposta a uma repórter

“ Memória

A luta do homem contra o poder é a luta da memória contra o esquecimento. **MILAN KUNDERA** (1929-), escritor tcheco

A morte não chega com a velhice, mas com o esquecimento. **GABRIEL GARCÍA MÁRQUEZ** (1927-2014), escritor colombiano

As sociedades têm uma tendência a cometer erros fundamentais a intervalos de sessenta anos, uma vez que todo mundo com idade bastante para se lembrar do engano anterior a essa altura já está morto ou senil. **LESTER THUROW** (1938-), economista

De quinze em quinze anos o Brasil se esquece do que aconteceu nos últimos quinze anos. **IVAN LESSA** (1835-2012), jornalista e escritor

“ Mensalão

A prioridade agora é reeleger o presidente Lula. Depois veremos isso [a investigação] com calma. E essa história do Mensalão é uma ficção. **RICARDO BERZOINI** (1960-), político e ex-presidente do PT, no Encontro Nacional do partido, em 30 de abril de 2006

É o capitão do time. Aquele que pode reclamar do juiz sem ser expulso de campo. **LUIZ INÁCIO LULA DA SILVA** (1945-), ex-presidente da República, sobre José Dirceu, em conversa com jornalistas, em 2004

É mais fácil alugar um deputado que discutir um projeto de governo. Quem é pago não pensa. **ROBERTO JEFFERSON** (1953-), político, na entrevista que gerou a crise do Mensalão em 6 de junho de 2005

O Dirceu foi acusado de montar quadrilha, e sobretudo uma quadrilha para pagar mensalão. Isso me cheira a folclore. Ele será cassado por decisão política. **LUIZ INÁCIO LULA DA SILVA** (1945-), ex-presidente da República, entrevista ao programa de TV *Roda Viva* (8 nov 2005)

O que o PT fez do ponto de vista eleitoral
é o que é feito no Brasil sistematicamente.
LUIZ INÁCIO LULA DA SILVA, em Paris, sobre o uso de caixa dois em campanhas do PT, entrevista ao programa de TV *Fantástico* (17 jul 2005)

Humildemente, reconheço que nós fizemos coisas erradas.
Mas com tudo de errado que fizemos, o país melhorou muito.
LUIZ INÁCIO LULA DA SILVA, em discurso de 25 de outubro de 2006

É um soluço, uma mancha na história do STF [Supremo Tribunal Federal], como foi a extradição de Olga Benário, que depois morreu nas mãos dos nazistas.
JOSÉ DIRCEU (1946-), político, sobre sua condenação

Não costumo comentar manifestação de político, este não é o meu papel. Ele é um réu, e réu eu trato como réu. Se determinado réu resolve politizar o julgamento, problema dele. **JOAQUIM BARBOSA** (1954-), ex-ministro do Supremo Tribunal Federal, falando sobre José Dirceu, em outubro de 2012

Mentira

A mentira é muita vez tão involuntária quanto a respiração.
MACHADO DE ASSIS (1839-1908), escritor

Visto que talvez nem tudo seja falso, que nada nos cure do prazer de mentir.
FERNANDO PESSOA (1888-1935), poeta português

As mentiras mais cruéis muitas vezes são contadas em silêncio.
ROBERT LOUIS STEVENSON (1850-1994), escritor escocês

Em nosso país, a mentira veio a ser não apenas uma categoria moral, mas um pilar do Estado. **ALEXANDER SOLJENITSIN** (1918-2008), escritor russo

Largas massas de uma nação ... mais facilmente caem vítimas de uma grande mentira que diante de uma pequena. **ADOLF HITLER** (1899-1945), ditador alemão

Sem mentiras, a humanidade pereceria de angústia e monotonia.
ANATOLE FRANCE (1844-1924), escritor francês

Meritocracia

A grandeza não consiste em receber honras, mas em merecê-las.
ARISTÓTELES (384 a.C.-322 a.C.), filósofo grego

É melhor merecer as honras sem recebê-las que as receber sem merecê-las.
MARK TWAIN (1935-1910), escritor americano

Os diamantes são minhas medalhas de guerra.
MAE WEST (1893-1980), atriz de cinema americana

Mestiçagem

É uma estranha mistura de oportunismo e de abnegação. **ALDO MORO** (1916-1978), ex-primeiro-ministro da Itália, falando sobre Flaminio Piccoli, secretário da Democracia Cristã

Miscigenação: eufemismo com o qual os livros de antropologia costumam se referir à sacanagem. **CIRO PELLICANO** (1945-), publicitário

Para ser profundo não é preciso ser hermético e para ser sério não é preciso perder o humor. **MARIO HENRIQUE SIMONSEN** (1935-1997), ex-ministro da Fazenda

Meta

É onde está o dinheiro. **WILLIE SUTTON** (1901-1980), famoso ladrão de bancos americano, em resposta à pergunta acerca das razões da escolha de sua "profissão"

Porque ele está lá. **GEORGE MALLORY** (1886-1924), alpinista morto ao tentar escalar o Everest, quando lhe perguntaram por que tentava algo na época considerado impossível

Há dois objetivos na vida: primeiro conseguir o que se deseja; segundo, ser capaz de se aproveitar disso. Só os mais sábios alcançam a segunda etapa.
LOGAN PEARSALL SMITH (1865-1946), ensaísta americano

O sucesso substitui todos os argumentos.
SIGMUND FREUD (1856-1939), médico austríaco, pioneiro da psicanálise

Não vamos colocar meta. Vamos deixar a meta aberta, mas, quando atingirmos a meta, vamos dobrar a meta! **DILMA ROUSSEFF** (1947-), presidente da República

“ Método

A maior parte das pessoas não pensa nunca durante a vida.
Eu me tornei uma celebridade pensando três vezes por semana.
GEORGE BERNARD SHAW (1856-1950), dramaturgo irlandês

Deve-se jogar a abertura como um livro, o meio do jogo como um mago e o final como uma máquina. **RUDOLPH SPIELMANN** (1883-1942), enxadrista austríaco

Duvide de tudo pelo menos uma vez.
GEORG LICHTENBERG (1742-1799), cientista alemão

Se começarmos com certezas, acabaremos com dúvidas; mas, se começarmos com dúvidas e formos pacientes, terminaremos com certezas.
FRANCIS BACON (1893-1976), filósofo britânico

“ Milagre

A função da oração não é influenciar Deus, mas especialmente mudar a natureza daquele que ora. **SØREN KIERKEGAARD** (1813-1855), filósofo dinamarquês

A taxa de regressão espontânea de todos os cânceres, em conjunto, é estimada entre uma em 10 mil e uma em 100 mil. Se apenas 5% dos que vão a Lourdes ali estivessem para tratar de seu câncer, deveria haver entre cinquenta e quinhentas curas “miraculosas” só de câncer. **CARL SAGAN** (1934-1996), astrônomo americano

Definem-nos o milagre: uma derrogação das leis da natureza.
Não as conhecemos; como saberemos que fato as derroga?
ANATOLE FRANCE (1844-1924), escritor francês

Alegações extraordinárias exigem evidências extraordinárias.
CARL SAGAN (1934-1996), astrônomo americano

Militância

As dificuldades de manter o entusiasmo sem dar aos militantes poder excessivo têm sido um dos problemas perenes da democracia. Os militantes são uma força contra o bom senso e a ação do estadista.
LORD ROY JENKINS (1920-2003), biógrafo de Winston Churchill, acerca dos militantes do Partido Conservador que quase derrotam Churchill em uma eleição distrital

Assim como na religião cristã, a pior propaganda do socialismo são os seus adeptos. **GEORGE ORWELL** (1903-1950), escritor inglês

O tambor faz muito barulho, mas é vazio por dentro.
BARÃO DE ITARARÉ, pseudônimo de Apparício Torelly (1895-1971), humorista

Fazer barulho é uma forma efetiva de oposição.
JOSEPH GOEBBELS (1897-1945), político alemão, ministro da Propaganda de Hitler

Sempre tive a impressão de que os verdadeiros militantes são como faxineiras fazendo diariamente um trabalho ingrato, mas necessário.
FRANÇOIS TRUFFAUT (1932-1884), cineasta francês, em carta a Jean-Luc Godard (jun 1973)

Não há nada mais perigoso que um entusiasmo pago.
LIMA BARRETO (1881-1922), jornalista e escritor

Os kirchneristas não são discípulos de Perón, mas de Nerón.
CARLOS VERNA (1946-), senador argentino, em 2010, aludindo à tirania do imperador romano Nero

Chávez não morreu, se multiplicou!
MANIFESTANTES chavistas em Caracas, batendo na lataria do ônibus que transportava senadores brasileiros da oposição em visita ao país, em junho de 2015

Mineirice

A tocaia é a grande contribuição de Minas à cultura universal.
OTTO LARA RESENDE (1922-1992), jornalista e escritor

Em política, ninguém é paulista impunemente.
TANCREDO NEVES (1910-1985), político, em frase a ele atribuída

Político mineiro é franco e direto, vai logo dando pseudônimo aos bois.
MILLÔR FERNANDES (1923-2012), humorista

Um mineiro nunca é o que parece, sobretudo quando parece o que é.
MÁXIMA MINEIRA

Em Minas Gerais, a política é como crochê: não se pode dar um ponto errado, sob pena de ter de começar tudo de novo.
ITAMAR FRANCO (1930-2011), ex-presidente da República

Mineiro não briga, mas também não perdoa.
HÉLIO GARCIA (1931-), político

Moda

A mulher da moda tem a cútis da estátua quando se veste para o baile.
JOSÉ DE ALENCAR (1829-1877), escritor

Nenhuma inteligência consegue enfrentar uma tolice que está na moda.
THEODOR FONTANE (1819-1898), escritor alemão

Haute couture tem de ser divertida, tola e quase impossível de se vestir.
CHRISTIAN LACROIX (1951-), estilista francês, em frase a ele atribuída

Certas roupas femininas nunca saem de moda. Apenas ficam mais ridículas com o passar do tempo. **FRED ALLEN** (1894-1956), comediante americano

Modelos

A ciência mais exata é a matemática, que vive na clausura das suas próprias regras e leis. **FERNANDO PESSOA** (1888-1935), poeta português

A economia é uma ciência que combina a formulação de modelos com a arte de escolher entre modelos que sejam relevantes para o mundo contemporâneo.
JOHN MAYNARD KEYNES (1883-1946), economista britânico, em carta a Roy Harrod (1938)

O preço a pagar pela precisão é a incapacidade de lidar com questões do mundo real. **DOUGLAS NORTH** (1920-), economista americano, ganhador do Prêmio Nobel

Os modelos são para serem usados, não para serem adorados.
HENRI THEIL (1924-2000), econometrista holandês

Os modelos são para serem usados, não para serem obedecidos.
ANTONIO DELFIM NETTO (1928-), economista e ex-ministro da Fazenda

Um modelo é uma mentira que ajuda a ver a verdade.
HOWARD SKIPPER (1915-2006), cientista especializado na pesquisa do câncer

“ Modernidade

Não há nada mais moderno que envelhecer.
ARNALDO ANTUNES (1960-), compositor

E como ficou chato ser moderno, agora serei eterno.
CARLOS DRUMMOND DE ANDRADE (1902-1987), poeta

Não importa ao tempo o minuto que passa, mas o minuto que vem.
MACHADO DE ASSIS (1839-1908), escritor

No século XX, o poder é triste.
ALBERT CAMUS (1913-1960), escritor franco-argelino

Ultimamente, passaram-se muitos anos.
OTTO LARA RESENDE (1922-1992), jornalista e escritor

Vivemos tempos de segunda ordem. **JOSEPH BRODSKI** (1940-1996), poeta russo

Tudo na vida é passageiro, menos o cobrador e o motorneiro.
FRASE IMPRESSA nos anúncios de bondes cariocas

“ Mudança

Mudança é uma das palavras mais sedutoras na política. Ela evoca os planaltos ensolarados do futuro e promete absolvição pelos pecados passados.
PHILIP STEPHENS (1966-), colunista do *Financial Times*

Nada é permanente, exceto a mudança.
FRASE ANÔNIMA pichada em muro do Rio de Janeiro

Se queremos que tudo fique como está, é preciso que algo mude.
GIUSEPPE TOMASI DI LAMPEDUSA (1896-1957), escritor italiano, fala do aristocrata Fabrizio Corbera, em *O leopardo*

Nada é durável, a não ser que seja incessantemente renovado.
CHARLES DE GAULLE (1890-1970), ex-presidente da França

“ Multidão

As multidões são assim: ondas batidas por dois ventos, o entusiasmo e a inveja.
JOSÉ DE ALENCAR (1829-1877), escritor

Não há, entre todos eles, um só homem capaz de um ato de virtude.
JOSEPH ERNEST RENAN (1823-1892), escritor francês, ao ver passar um regimento

Nenhum floco de neve se sente responsável por uma avalanche.
STANISLAW J. LEC (1909-1966), poeta polonês

O medíocre nos cerca aos milhares, prospera e se reproduz em silêncio e nas trevas. **JOSÉ INGENIEROS** (1877-1925), escritor argentino

Ser solitário para ser sincero e puro na alma. O homem – ente coletivo – é um ser corrupto. **PANTALEÃO**, heterônimo de Fernando Pessoa (1888-1935), poeta português

Um tumulto é, na base, a linguagem dos que não são ouvidos.
MARTIN LUTHER KING (1929-1968), pastor e ativista americano

“ Música

Música moderna é gente que não sabe pensar contratando artistas que não sabem compor para fazer discos para gente que não sabe ouvir.
FRANK ZAPPA (1940-1993), roqueiro americano

No Brasil, até os canarinhos desafinam. **JOÃO GILBERTO** (1931-), cantor

O inferno está cheio de músicos amadores.
GEORGE BERNARD SHAW (1856-1950), dramaturgo irlandês

N

“ Nacionalismo

O nacionalismo é uma doença infantil. É o sarampo da humanidade.
PAULO FRANCIS (1930-1997), jornalista

Ah! O.k., it's not a question of price. It's a question of pride. (Ah! O.k., não é uma questão de preço. É uma questão de orgulho.) **ADVOGADO** contratado por investidor estrangeiro, dirigindo-se a interlocutor ligado ao governo brasileiro com quem debatia os termos de aquisição de empresa, e que, a cada rodada de negociação, via-se erguer novo obstáculo para que a empresa não fosse adquirida por estrangeiros

A essência de uma nação é o fato de os indivíduos terem muito em comum, e também o fato de terem esquecido muitas coisas.
JOSEPH ERNEST RENAN (1823-1892), escritor francês

Não aceito palestras sobre economia brasileira no exterior. Só sei falar mal do meu país em português. **MARIO HENRIQUE SIMONSEN** (1935-1997), ex-ministro da Fazenda, em frase a ele atribuída

Quando estou no estrangeiro, tenho como regra jamais criticar o governo do meu próprio país. Quando volto, tento recuperar o tempo perdido.
WINSTON CHURCHILL (1874-1965), ex-primeiro-ministro britânico, nos tempos de oposicionista

Partidário de um nacionalismo místico, de onde seja abolida toda infiltração católico-romana, criando-se, se possível for, um sebastianismo novo, que a substitua espiritualmente, se é que no catolicismo português houve alguma vez espiritualidade. Nacionalista que se guia por este lema: “Tudo pela Humanidade, nada contra a Nação.” **FERNANDO PESSOA** (1888-1935), poeta português, ao preencher formulário, no quesito “Posição patriótica”

Se o francês deixar de ser o principal idioma de trabalho na Europa, a própria Europa deixará de ser genuinamente europeia.
GEORGES POMPIDOU (1911-1974), ex-primeiro-ministro da França, no início dos anos 1970

Um homem só deve falar, com impecável segurança e pureza, a língua da sua terra: todas as outras as deve falar mal, orgulhosamente mal, com aquele acento chato e falso que denuncia logo o estrangeiro.
EÇA DE QUEIRÓS (1845-1900), escritor português

“ Natureza

A política depende dos políticos mais ou menos como o tempo depende dos astrônomos. **RÉMY DE GOURMONT** (1858-1915), dramaturgo francês

Os animais são as letras soltas do alfabeto; o homem é a sintaxe.
MACHADO DE ASSIS (1839-1908), escritor

“ Naufrágio

A revolução era o *Titanic* da utopia. **EDUARDO MARIANI** (1939-), escritor uruguaio, sobre os movimentos revolucionários dos anos 1960 e 1970

Qualquer confronto entre nós, neste momento, seria como disputar a capitania do *Titanic*. **HENRY KISSINGER** (1923-), ex-secretário de Estado americano, a outro secretário com quem acumulava um longo histórico de disputas, nos últimos dias do governo Nixon

“ Negócios

Pessoas do mesmo ramo raramente se reúnem para se divertir. Quando o fazem, sob o manto do lazer, a conversa termina numa conspiração contra o público. Geralmente, num conluio para aumentar o preço do consumidor ou abaixar o preço do fornecedor.
ADAM SMITH (1723-1790), economista escocês, em *A riqueza das nações*

Eu não acredito que você possa fazer as coisas hoje com os métodos de ontem e continuar no mercado amanhã.
NELSON JACKSON (1872-1955), médico e empresário americano

Antigamente, quando grandes fortunas só eram feitas na guerra, guerra era negócio; mas hoje, quando grandes fortunas só são feitas por negócios, os negócios são guerra. **CHRISTIAN NESTELL BOVEE** (1820-1904), frasista americano

Ser bom nos negócios é o mais fascinante tipo de arte. Ganhar dinheiro é arte, trabalhar é arte e fazer bons negócios é a melhor arte.
ANDY WARHOL (1928-1987), artista americano

Fazer dinheiro a partir do dinheiro deveria ser substituído por fazer dinheiro a partir do fazer. **JAMES DYSON** (1947-), empresário e inventor inglês

“ Neoliberalismo

O melhor governo é aquele em que há o menor número de homens inúteis.
VOLTAIRE (1694-1778), filósofo francês

O pensamento neoliberal destrói corações e mentes, invertendo a escala de valores, enfatizando a competitividade acima da solidariedade e tentando minar as possibilidades de uma economia solidária, realçando, como bem supremo, a apropriação privada do lucro, e não o bem comum.
FREI BETTO (1944-), nome religioso de Carlos Alberto Libânio Christo, teólogo e escritor, no prefácio a *Socialismo: uma utopia cristã*, de Luiz Francisco de Souza

O essencial na reforma do Estado é como capacitá-lo a fazer o que ele deveria fazer e, ao mesmo tempo, evitar que ele faça o que não deveria.
ADAM PRZEWORSKI (1940-), cientista político polonês, estudioso do tema da reforma do Estado

Trata-se de discutir que o neoliberalismo não é apenas um programa de ações governamentais visando à implementação de certa racionalidade econômica, mas um modelo de gestão social que produz e administra a economia psíquica dos sujeitos. Fenômenos clínicos importantes como a obsolescência das neuroses, a transformação da depressão em modo hegemônico de sofrimento psíquico, a ascensão de patologias narcísicas, a fragmentação dos quadros clínicos psiquiátricos são incompreensíveis sem a remissão à produção de uma subjetividade neoliberal e seus afetos nos campos do trabalho, desejo e linguagem. Fazer a articulação entre economia e vida psíquica é nosso objetivo.
CHRISTIAN INGO LENZ DUNKER, VLADIMIR SAFATLE, NELSON DA SILVA JUNIOR, ementa do curso “O neoliberalismo como gestão do sofrimento psíquico”, Espaço Cult, São Paulo (2015)

Você é o motivo de quase tudo que lhe acontece.
NIKI LAUDA (1949-), ex-piloto de Fórmula 1

O investimento público é importante, mas é só um fermentozinho da massa. Só cresce se tiver investimento privado, pequeno e grande.
JOAQUIM LEVY (1961-), economista e ministro da Fazenda

“ Non sequitur

Os argentinos pensam que o leite vem da geladeira. **PRODUTOR RURAL** argentino

A burrice nacional não associa o efeito com as causas.
ROBERTO CAMPOS (1917-2001), economista e ex-ministro do Planejamento

Respeito a ingenuidade. Não sei, no entanto, de onde imaginavam que o dinheiro viria – se do céu, num carro puxado por renas e conduzido por um senhor vestido de vermelho. **DELÚBIO SOARES** (1955-), ex-tesoureiro do PT, em depoimento ao Congresso, em 2005, sobre doações de campanha

Quem quer dizer “sim” ao desenvolvimento com justiça social tem de dizer “não” ao arrocho fiscal. **MANIFESTO DE INTELECTUAIS** de esquerda contra a política econômica do ministro Joaquim Levy, em maio de 2015

“ Notícia

As pessoas não param de confundir com notícias o que leem nos jornais.
ABBOTT JOSEPH LIEBLING (1904-1963), jornalista americano

Um jornal vive da ficção de que todo dia acontece algo diferente.
JORGE LUIS BORGES (1899-1986), escritor argentino

“ Novos-ricos

O novo-rico me incomoda muito, mas o novíssimo-riquíssimo me incomoda muitíssimo mais ainda. **ZÓZIMO BARROZO DO AMARAL** (1941-1997), jornalista

Quanto mais dinheiro um americano acumula, menos interessante ele se torna.
GORE VIDAL (1925-2012), romancista americano

“ Nulidade

Não é só que não esteja certo; não está nem sequer errado.
WOLFGANG PAULI (1900-1958), físico austríaco, comentando artigo confuso escrito por um estudante, desprovido de conteúdo para ser ao menos avaliado

Ser um zero não é, necessariamente, uma desvantagem na França.
NICOLAS SARCOZY (1955-), ex-presidente da França, sobre a força política de alguns adversários com propostas simplórias para o país

Um indivíduo é uma multidão de 1 milhão dividida por 1 milhão.
ARTHUR KOESTLER (1905-1943), escritor húngaro

“ Números

A aritmética existe para atrapalhar a ideologia.
FRANCISCO MARCELO ROCHA FERREIRA (1951-), economista

Gosto de algarismos porque não são de meias medidas nem de metáforas. Eles dizem as coisas pelo seu nome, às vezes um nome feio, mas, não havendo outro, não o escolhem. São sinceros, francos, ingênuos. As letras fizeram-se para frases; o algarismo não tem frases nem retórica. **MACHADO DE ASSIS** (1839-1908), escritor

Se depender do Figueiredo, a matemática continuará virgem.
MARIO HENRIQUE SIMONSEN (1935-1997), ex-ministro da Fazenda, após entrevista com o general João Batista de Figueiredo, acerca da frase de que este seria “amante da matemática”

Como uma amostra de 2.884 pessoas pode espelhar um universo de 140 milhões de pessoas, como faz o Datafolha? **EMIR SADER** (1943-), sociólogo

As pesquisas que temos feito com os indecisos indicam que nós temos a maioria dos indecisos. **PAULO MALUF** (1931-), político e ex-governador de São Paulo, em 1986

A matemática, ... para a maioria dos engenheiros, é assim como o latim para grande número de padres: eles só sabem pronunciá-lo.
LIMA BARRETO (1881-1922), jornalista e escritor

Há um ditado que diz: os números não mentem. Mas os mentirosos fabricam números. **ITAMAR FRANCO** (1930-2011), ex-presidente da República

O

“ Ódio

A lei do ódio entre os argentinos tem sido a mais perturbadora constante de nossa sociedade em cem anos. **J.V. GONZÁLEZ** (1863-1923), historiador argentino

Amor, amizade e respeito não unem as pessoas da mesma forma que o ódio comum a alguma coisa. **ANTON TCHEKHOV** (1860-1904), escritor russo

Não odeie seu inimigo, porque de certa forma você virará seu escravo.
JORGE LUIS BORGES (1899-1986), escritor argentino

O ódio é uma doença incontrolável. **LEONARDO PADURA** (1955-), escritor cubano

Pelas monstruosidades que fez, ameaças por telefone são suspiros de amor.
EMIR SADER (1943-), sociólogo, comentário a propósito da aposentadoria de Joaquim Barbosa, em 2014, em razão de ameaças, pressões e problemas de saúde

Quem se entrega a um ódio habitual torna-se escravo de sua animosidade.
GEORGE WASHINGTON (1732-1799), ex-presidente dos Estados Unidos

“ Omissão

Ainda que não te ocupes de política, ela se ocupará de ti.
YVES MONTAND (1921-1991), ator e cantor ítalo-francês

Não falar muito, não achar que está muito forte, não se meter na área dos outros.
TANCREDO NEVES (1910-1985), político, máxima para quem procura sucesso na administração pública

Não somos responsáveis apenas pelo que fazemos, mas também pelo que deixamos de fazer. **MOLIÈRE** (1622-1673), dramaturgo francês

O que põe em perigo a sociedade não é a grande corrupção de alguns, mas o relaxamento de todos. **ALEXIS DE TOCQUEVILLE** (1805-1859), pensador francês

O lugar mais quente do inferno está reservado para aqueles que permanecem neutros por ocasião de grandes conflitos morais.
MARTIN LUTHER KING (1929-1968), pastor e ativista americano

Se os homens honestos ficarem em suas casas, é natural que os bandidos ocupem a casa de governo. **DOMINGO FAUSTINO SARMIENTO** (1811-1888), ex-presidente da Argentina

“ Opinião pública

Um bom jornal é uma nação dialogando com ela mesma.
ARTHUR MILLER (1915-2005), dramaturgo americano

Um jornal representa sempre uma associação, cujos membros são seus leitores habituais. **ALEXIS DE TOCQUEVILLE** (1805-1859), pensador francês

Um jornal não deve ter nenhum amigo.
JOSEPH PULITZER (1847-1911), jornalista húngaro-americano

Não há opinião pública; há opinião publicada.
WINSTON CHURCHILL (1874-1965), ex-primeiro-ministro britânico

Uma pesquisa de opinião não substitui o pensamento.
WARREN BUFFETT (1930-), investidor americano

“ Oportunidade

Eu aprendi uma coisa em política: você não toma uma decisão até que seja necessário. **MARGARET THATCHER** (1925-2013), ex-primeira-ministra britânica

Houve um momento da minha vida em que compreendi que todos os trens haviam partido.
MILAN KUNDERA (1929-), escritor tcheco, fala do personagem Jean-Marc, ao refletir sobre a situação daqueles que não encontraram seu destino na vida, em *A identidade*

O Brasil é um país que não perde a oportunidade de perder oportunidades.
ROBERTO CAMPOS (1917-2001), economista e ex-ministro do Planejamento

Quando há sangue nas ruas, está na hora de comprar imóveis.
BARÃO DE ROTHSCHILD (1777-1836), banqueiro alemão

“ Oposição

Criticar o governo é tão gostoso que não deveria ser monopólio da oposição.
MILTON CAMPOS (1900-1972), político

No jogo mesquinho da política brasileira, muitas vezes interessa mais impor derrotas ao adversário que construir coisas conjuntas.
JOSÉ EDUARDO CARDOZO (1959-), deputado petista, em 2006

O Itamar, como político inteligente, sabe que a democracia só funciona se houver oposição. Sentindo o vazio, resolveu ele próprio fazer oposição a seu governo.
RONAN TITO (1931-), político

“ Opressão

A prepotência é a máscara da impotência. **MARCOS AGUINIS** (1935-), escritor argentino

Vocês são poderosos enquanto não tiverem tirado tudo das pessoas. Porque aquele a quem tiraram tudo já não estará sob o poder de vocês. Será novamente livre. **ALEXANDER SOLJENITSIN** (1918-2008), escritor soviético, fala de Bobynin, prisioneiro de campo de concentração soviético, ao ministro Abakumov, após ser ameaçado por ele, em *O primeiro círculo*

“ Orçamento

O dinheiro acabou. **JOAQUIM LEVY** (1961-), economista e ministro da Fazenda, em maio de 2015, após contingenciar o orçamento da União

Sem o dinheiro o governo não tem força. Nada pode.
JOSÉ DE ALENCAR (1829-1877), escritor

O orçamento é uma conta que se faz para saber como aplicar o dinheiro que já se gastou.
BARÃO DE ITARARÉ, pseudônimo de Apparício Torelly (1895-1971), humorista

O orçamento nacional deve ser equilibrado. As dívidas públicas devem ser reduzidas, a arrogância das autoridades deve ser moderada e controlada. Os pagamentos a governos devem ser reduzidos, se a nação não quiser ir à falência. As pessoas devem novamente aprender a trabalhar, em vez de viver por conta pública. **CÍCERO** (107 a.C.-44 a.C.), filósofo romano

“ Ordem

A gramática é mais perfeita que a vida. A ortografia é mais importante que a política. A pontuação dispensa a humanidade.
FERNANDO PESSOA (1888-1935), poeta português

Na língua verdadeiramente reside a nacionalidade.
EÇA DE QUEIRÓS (1845-1900), escritor português

Cada língua é uma música, um instrumento. Ao mesmo tempo, cada língua é uma forma de pensar. **JORGE LUIS BORGES** (1899-1986), escritor argentino

Quando uma sociedade se corrompe, a primeira coisa que se decompõe é a linguagem. **OCTAVIO PAZ** (1914-1998), escritor mexicano, em *O labirinto da solidão*

Pode-se registrar o fato, facilmente comprovável, de que nunca se escreveu e falou tão mal o idioma de Rui Barbosa.
ARNALDO NISKIER (1935-), jornalista e escritor

“ Organização

Numa hierarquia, todo empregado tende a alcançar seu nível de incompetência. Com o tempo, todos os cargos tendem a ser ocupados por pessoas incompetentes para realizar suas tarefas. O trabalho real é feito por aqueles empregados que ainda não atingiram seu nível de incompetência.
LAURENCE J. PETER (1919-1990), educador canadense

O casamento é uma fórmula administrativa.
EÇA DE QUEIRÓS (1845-1900), escritor português

“ Ortodoxia

O único meio de formar capital é o de não consumir tudo quanto se produz e destinar uma parte do produto do trabalho de hoje à construção de um melhor aparelhamento para amanhã. Até hoje não se encontrou, em país algum do mundo, outro meio de formar capital.
EUGÊNIO GUDIN (1886-1986), ex-ministro da Fazenda

Tenho me declarado sempre o inimigo de todas as ortodoxias. A do marxismo parece-me hoje não menos perigosa que outra qualquer: perigosa, pelo menos, à obra de arte.
ANDRÉ GIDE (1869-1951), escritor francês

A ortodoxia, meu senhor, é a minha doxia, heterodoxia é a doxia de outra pessoa.
WILLIAM WARBURTON (1698-1779), escritor inglês

Otimismo

Há coisas que parecem absolutamente impossíveis e acabam virando realidade. Nunca concordei com a assertiva de que a política é a arte do possível apenas. A experiência demonstra que a política também é a arte de tentar fazer possível no futuro o que parece impossível hoje.
PEDRO MALAN (1943-), ex-ministro da Fazenda

A política é a arte do necessário. Se nos restringirmos ao possível, nada muda.
FERNANDO HENRIQUE CARDOSO (1931-), ex-presidente da República

O sucesso é a habilidade de ir de derrota em derrota sem perder o entusiasmo.
WINSTON CHURCHILL (1874-1965), ex-primeiro-ministro britânico

P

“ Padrão

Nunca tente impressionar muito uma mulher porque, se você fizer isso, ela esperará que você mantenha aquele alto padrão pelo resto da vida.
WILLIAM CLAUDE FIELDS (1880-1946), comediante americano

Não somos ricos pelo que temos, e sim pelo que não precisamos ter.
IMMANUEL KANT (1724-1804), filósofo prussiano

A diferença entre homens e meninos é o preço dos brinquedos.
MALCOLM FORBES (1909-1990), empresário americano

“ Paixão

O emocionalismo está sempre disposto a contribuir para a insensatez.
BARBARA TUCHMAN (1912-1989), escritora americana

O teor da paixão é sempre o mesmo no homem como no bruto.
JOSÉ DE ALENCAR (1829-1877), escritor

“ Paradigma

Ninguém tem mais autoridade moral e ética que eu para transformar a luta contra a corrupção não em bandeira, mas em uma prática cotidiana.
LUIZ INÁCIO LULA DA SILVA (1945-), ex-presidente da República, em 2005, no início das investigações sobre o Mensalão

O que o Brasil precisa agora é de homens honestos.
ANÍSIO ABRAÃO DAVID (1938-), empresário e dirigente de escola de samba

Quando a gente não pode imitar os grandes homens, imita ao menos as grandes ficções.
MACHADO DE ASSIS (1839-1908), escritor

Papá, si en el siglo XIX eran todos héroes, qué carajo pasa hoy?
JULIO CORTÁZAR (1914-1984), escritor argentino, fala de personagem perguntando ao pai os motivos do contraste entre as qualidades dos heróis do séc.XIX e os dirigentes da Argentina contemporânea

Paradoxo

Muchos hombres que a sí mismos/ no se saben gobernar/ por sarcasmo de los votos/ gobiernan a los demás. (Muitos homens que a si mesmos/ não sabem governar/ por ironia dos votos/ governam os demais.) **TROVA POPULAR** espanhola

Na paz, os filhos enterram os pais; na guerra, os pais enterram os filhos.
HERÓDOTO (485 a.C.-420 a.C.), historiador grego

Para estar em paz consigo mesmo, é preciso dizer a verdade. Para estar em paz com os demais, é preciso mentir. **ADOLFO BIOY CASARES** (1914-1994), escritor argentino

Paraíso

Sempre imaginei o paraíso como uma espécie de biblioteca.
JORGE LUIS BORGES (1899-1986), escritor argentino

Os cães são o nosso elo com o paraíso. Eles não conhecem a maldade, a inveja ou o descontentamento. Sentar-se com um cão ao pé de uma colina numa linda tarde é voltar ao Éden, onde ficar sem fazer nada não era tédio, era paz.
MILAN KUNDERA (1929-), escritor tcheco

Paralisia

No mundo político, o jogo da harmonização de interesses parece muitas vezes terminar num grande empate. Na floresta de conflitos, decidir não puxar o cobertor nem para um lado nem para outro soa como um passo importante. Na política, a vitória com frequência é ficar parado.
GUILHERME FIUZA (1965-), jornalista

O pior risco é não correr nenhum risco.
NICOLAS SARCOZY (1955-), ex-presidente da França

“ Paranoia

Eu quase que nada sei. Mas desconfio de muita coisa.
JOÃO GUIMARÃES ROSA (1908-1967), escritor

O problema em se preocupar muito sobre a segurança no futuro é que você se sente inseguro no presente. **HARLAN MILLER** (1897-1968), financista americano

Preocupação é o juro pago ao problema antes de ele vencer.
WILLIAM RALPH INGE (1860-1954), escritor inglês

Quando se começa a duvidar de uma pessoa, já não há a menor dúvida.
MILLÔR FERNANDES (1923-2012), humorista

Talleyrand morreu. Qual será o proveito que ele pretende tirar disso?
KLEMENS VON METTERNICH (1773-1859), príncipe austríaco

Nenhum fato é inútil na história, como nenhuma folha é inútil na vegetação.
EÇA DE QUEIRÓS (1845-1900), escritor português

“ Paris

Eu gostaria que Paris se entregasse a mim sempre como a cidade do primeiro dia.
JULIO CORTÁZAR (1914-1984), escritor argentino, em carta a um amigo nos anos 1950

Paris é um monumento ao espírito humano.
ROBERTO DAMATTA (1936-), antropólogo

Há mais civilização num beco de Paris que em toda a vasta Nova York.
EÇA DE QUEIRÓS (1845-1900), escritor português

“ Partido

Basta ser partido para não ser inteiro.
MACHADO DE ASSIS (1839-1908), escritor

Há homens que são de todos os partidos, contanto que lucrem alguma coisa em cada um deles. **MARIANO JOSÉ PEREIRA DA FONSECA** (1773-1848), marquês de Maricá, escritor, filósofo e político

Um partido político é apenas um eufemismo elegante para poupar o homem do vexame de pensar. **RALPH WALDO EMERSON** (1803-1882), filósofo americano

Não acredite em defunto nem em partido político.
HÉLIO GARCIA (1931-), político

O Partido é tudo. Nele se sintetizam os sonhos de todos os revolucionários ao longo de nossa história; nele se concretizam as ideias, os princípios e a força da Revolução; nele desaparece nosso individualismo e aprendemos a pensar na coletividade; ele é nosso educador, nosso professor, nosso guia e nossa consciência vigilante, quando nós não somos capazes de enxergar nossos erros, nossos defeitos e nossas limitações. Nele nos integramos todos e entre todos fazemos de cada um de nós um soldado espartano da mais justa das causas e de todos juntos um gigante invencível. Nele estão garantidos os ideais, as experiências, o legado dos mártires, a continuidade da obra, os interesses do povo, o futuro da pátria e os laços indissolúveis com os proletários construtores de um novo mundo em todos os cantos da Terra.
FIDEL CASTRO (1926-), ex-presidente de Cuba

Quem tem o poder do Estado em suas mãos
não tem o direito de usá-lo em seu próprio benefício.
CELSO DE MELLO (1945-), ministro do Supremo Tribunal Federal,
no julgamento do Mensalão (2012)

É preferível errar com o partido que estar certo fora dele.
SANTIAGO CARRILLO (1915-2012), secretário-geral do Partido Comunista Espanhol, em 1964

Fora do partido, não há como existir. A pessoa vira um não ser.
JORGE SEMPRÚN (1923-2011), escritor espanhol

Danem-se os princípios. Fique com o partido. **BENJAMIN DISRAELI** (1804-1881), ex-primeiro-ministro britânico, sobre os dilemas comuns à política, em frase a ele atribuída

“ Patrimonialismo

Porque todo mundo quer viver à custa do governo, o governo acaba vivendo à custa de todo mundo. **MAX WEBER** (1864-1920), sociólogo alemão

Todos querem comer na mesa do governo, mas ninguém quer lavar os pratos.
WERNER FINCK (1902-1978), comediante alemão

A simples instituição do privilégio é a maior de todas as anomalias.
JOSÉ DE ALENCAR (1829-1877), escritor

Não existe despesa órfã: toda despesa tem pai e mãe.
EVERARDO MACIEL (1947-), ex-secretário da Receita Federal

Roubar uma assinatura oficial para legalizar uma ação particular não difere inteiramente de roubar a bolsa alheia para saciar um vício próprio.
EÇA DE QUEIRÓS (1845-1900), escritor português

O patrimonialismo é a pior privatização da coisa pública. É um mecanismo excludente. A antítese desse sistema é a impessoalidade, o que permite à iniciativa privada se desenvolver sem depender do Estado.
JOAQUIM LEVY (1961-), economista e ministro da Fazenda, em 2015, no discurso de posse

A República tem dois grandes inimigos, o patrimonialismo e a corrupção.
HELOISA M. STARLING (1955-), historiadora

“ Patrimônio

Na minha declaração de bens, eu citaria que conto com a amizade de Rubem Braga. **ANTÔNIO MARIA** (1921-1964), cronista

A posse da amizade é de longe a maior de todas as coisas que a sabedoria prepara para a felicidade de uma vida. **EPICURO** (341 a.C.-270 a.C.), filósofo grego

Foi comprado no *free shop* de São Petersburgo, mas é muito valioso.
EIKE BATISTA (1956-), empresário, em relação à réplica de ovo Fabergé, joia rara e cara da época dos czares russos, apreendida pela Polícia Federal em sua mansão; noticiou-se que a peça valeria alguns milhões de dólares, mas, de acordo com a perícia, o suvenir vale apenas 69 dólares

“ Patriotismo

O patriotismo é o último refúgio do canalha.
LORD ACTON (1834-1902), historiador britânico

Ainda não era um patriota, mas já era bastante idiota.
JOHN DRYDEN (1631-1700), dramaturgo inglês

Não há forma mais vil de amar a pátria que odiando a pátria de outros homens.
JOSÉ INGENIEROS (1877-1925), escritor argentino, em *O homem medíocre*

Não haverá um mundo de paz enquanto não se extirpar o patriotismo da raça humana. **GEORGE BERNARD SHAW** (1856-1950), dramaturgo irlandês

O patriotismo é a paixão menos perspicaz de todas as paixões.
JORGE LUIS BORGES (1899-1986), escritor argentino

Quando se ouve um homem falar de seu amor por seu país, podem saber que ele espera ser pago por isso. **HENRY LOUIS MENCKEN** (1880-1956), jornalista americano

Patriotismo é a disposição de matar e ser morto por razões triviais.
BERTRAND RUSSELL (1872-1970), filósofo britânico

Patriotismo é a sua convicção de que seu país é superior aos outros porque você nasceu nele. **GEORGE BERNARD SHAW** (1856-1950), dramaturgo irlandês

O patriotismo das emoções e das multidões é certamente mais fácil que o patriotismo dos deveres serenamente cumpridos. Até porque o primeiro dura o espaço de um acontecimento, e o segundo, a vida toda.
MIGUEL SOUSA TAVARES (1952-), escritor português, a propósito da euforia em torno da seleção portuguesa de futebol no Euro 2004

O propósito da guerra não é morrer pelo seu país, mas fazer o outro bastardo morrer pelo dele. **GEORGE S. PATTON** (1885-1945), militar americano

“ Pecado

Riqueza sem trabalho, prazeres sem escrúpulos, conhecimento sem sabedoria, comércio sem moral, política sem idealismo, religião sem sacrifício e ciência sem humanismo. **MAHATMA GANDHI** (1869-1948), líder pacifista indiano, mencionando os sete pecados responsáveis pela decadência social

O neoliberalismo é pura idolatria pela perversa inversão de valores. O capitalismo tem como base a idolatria do bezerro de ouro, pois vive do culto da avareza, que é a raiz de todos os males.
LUIZ FRANCISCO DE SOUZA (1962-), procurador, em *Socialismo: uma utopia cristã*

O primeiro pecado da humanidade foi a fé; a primeira virtude foi a dúvida.
CARL SAGAN (1934-1996), astrônomo americano

Toda riqueza provém do pecado. Ninguém pode ganhar sem que alguém perca. Se o pecado não foi cometido pelo atual proprietário da riqueza, então a riqueza é produto do pecado cometido pelos seus antepassados.
SÃO JERÔNIMO (347-420), santo croata

Ao se pelar para a *Playboy*, a Débora nos causou um dano político irreparável.
JOÃO PEDRO STÉDILE (1953-), líder do Movimento dos Sem Terra

Diante do escândalo e da brutalidade, não somente não peca o que se irar, mas pecará não se irando. **RUI BARBOSA** (1849-1923), jurista

Acho que fiz uma coisa pelo pior de todos os motivos – apenas porque eu podia.
BILL CLINTON (1946-), ex-presidente dos Estados Unidos, sobre seu relacionamento com Monica Lewinsky

Fiz uma coisa ruim. Poderia procurar uma desculpa nos livros de psicologia. ... A verdade é que eu tinha consciência de que estava fazendo uma besteira.
HUGH GRANT (1960-), ator inglês, após ser flagrado fazendo sexo oral com uma prostituta dentro do carro, em Hollywood, em 1995

O governo é feito de homens e mulheres que vivem, que sentem e que sofrem como todos os seres humanos. **FERNANDO COLLOR DE MELLO** (1949-), ex-presidente da República, em 1990, sobre o namoro de Zélia Cardoso de Melo e Bernardo Cabral

“ Perdão

A graça do perdão não é forçada;/ Desce dos céus como uma chuva fina/ Sobre o solo: abençoada duplamente,/ Abençoa a quem dá e a quem recebe;/ É mais forte que a força: ela guarnece/ O monarca melhor que uma coroa.
WILLIAM SHAKESPEARE (1564-1616), dramaturgo inglês, Pórcia, no julgamento de Antônio, em *O mercador de Veneza*

O perdão pode ser a maneira mais requintada de vingança.
CARLOS DRUMMOND DE ANDRADE (1902-1987), poeta

A arma mais inexorável com que Getúlio Vargas trucida os adversários é o perdão das injúrias. Nenhum homem matou tanta gente no Brasil só com o emprego da misericórdia cristã quanto ele. **ASSIS CHATEAUBRIAND** (1898-1968), jornalista

Devem-se perdoar os inimigos, mas não antes que eles sejam enforcados.
HEINRICH HEINE (1797-1856), poeta alemão

Podemos ter vingança ou paz, mas não podemos ter ambas.
HERBERT HOOVER (1874-1964), ex-presidente dos Estados Unidos, em 1946, acerca do tratamento dado pelos Estados Unidos à Alemanha

“ Perdição

A Inglaterra perdeu um império e não encontrou ainda uma missão.
DEAN ACHESON (1893-1971), ex-secretário de Estado americano

Eu sou aquilo que perdi. **FERNANDO PESSOA** (1888-1935), poeta português, sobre a saudade

Não existe vento a favor para quem não sabe aonde ir.
SÊNECA (4 a.C.-65), pensador romano

Viver é se sentir perdido. Quem não se sente perdido se perde inexoravelmente.
JOSÉ ORTEGA Y GASSET (1883-1955), pensador espanhol

“ Perfumaria

A modéstia é o aroma do talento, como o talento é o esplendor da graça.
MACHADO DE ASSIS (1839-1908), escritor

Movimentos como o da Ética na Política são tão eficazes quanto o seria, por exemplo, um movimento pela Estética na Política, que se propusesse a excluir os feios da vida pública.
CARLOS CASTELLO BRANCO (1920-1993), jornalista

Na França, o povo cheira mal, mas o país cheira bem. No Brasil, o povo cheira bem, mas o país cheira mal. **MARCOS AZAMBUJA** (1935-), diplomata

Prefiro o cheiro de cavalo ao cheiro de povo.
JOÃO BATISTA FIGUEIREDO (1918-1999), ex-presidente da República

“ Peronismo

O peronismo foi o fato maldito da política argentina.
JOHN WILLIAM COOKE (1919-1968), político argentino

Meu caro amigo: dê ao povo tudo o que for possível. Quando lhe parecer que você está dando muito, dê mais. Você verá os resultados. Todos irão lhe apavorar com o espectro de um colapso econômico. Mas tudo isso é uma mentira. Não há nada mais elástico que a economia, que todos temem tanto porque ninguém a entende.
JUAN DOMINGO PERÓN (1895-1974), ex-presidente da Argentina, em carta a Carlos Ibáñez, então presidente do Chile, citada em ensaio sobre os aspectos culturais da inflação por Roberto DaMatta, em *Tocquevilleanas: notícias da América*

Não há peronismo sem traição.
JORGE FERNÁNDEZ DÍAZ (1960-), jornalista argentino

Sou contra o fascismo, o marxismo e o peronismo porque esses movimentos são formas de fanatismo e de estupidez. Podemos entender o fascismo e o comunismo, porque têm um suporte teórico, mas não podemos aceitar o peronismo, porque não é nada. Encher os bolsos é a única preocupação dos peronistas. É um partido de adventícios.
JORGE LUIS BORGES (1899-1986), escritor argentino

O peronismo é como aquele jogo de cartas no qual quando um rouba o outro olha. Agora chegou sua vez de ficar olhando.
MILITANTE argentino a político que tinha sido seu padrinho político

O peronismo não é bom nem ruim; ele é incorrigível.
JORGE LUIS BORGES (1899-1986), escritor argentino

O peronismo perdoa a traição, mas não a derrota.
AXIOMA da política argentina

O peronismo se curva diante do vencedor. O perdedor é história.
MINISTRO PERONISTA de Cristina Kirchner

Os peronistas são como os gatos. Quem olha pensa que estão brigando, mas na verdade estão se reproduzindo.
JUAN DOMINGO PERÓN (1895-1974), ex-presidente da Argentina

Para um peronista, o poder é uma questão que se toca, não um projeto de longo prazo. **JOAQUÍN MORALES SOLÁ** (1950-), jornalista argentino

Para um peronista, só há uma coisa pior que a traição: a planície.
POLÍTICO PERONISTA

“ Persistência

A experiência é aquilo que lhe permite reconhecer um erro quando você o comete de novo. **EARL WILSON** (1907-1987), jornalista americano

Se você está atravessando o inferno, vá em frente.
WINSTON CHURCHILL (1874-1965), ex-primeiro-ministro britânico

O que é a vitória de uma gata sobre um telhado de zinco quente? Quisera saber... Apenas ficar lá, imagino, tanto quanto quisesse.
TENNESSEE WILLIAMS (1911-1983), dramaturgo americano

“ Persuasão

A natureza dos povos é vária, sendo fácil persuadi-los de uma coisa, mas difícil firmá-los nessa persuasão. Convém, assim, estar preparado para que, quando não acreditarem mais, se possa fazê-los crer pela força.
NICOLAU MAQUIAVEL (1469-1527), filósofo e diplomata italiano

Há políticos bem-sucedidos que, enquanto incapazes de prever e extremamente capazes de repetir erros, têm uma infinita capacidade de convencimento. O triste é verificar que o cidadão pode fazer apostas erradas, repeti-las e ainda ter sucesso político. **ROBERTO CAMPOS** (1917-2001), economista e ex-ministro do Planejamento

“ Perversão

De perto ninguém é normal. **CAETANO VELOSO** (1942-), compositor

A castidade é a mais anormal das perversões sexuais.
ALDOUS HUXLEY (1894-1963), escritor inglês

De todas as taras sexuais, não existe nenhuma mais estranha que a abstinência.
MILLÔR FERNANDES (1923-2012), humorista

O amor entre marido e mulher é uma grossa bandalheira.
É abjeto que um homem deseje a mãe de seus próprios filhos.
NELSON RODRIGUES (1912-1980), jornalista e dramaturgo

O kirchnerismo se empolga quando sente cheiro de pólvora.
EDUARDO VAN DER KOOY (1950-), jornalista argentino

Se a todos nós fosse concedido o poder de ler a mente dos outros, suponho que o primeiro efeito seria se desfazerem quase todas as amizades.
BERTRAND RUSSELL (1872-1970), filósofo britânico

Se todos conhecessem a intimidade sexual uns dos outros, ninguém cumprimentaria ninguém. **NELSON RODRIGUES** (1912-1980), jornalista e dramaturgo

O prazer é momentâneo, a posição é ridícula, e o custo é imenso.
LORD CHESTERFIELD (1694-1773), escritor e político inglês,
a propósito de fantasias sexuais, em frase a ele atribuída

Sexo é sujo? Apenas se for feito direito. **WOODY ALLEN** (1935-), cineasta americano

“ Pesos e contrapesos

A experiência dos últimos cinquenta anos comprovou que o processo democrático político, combinado com o processo capitalista, parece mesmo constituir um mecanismo adaptativo relativamente eficiente para administrar as contradições entre igualdade, liberdade e eficiência produtiva. A urna corrige o mercado, e o mercado, por sua vez, limita a urna.
ANTONIO DELFIM NETTO (1928-), economista e ex-ministro da Fazenda, em 2000

Não temos um Executivo forte. Os outros poderes é que são fracos.
MARCO MACIEL (1940-), ex-vice-presidente da República

Quando o chefe de gabinete de um vice-presidente é acusado de perjúrio e obstrução da Justiça, isso mostra ao mundo que esse é um país que leva suas leis a sério. Mostra que todos os cidadãos estão sujeitos à lei.
PATRICK FITZGERALD (1960-), ex-procurador dos Estados Unidos, explicando o indiciamento de Lewis Libby, chefe de gabinete do vice-presidente Dick Cheney, por ter dado falso testemunho à Justiça, *O Globo* (29 out 2005)

“ Pessimismo

O pessimista é uma pessoa que, podendo escolher entre dois males, prefere ambos. **OSCAR WILDE** (1854-1900), dramaturgo irlandês

Pessimista é aquela pessoa que reclama do barulho quando a oportunidade bate à porta. **MICHAEL LEVINE** (1954-), escritor americano

Em outros tempos, eu estava muito inquieto pelo meu país, mas agora estou desesperado. **JORGE LUIS BORGES** (1899-1986), escritor argentino

"Se as coisas continuarem assim, a gente vai acabar pedindo esmola." Graciliano Ramos: "A quem?" **OTTO MARIA CARPEAUX** (1900-1978), crítico literário, concorrendo em pessimismo com seu interlocutor

O otimista acha este o melhor dos mundos. O pessimista tem certeza disso. **ROBERT OPPENHEIMER** (1904-1967), físico americano

O otimista diz que vivemos no melhor dos mundos. O pessimista teme que isso seja verdade. **JAMES BRANCH CABELL** (1879-1958), romancista americano

O pessimismo é, entre nós, uma psicose coletiva. Tendo inventado que Deus é brasileiro, entramos a descansar por conta desse parentesco. **ASSIS CHATEAUBRIAND** (1898-1968), jornalista

" Petrolão

Daqui a vinte anos, o petróleo será a nossa ruína. **JUAN PABLO PÉREZ** (1903-1979), ex-ministro do Petróleo da Venezuela, na década de 1970

Se a seleção brasileira é a pátria de chuteiras, a Petrobras é a pátria com as mãos sujas de óleo. **DILMA ROUSSEFF** (1947-), presidente da República, em entrevista durante viagem ao México, em maio de 2015

Vai ter algum momento na história do Brasil em que vai ter que ter eleição direta para presidente da Petrobras, e ele indicará o presidente da República, tal é sua capacidade de investimento. **LUIZ INÁCIO LULA DA SILVA** (1945-), ex-presidente da República, em discurso de lançamento da Política de Desenvolvimento Produtivo, em 2008

As falcatruas são como as desgraças: nunca andam sós; vêm sempre aos pares, aos ternos, às dúzias, saindo umas das outras. **OLAVO BILAC** (1865-1918), poeta

Essa história de falar que a Petrobras é uma caixa-preta... Ela pode ter sido uma caixa-preta em 1997, em 1998, em 1999, em 2000. A Petrobras de hoje é uma empresa com um nível de contabilidade dos mais apurados do mundo. Porque, caso contrário, os investidores não a procurariam como sendo um dos

grandes objetos de investimento. Investidor não investe em caixa-preta desse tipo. Agora, é espantoso que se refiram dessa forma a uma empresa do porte da Petrobras. Ninguém vai e abre ação na Bolsa de Nova York e é fiscalizado pela Sarbanes-Oxley e aprovado sem ter um nível de controle bastante razoável.
DILMA ROUSSEFF (1947-), presidente da República, em 2009

Olha, ô Jô, quero te dizer o seguinte: eu não tinha... Não eram pessoas da minha confiança. Quando você sobe ao governo, você coloca as pessoas da sua confiança. Bom, a Petrobras não é um barquinho que você vira rapidamente, não é? Então, passou um ano, e eu troquei a diretoria toda e coloquei uma diretoria da minha confiança, foi isso que eu fiz.
DILMA ROUSSEFF, em 2015, quando perguntada se pouco depois de assumir ela "já pressentia que havia algo de podre no reino do petróleo", entrevista a Jô Soares

Foi uma coisa que foi acontecendo dos dois lados. Tanto um oferece quanto outro recebe, vai estreitando o relacionamento e vai surgindo, e, quando a gente vê, está no meio desse processo. É uma coisa contínua, quando a gente vê já está acontecendo.
PEDRO BARUSCO, ex-dirigente da Petrobras, delator do Petrolão, em declaração à Justiça em *O Globo*, jun 2015

A corrupção e a existência de concorrências ilícitas não são novidade. Novidade acontecerá no dia que alguém for para a cadeia.
LUIZ INÁCIO LULA DA SILVA (1945-), ex-presidente da República, em 1989

O que diferencia essa crise das outras é que as outras eram resolvidas com cargos em ministérios e estatais. Essa só se resolve com alvará de soltura.
CÁSSIO CUNHA LIMA (1963-), político

“ Plágio

A própria denominação de plágio é um indício de que os homens compreendem a dificuldade de confundir esse embrião da ladroeira com a ladroeira formal.
MACHADO DE ASSIS (1839-1908), escritor

Nada é agora dito que não tenha sido dito antes.
TERÊNCIO (séc.II a.C.), dramaturgo cartaginês

Poetas imaturos imitam, poetas maduros roubam.
T.S. ELIOT (1888-1965), poeta americano

Quando uma coisa já foi dita e bem dita, não tenha escrúpulos: tome e copie.
ANATOLE FRANCE (1844-1924), escritor francês

Plágio, plágio – tudo em política é plágio, porque, para ser bom representante do povo, a primeira coisa que o indivíduo deve perder é a personalidade, é o caráter próprio. **LIMA BARRETO** (1881-1922), jornalista e escritor

Planejamento

A gente pensa que vai vir o inevitável, e ocorre o inesperado.
FERNANDO HENRIQUE CARDOSO (1931-), ex-presidente da República

Falhar em se preparar é se preparar para falhar.
BENJAMIN FRANKLIN (1706-1790), político e cientista americano

Rumo ao norte, pé na tábua, fé em Deus e improvisação. **GLYCON DE PAIVA**, ex-presidente do BNDES, definindo o "estilo Kubitschek", relatado por Roberto Campos

Vida é o que acontece enquanto você está fazendo outros planos.
JOHN LENNON (1940-1980), músico inglês

Pobreza

A riqueza é um dos fins para viver feliz. Os homens transformaram-na no único fim. **ANATOLE FRANCE** (1844-1924), escritor francês

Eu morreria de nojo e de vergonha em um país onde só se falasse de dinheiro.
MIGUEL DE UNAMUNO (1864-1936), escritor e filósofo espanhol

A falta de dinheiro é a raiz de todos os males. **MARK TWAIN** (1835-1910), escritor americano

Poder

O poder é ter impunidade. **ALFREDO YABRÁN** (1944-1998), empresário argentino

O poder nada mais é que a possibilidade de dar ordens porque outras pessoas acreditam que assim deve ser. **JUAN DOMINGO PERÓN** (1895-1974), ex-presidente da Argentina, em diálogo *post-mortem* imaginado pelo jornalista argentino Oscar Muiño

O poder sem abuso perde o encanto. **PAUL VALÉRY** (1871-1945), escritor francês

Eu amo o poder da mesma forma que um músico ama seu violino.
NAPOLEÃO BONAPARTE (1769-1821), imperador da França

O poder é uma doença incurável. **JUAN MANUEL URTUBEY** (1969-), governador da província de Salta, Argentina, e frequentador da relação de potenciais presidenciáveis

“ Poesia

Minha poesia é uma espécie de psicanálise dos pobres.
CARLOS DRUMMOND DE ANDRADE (1902-1987), poeta

A macumba é a psicanálise dos pobres. **ZUENIR VENTURA** (1931-), jornalista

A poesia é uma loucura lúcida. **MÁRIO QUINTANA** (1906-1994), poeta

Em poesia, a razão é acessório. **MANOEL DE BARROS** (1916-2014), poeta

Tenho certeza de que a poesia é indispensável, mas não me pergunte por quê.
JEAN COCTEAU (1889-1963), romancista francês

Eu queria ter sido Vinicius de Moraes.
CARLOS DRUMMOND DE ANDRADE (1902-1987), poeta

Você apela demasiadamente para a imaginação em suas análises.
Devia ter sido romancista, e não economista.
EUGÊNIO GUDIN (1886-1986), ex-ministro da Fazenda, a Celso Furtado

“ Política

A política é uma guerra sem efusão de sangue, e a guerra é uma política sangrenta. **MAO TSÉ-TUNG** (1893-1976), fundador da China comunista

A política é em nosso país o mesmo que tem sido em toda parte, uma cortesã.
JOSÉ DE ALENCAR (1829-1877), escritor

A política, no começo, era a arte de impedir que as pessoas se envolvessem com aquilo que lhes importava, e depois se converteu na arte de comprometer as pessoas em decisões acerca do que não entendem. **PAUL VALÉRY** (1871-1945), escritor francês

Aqueles que quiserem tratar separadamente a política e a moral jamais entenderão nada de nenhuma das duas. **JEAN-JACQUES ROUSSEAU** (1712-1778), filósofo suíço, em *Emílio*

Em política, é muito difícil falar sobre hipóteses, embora não se possa excluir hipótese alguma. **MARCO MACIEL** (1940-), ex-vice-presidente da República

“ Política de transportes

Vamos dar prioridade a segregar a via de transporte. Segregar via de transportes significa o seguinte: ou você faz metrô, porque o metrô... Porque o metrô... Segregar é o seguinte, não pode ninguém cruzar rua, ninguém pode cruzar a rua, não pode ter sinal de trânsito, é essa a ideia do metrô. Ele vai por baixo ou ele vai pela superfície, que é o VLT, que é um Veículo Leve sobre Trilho. Ele vai por cima, ele para de estação em estação, não tem travessia e não tem sinal de trânsito, essa é a ideia do sistema de trilho. **DILMA ROUSSEFF** (1947-), presidente da República

Não há caos aéreo. Os problemas ocorrem pelo aumento do fluxo. É a prosperidade do país: mais gente viajando, mais aviões e mais rotas. **GUIDO MANTEGA** (1949-), economista e ex-ministro da Fazenda

“ Política energética

Como era de esperar, essas previsões de que o corte na tarifa da conta de luz seria menor do que anunciei fracassaram. Aqueles que são do contra estão ficando para trás. **DILMA ROUSSEFF** (1947-), presidente da República

“ Política externa

A aliança do Brasil com os Estados Unidos é um desses sucessos que os estadistas perspicazes deveriam provocar e que o povo receberia com verdadeiro entusiasmo. Mas as nossas toupeiras políticas recebem com tanto fastio as atenções solícitas da República americana, que não há nada a esperar neste sentido. **MACHADO DE ASSIS** (1839-1908), escritor

O Brasil é um anão diplomático. Ele deveria decidir se é parte do Terceiro Mundo, do Movimento dos Não Alinhados, se é parte dos países “soberanistas” ou se quer ser um país que assume responsabilidades importantes. Mas o que vemos é o país se abster para não estar ao lado dos ricos. Quando se abstém o tempo todo, é porque não se tem posição. **JORGE CASTAÑEDA** (1953-), ex-chanceler do México

O Brasil não quer ter de adotar posição em assunto nenhum; não quer responsabilidade. Nem na Síria, nem na Crimeia, em lugar nenhum. É uma ótima posição, mas que não vai poder se sustentar por muito tempo.
IAN BREMMER (1969-), presidente do Eurasian Group

O Brasil tem o lugar que merece no mundo.
CELSO AMORIM (1942-), diplomata, ex-ministro das Relações Exteriores

Um diplomata não serve a um regime, e sim ao seu país.
BARÃO DO RIO BRANCO (1819-1870), diplomata

“ Política industrial

Concluí através dos anos, por meio de sucessivas eliminações e com um pouco de caridade cristã nos casos duvidosos, que o destino maléfico era representado simplesmente pelo ambiente, pelos costumes locais, pelo exasperante estatismo que dava a uma burocracia desconfiada e inflexível o poder de julgar e decidir a respeito de situações que ultrapassavam suas capacidades e seus poderes de previsão. **AGOSTINO ROCCA** (1895-1978), fundador da Techint na Argentina, em 1951, acerca das dificuldades de expansão e implementação de seus projetos

Da crise das empreiteiras surgiu um nacionalismo petista peculiar: é melhor ser roubado por patrícios que pagar a estrangeiros por bons serviços.
NELSON MOTTA (1944-), jornalista e escritor, *O Globo* (abr 2012)

Precisamos é de aumentar nossa produtividade. **EUGÊNIO GUDIN** (1886-1986), ex-ministro da Fazenda, em *A controvérsia do planejamento na economia brasileira*

Se não buscarmos melhorar sempre, apesar do sucesso, estamos fadados à queda.
BERNARDINHO (1959-), técnico de voleibol

Nos parques nacionais dos Estados Unidos, uma placa diz que não se deve alimentar os animais selvagens. Qualquer forma de subsídio, privilégio ou barreira à entrada que o governo dê às empresas é como a comida que os turistas dão aos animais. Se “amamos” as empresas, temos de mantê-las em ambiente competitivo. **LUIGI ZINGALES** (1963-), economista italiano radicado nos Estados Unidos

“ Política monetária

Além de ir pro inferno, só tenho medo de uma coisa: juros bancários.
MILLÔR FERNANDES (1923-2012), humorista

Com juros a 400%, não há libido que aguente.
HÉLIO PELLEGRINO (1924-1988), psicanalista, em 1983

Nixon me pediu que recomendasse a Arthur Burns (presidente do Banco Central americano) que aumentasse a oferta de moeda rapidamente, e eu disse ao presidente: “Quer mesmo fazer isso? O único efeito será deixá-lo com uma inflação maior, se for reeleito.” Ele disse: “Vamos nos preocupar com isso depois da reeleição.”
MILTON FRIEDMAN (1912-2006), economista americano, em *Inside the Economist's Mind*

O papel-moeda num regime despótico é perigoso; favorece a corrupção; mas, numa nação constitucionalmente governada, e que toma conta, ela mesma, da emissão de suas notas, determinando seu número e uso, esse perigo deixa de existir. **LOUIS-SIMON MARTINEAU** (1733-1799), deputado da Assembleia Nacional na França, argumentando que o governo revolucionário não abusaria dos *assignats*

É só colocar uma bala de canhão: chuta o juro para cima, a economia vai definhar, você vai ter recessão. Aí, sim, você vai ter uma inflação baixa. Mas aí é a paz do cemitério. **GUIDO MANTEGA** (1949-), economista e ex-ministro da Fazenda, em agosto de 2014, sobre a elevação dos juros para combater a inflação

Uma estabilização bem-sucedida sem uma elevação das taxas de juros assemelha-se a um Hamlet sem o príncipe da Dinamarca.
RUDIGER DORNBUSCH (1942-2002), economista teuto-americano

“ Política social

A única forma de combater o comunismo é provar que ele não é necessário.
HAROLD LASKI (1893-1950), político britânico

Fascismo é o capitalismo sem lubrificante. **PICHAÇÃO DE RUA**

Só há três formas de erradicar a miséria: crescimento econômico, crescimento econômico e crescimento econômico.
BOLÍVAR LAMOUNIER (1943-), cientista político

Falta renda para distribuir ou falta descobrir onde a renda se escondeu?
CARLOS DRUMMOND DE ANDRADE (1902-1987), poeta

“ Politicamente correto

Lord Acton disse uma vez que o patriotismo é o último refúgio do canalha. Na universidade, o proselitismo democratizante pode se converter no último refúgio da mediocridade. **ROGÉRIO C. CERQUEIRA LEITE** (1931-), cientista

Não tem o menor sentido fazer uma eleição em um avião para escolher o piloto. **JOSÉ GOLDEMBERG** (1928-), cientista, acerca do excesso de "democratismo" na universidade

O crime, entre nós, é o juro que a sociedade paga pela dívida social.
EVARISTO DE MORAES FILHO (1914-), advogado

É mais fácil se dizer de esquerda que se recusar a sê-lo.
RAYMOND ARON (1905-1983), filósofo francês

A cultura do politicamente correto, expressão adotada desde a década de 80 do século XX, significando políticas tendentes a tornar a linguagem neutra para se evitar ofensa a pessoas ou grupos sociais discriminados historicamente, também vem sendo levada ao paroxismo, passando a constituir forma de censura da expressão.
CÁRMEN LÚCIA (1954-), ministra do Superior Tribunal Federal, no voto que levou à decisão sobre inexigibilidade de autorização para a publicação de biografias

“ Politicamente incorreto

O politicamente correto é o último refúgio do canalha.
NEOLIBERAL ANÔNIMO

Fala-se tanto da necessidade de deixar um planeta melhor para os nossos filhos, e esquece-se da urgência de deixarmos filhos melhores para o nosso planeta.
ANÔNIMO

Visto assim do alto, os subúrbios têm a sua graça.
LIMA BARRETO (1881-1922), jornalista e escritor

Respira-se melhor quando se é rico.
BERNARDO SOARES, heterônimo de Fernando Pessoa (1888-1935), poeta português

Sou mais irmão de uma árvore que de um operário.
ÁLVARO DE CAMPOS, heterônimo de Fernando Pessoa (1888-1935), poeta português

É como Shakespeare – ele se concentra no lado negro [da política] porque é onde você encontra o que nos fez o que somos.
MICHAEL DOBBS (1948-), sobre o sucesso de seu livro e série de TV *House of Cards*

Viver nos Estados Unidos é ótimo, mas é uma merda.
Viver no Brasil é uma merda, mas é ótimo.
TOM JOBIM (1927-1994), maestro e compositor, em frase a ele atribuída

Alguns colegas nossos são líderes de atitudes reacionárias públicas. Por que artista tem que ser de esquerda ou progressista? Isso é besteira. Eu sempre achei besteira. Esse negócio de que você tem que ser atrelado automaticamente está errado. **CAETANO VELOSO** (1942-), compositor

A beleza e o socialismo jogam em times rivais. **LEONARDO PADURA** (1955-), escritor cubano, fala de Leonid Kotov, personagem de *O homem que amava os cachorros*

Não há justificativa ideológica para a feiura. **NEOLIBERAL ANÔNIMO**

“ Políticas públicas

Há mais mentiras no ato de governar do que na venda de qualquer restaurador capilar. **JOSEPH SCHUMPETER** (1883-1950), economista austríaco

O depositário do poder é sempre impopular.
BENJAMIN DISRAELI (1804-1881), ex-primeiro-ministro britânico

O maior cuidado de um governo deveria ser o de habituar, pouco a pouco, os povos a dele não precisar.
ALEXIS DE TOCQUEVILLE (1805-1859), pensador francês

Um presidente ganha créditos pela luz do sol e é culpado quando chove.
HERBERT HOOVER (1874-1964), ex-presidente dos Estados Unidos

“ Políticos

Desconfiar das autoridades deveria ser o primeiro dever cívico de qualquer pessoa. **NORMAN DOUGLAS** (1868-1952), escritor britânico

Não há amigos verdadeiros na política. Nós somos todos tubarões andando em círculos, esperando uma gota de sangue para aparecer.
ALAN CLARK (1928-1999), político britânico

Políticos e fraldas devem ser trocados de tempos em tempos pelo mesmo motivo.
EÇA DE QUEIRÓS (1845-1900), escritor português

Eles constituem uma classe de cavalheiros honrados, dispostos a grandes sacrifícios por suas opiniões, caso as tivessem. Prontos para morrer pela verdade, se soubessem o que ela é. **WINSTON CHURCHILL** (1874-1965), ex-primeiro-ministro britânico, opinando acerca de um grupo de políticos rivais

O problema com as piadas políticas é que elas se elegem.
GEORGE BERNARD SHAW (1856-1950), dramaturgo irlandês

Quando se levantam, não têm ideia do que vão dizer; enquanto falam, não sabem o que dizem; e, quando sentam, não sabem o que disseram.
WINSTON CHURCHILL (1874-1965), ex-primeiro-ministro britânico, a respeito de alguns dos seus detratores

“ Pompa

A cerimônia foi inventada para dar brilho aos atos pálidos.
WILLIAM SHAKESPEARE (1564-1616), dramaturgo inglês, Timon, em *Timon de Atenas*

A solenidade é o escudo dos idiotas.
MONTESQUIEU (1689-1755), filósofo francês

Do sublime ao ridículo há apenas um passo.
JORGE BOIMVASER (1952-), jornalista argentino

Em nosso país, para ser famoso, não é preciso apenas ser um imbecil.
É preciso também ser solene.
LEONARDO CASTELLANI (1899-1981), religioso argentino

Não se leve muito a sério. A vida é cheia de pequenas ridicularias, incluindo as próprias. É muito difícil reconhecer as suas, mas pelo menos você pode evitar ser pomposo a respeito delas. Acredito que muitos dos erros vêm do entrelaçamento de ideias e egos. **ROBERT SOLOW** (1924-), economista americano

Ninguém está livre de dizer bobagens. O grave é dizê-las com ênfase.
MICHEL DE MONTAIGNE (1533-1592), filósofo francês

“ Ponto de vista

A história do Brasil não é a mesma no Paraguai.
MILLÔR FERNANDES (1923-2012), humorista

As piores disputas ocorrem quando os dois lados estão igualmente certos e errados. **WINSTON CHURCHILL** (1874-1965), ex-primeiro-ministro britânico

Tragédias genuínas no mundo não são conflitos entre o certo e o errado. São conflitos entre dois certos.
GEORG WILHELM FRIEDRICH HEGEL (1770-1831), filósofo alemão

Democracia é quando eu mando em você. Ditadura é quando você manda em mim. **MILLÔR FERNANDES** (1923-2012), humorista

Para um líder chinês, qualquer questão está inserida em uma estrutura de tempo que representa uma fração de experiência total de sua sociedade menor que a de qualquer outro líder mundial.
HENRY KISSINGER (1923-), ex-secretário de Estado americano, em *Sobre a China*

É muito cedo para julgá-la.
CHOU EN-LAI (1898-1976), líder comunista chinês, em resposta a pergunta acerca de qual sua opinião sobre a Revolução Francesa e seus efeitos históricos

Existem dois lados do problema: o nosso e o errado.
CHANING POLLOCK (1926-2006), dramaturgo americano

Se minha teoria da relatividade estiver correta, a Alemanha dirá que sou alemão e a França me declarará um cidadão do mundo. Entretanto, se não estiver certa, a França dirá que sou alemão e a Alemanha dirá que sou judeu.
ALBERT EINSTEIN (1879-1955), físico alemão, em 1925, ao visitar a Argentina

“ Pontualidade

A pontualidade, essa virtude dos reis e esse mau costume dos ingleses.
JOSÉ DE ALENCAR (1829-1877), escritor

Hora acertada para mim, basta a de morrer, quando não poderei adiá-la um só minuto. E para dormir, vão bastar-me as longas horas que terei na eternidade.
ASSIS CHATEAUBRIAND (1898-1968), jornalista

A única maneira que eu vislumbro para pegar um trem é perder o anterior.
G.K. CHESTERTON (1874-1936), escritor inglês

Tenho reparado que as pessoas que chegam atrasadas estão frequentemente mais alegres que as pessoas esperando por elas. **E.V. LUCAS** (1868-1938), jornalista inglês

“ Popularidade

As virtudes inferiores recebem o aplauso das pessoas comuns;
as intermediárias, admiração; e as mais elevadas, nenhuma apreciação.
ARTHUR SCHOPENHAUER (1788-1860), filósofo alemão

Escrever mal e ser idiota é uma combinação irresistível para ser popularíssimo nos Estados Unidos. **GORE VIDAL** (1925-2012), romancista americano

Não devemos imaginar que a razão possa jamais ser popular. Paixões e sentimentos podem se tornar populares, mas a razão sempre continua algo restrito a poucos. **JOHANN WOLFGANG VON GOETHE** (1749-1832), escritor alemão

Contra quem é reputado, só com muita dificuldade se conspira.
NICOLAU MAQUIAVEL (1469-1527), filósofo e diplomata italiano

Um governo é bom quando faz felizes os que sob ele vivem e atrai os que vivem longe. **CONFÚCIO** (551 a.C.-479 a.C.), filósofo chinês

Dilma está no volume morto, o PT está abaixo do volume morto, e eu estou no volume morto. **LUIZ INÁCIO LULA DA SILVA** (1945-), ex-presidente da República, em conversa reservada com líderes religiosos, *O Globo* (jun 2015)

“ Populismo

A política é a utopia alegre da abundância, desmoralizada pela economia, que Carlyle chamava de “ciência severa da escassez”.
ROBERTO CAMPOS (1917-2001), economista e ex-ministro do Planejamento

As coisas que um governante faz para tentar preservar o poder não necessariamente são aquelas que fazem o país progredir mais.
COMENTÁRIO DE ALTA FONTE PALACIANA a propósito das medidas fiscais de 2015

O Brasil já fez todos os sacrifícios que tinha de fazer. Pois bem, eu acho que agora o povo brasileiro precisa começar a colher um pouco de benefício do Estado brasileiro.
LUIZ INÁCIO LULA DA SILVA (1945-), ex-presidente da República, em discurso feito em Guarulhos, em 2006

O populismo não resiste ao longo prazo.
LUCAS LLACH (1973-), analista argentino

O pior que pode acontecer a um economista é ser aclamado.
ALFRED MARSHALL (1842-1924), economista britânico

“ Populismo regulatório

O pior que pode acontecer a um economista é ser aclamado por aqueles a quem deve regular. **ROBERTO LAVAGNA** (1942-), economista argentino

“ Posicionamento

Poder é muito parecido com o mercado imobiliário. Tudo se resume a localização, localização, localização. Quanto mais próximo estiver da fonte, mais valiosa é sua propriedade. **FRANCIS UNDERWOOD**, personagem da série de TV *House of Cards*

O Brasil já estaria de quatro em outra situação, estaria de joelhos, estaria recuando em todos os indicadores. **GUIDO MANTEGA** (1949-), economista e ex-ministro da Fazenda, em setembro de 2008, ano em que estourou a crise financeira mundial

“ Povo

A política da aristocracia do Império se fazia sem o povo. A das oligarquias da República Velha se fazia por cima do povo. A política da democracia de 1946 se fazia – com as honrosas exceções de sempre – tomando o povo como “massa de manobra”. A política do regime militar pós-1964 se fazia contra o povo.
FRANCISCO WEFFORT (1937-), cientista político

As massas, como os leões romanos, jamais passarão fome por falta de detritos culturais. **PAULO FRANCIS** (1930-1997), jornalista

O povo deve ser tomado em doses bem pequenininhas.
RALPH WALDO EMERSON (1803-1882), filósofo americano

O povo é bom. A elite é ruim. Mas se o povo é assim tão bom, por que ele não muda a elite, assim tão ruim? **JOSÉ MURILO DE CARVALHO** (1939-), historiador

“ Pragmatismo

A gente se deslumbra com a mulher bonita, se impressiona com a inteligente e fica com quem liga pra gente. **ROBERTO FONTANARROSA** (1944-2007), cartunista argentino, fala do personagem Inodoro Pereira

Geisel acreditava em muitas coisas, inclusive em si próprio. Golbery não acreditava em quase nada, muito menos em si mesmo. **ELIO GASPARI** (1944-), jornalista

Jamais coloque um princípio em pedestal tão alto que não possa abaixá-lo um pouco para se adaptar às circunstâncias.
WINSTON CHURCHILL (1874-1965), ex-primeiro-ministro britânico

Princípios importantes devem ser inflexíveis.
ABRAHAM LINCOLN (1809-1865), ex-presidente dos Estados Unidos

Não há fatos eternos, como não há verdades absolutas.
FRIEDRICH NIETZSCHE (1844-1900), filósofo alemão

“ Prazer

Foi gostoso passar pela Presidência da República e terminar o mandato vendo os Estados Unidos em crise, vendo a Europa em crise, vendo o Japão em crise, quando eles sabiam tudo para resolver os problemas da crise brasileira, da crise da Bolívia, da crise da Rússia, da crise do México. **LUIZ INÁCIO LULA DA SILVA** (1945-), ex-presidente da República, em comício de despedida, Salvador, *O Globo* (30 dez 2010)

Vou confessar que tenho me divertido um pouco nas reuniões anuais do FMI. Tenho salientado que os países avançados têm de seguir o exemplo dos emergentes: melhorar as contas públicas, ter um desempenho fiscal melhor. ... É a vingança dos colonizados. Durante muito tempo, ouvimos lição de moral, fomos humilhados. Vinha aqui o William Rhodes dizer: "Vamos reestruturar a dívida brasileira, os senhores vão conceder isso e aquilo." Hoje vou lá e digo: "Os senhores não fizeram a lição de casa, nós fizemos."
GUIDO MANTEGA (1949-), economista e ex-ministro da Fazenda, *O Globo* (4 out 2008)

Mais cedo ou mais tarde, a gente sempre vem a pagar pelo prazer.
WILLIAM SHAKESPEARE (1564-1616), dramaturgo inglês, Bobo, em *Noite de reis*

“ Precisão

Comunicação é a arte de ser entendido.
PETER USTINOV (1921-2004), ator e escritor inglês

Não há sentido em ser exato quando você nem sabe do que está falando.
JOHN VON NEUMANN (1903-1957), matemático húngaro

O futuro, sim, mas não o presente.
JUAN DOMINGO PERÓN (1895-1974), ex-presidente da Argentina, em resposta aos jovens da tendência revolucionária do peronismo,em 1973, diante da crítica de que ele lhes teria oferecido o futuro e não estaria cumprindo a palavra

“ Preço

Se você pensa que educação custa caro, tente a ignorância.
DEREK BOK (1930-), ex-presidente da Universidade Harvard

Se você pensa que segurança custa caro, experimente um acidente.
STELIOS HAJI-IOANNOU (1967-), empresário grego, fundador da companhia aérea Easyjet

O dinheiro compra tudo. Até amor verdadeiro.
NELSON RODRIGUES (1912-1980), jornalista e dramaturgo

Não há santos no mundo, só tarifas diferenciadas.
FABIÁN BIELINSKY (1959-), cineasta argentino, fala de personagem em *Nove rainhas*

Negociata é todo bom negócio para o qual não fomos convidados.
BARÃO DE ITARARÉ, pseudônimo de Apparício Torelly (1895-1971), humorista

Ou se restaura a moralidade ou nos locupletamos todos. **STANISLAW PONTE PRETA**, pseudônimo do jornalista Sérgio Porto (1923-1968), em fala da personagem Tia Zulmira

“ Preconceito

Cada um chama de barbárie aquilo com o que não está acostumado.
MICHEL DE MONTAIGNE (1533-1592), filósofo francês

É mais fácil desintegrar um átomo que o preconceito de uma pessoa.
ALBERT EINSTEIN (1879-1955), físico alemão

Prefiro me enganar com Jean-Paul Sartre a ter razão com Raymond Aron.
JEAN DANIEL (1920-), jornalista francês, diretor do *Le Nouvel Observateur*, em frase a ele atribuída

A intolerância dos grupos é frequente e estranhamente exibida de maneira mais vigorosa contra pequenas diferenças do que contra diferenças fundamentais.
SIGMUND FREUD (1856-1939), médico austríaco, pioneiro da psicanálise

“ Preguiça

Quantas pessoas em seu leito de morte lamentam não ter passado mais tempo no escritório? **STEPHEN COVEY** (1932-), escritor americano

Quem conhece pouco repete muito. **THOMAS FULLER** (1608-1661), clérigo inglês

Tinha o coração disposto a aceitar tudo, não por inclinação à harmonia, senão por tédio à controvérsia. **MACHADO DE ASSIS** (1839-1908), escritor

Preguiça é o ato de descansar antes de estar cansado!
HOMER JAY SIMPSON, personagem de Matt Groening (1954-), cartunista americano

“ Presciência

A paz está assegurada. **NEVILLE CHAMBERLAIN** (1869-1940), ex-primeiro-ministro inglês, em 1938, após as negociações de Munique com Adolf Hitler

Camaradas, podemos afirmar que, em nosso país, o problema das nacionalidades foi resolvido. **MIKHAIL GORBACHEV** (1931-), ex-secretário-geral do Comitê Central do Partido Comunista soviético, em informe ao Partido, em 1987, poucos anos antes do fim da URSS

Estou convencido de que qualquer tentativa de golpe reacionário hoje será a guerra civil. **LUÍS CARLOS PRESTES** (1898-1990), líder comunista, em 30 de março de 1964

Hoje não aconteceu nada. Apenas a saída de *monsieur* Necker.
LUÍS XVI (1754-1793), rei da França, em seu diário (11 jul 1789), três dias antes da Revolução Francesa, comentando a saída de Jacques Necker, ministro da Fazenda, de quem dependia a estabilidade econômica do reino

Minha mão há de secar antes de assinar o pedido de cassação de Juscelino Kubitschek. **HUMBERTO DE ALENCAR CASTELLO BRANCO** (1900-1967), militar e ex-presidente da República, dias antes de assinar a cassação de Juscelino Kubitschek, em 1964

Nada de importante aconteceu hoje. **GEORGE III** (1738-1820), rei da Inglaterra, em seu diário, no dia da Independência dos Estados Unidos

Nunca chegará ao topo da política inglesa. **LORD ASQUITH** (1852-1928), ex-primeiro-ministro inglês, em 1908, opinando sobre Winston Churchill

O franquismo, ferido de morte, desmorona. **DOLORES IBÁRRURI**, “La Pasionaria” (1895-1989), líder comunista espanhola, em 1947, 28 anos antes do fim do franquismo

O futebol não vai vingar por estas paragens do cangaço, no Brasil, por ter vindo do estrangeiro. É roupa de empréstimo, que não nos serve.
GRACILIANO RAMOS (1892-1953), escritor

Se Franklin Roosevelt for eleito, o parque industrial virará grama.
HERBERT HOOVER (1874-1964), ex-presidente dos Estados Unidos, antes da eleição de Roosevelt

Quer vocês gostem ou não, a história está do nosso lado.
Nós vamos enterrar vocês. **NIKITA KHRUSHCHEV** (1894-1971), líder soviético, discurso para diplomatas estrangeiros em Moscou em 1956

“ Presidencialismo

A crise viajou. **FERNANDO HENRIQUE CARDOSO** (1931-), ex-presidente da República, em frase relativa ao então presidente José Sarney, por ocasião de uma viagem deste

Não há nada mais patético do que um ex-presidente.
JOHN QUINCY ADAMS (1767-1848), ex-presidente dos Estados Unidos

Presidentes não ameaçam. Eles não precisam.
RICHARD NIXON (1913-1994), ex-presidente dos Estados Unidos, no filme *Nixon*, respondendo a um empresário que lhe perguntava se o ex-presidente o estava ameaçando

Um presidente da República é apenas um relações-públicas graduado que passa o dia bajulando, beijando e chutando as pessoas para que elas façam as suas obrigações. **HARRY TRUMAN** (1884-1972), ex-presidente dos Estados Unidos

Quando o presidente faz, isso significa que não é ilegal.
RICHARD NIXON (1913-1994), ex-presidente dos Estados Unidos

Cámpora al gobierno, Perón al Poder! **SLOGAN** da eleição de Héctor Cámpora à Presidência da Argentina em 1973, quando Perón não podia ser candidato

“ Pretensão

O destino é o acaso atacado de mania de grandeza.
MÁRIO QUINTANA (1906-1994), poeta

Há três classes de pessoas: as que sabem; as que não sabem, mas sabem que não sabem; e as que não sabem, mas acham que sabem. Estas últimas são as mais perigosas. **NICOLAU MAQUIAVEL** (1469-1527), filósofo e diplomata italiano

Qualquer paspalhão que desafia um ventilador pensa que é Dom Quixote.
STANISLAW J. LEC (1909-1966), poeta polonês

Um dia, quando se mergulhar nos fatores que, historicamente, ajudaram a consolidar a integração nacional, o Flamengo terá de ser incluído. Durante todo o século XX, ele uniu gerações, raças e sotaques em torno da sua bandeira. Ao inspirar um rubro-negro do Guaporé a reagir como um rubro-negro do Leblon, o Flamengo ajudou a fazer do Brasil uma nação. **RUY CASTRO** (1948-), escritor

“ Previsões

A atividade fundamental do país – produção e distribuição de mercadorias – encontra-se sobre uma base segura e próspera.
HERBERT HOOVER (1874-1964), ex-presidente dos Estados Unidos, em outubro de 1929

A melhor maneira de prever o futuro é inventá-lo.
ALAN KAY (1940-), cientista da computação

É difícil fazer previsões, especialmente sobre o futuro.
YOGI BERRA (1925-), americano, treinador de beisebol

É perigoso olhar demais para o futuro. Dante, no oitavo círculo do inferno, colocou os adivinhos e mostrou o castigo que os espera. **OLAVO BILAC** (1865-1918), poeta

Ela vai flutuar. **JOHN PIERPONT MORGAN** (1837-1913), banqueiro americano, em resposta à pergunta de que previsão ele fazia em relação à bolsa

Em termos de previsões, há dois tipos de economista: os que não sabem prever o futuro e os que não sabem que não sabem.
FUNCIONÁRIO ANÔNIMO do governo Clinton

O carro é o cigarro do futuro. **JAIME LERNER** (1937-), ex-prefeito de Curitiba

Os economistas previram dez das últimas cinco recessões nos Estados Unidos.
FRASE ANÔNIMA a respeito da tendência ao pessimismo dos economistas

Qualquer economista que registre honestamente o histórico de suas previsões logo aprende a ser humilde. **PAUL KRUGMAN** (1953-), economista americano

Se a história servir de indicação, as perspectivas imediatas para o mercado de ações são, na melhor das hipóteses, modestas.
FED DE NOVA YORK, *Research Paper* 9.520, setembro de 1995, quando o índice Dow Jones da bolsa estava abaixo de 5 mil pontos; dois anos depois, chegou a 8.300

Vocês, jovens, lembrem-se de que a IBM foi construída a partir de cartões perfurados, e cartões perfurados serão sempre a nossa base. **EXECUTIVO DA IBM**, sobre o desenvolvimento de um drive de fita, por volta de 1940, *The Economist* (jun 2011)

Embora o marxismo não me dê o dom da profecia, é fácil prever que as medidas não darão certo.
LUÍS CARLOS PRESTES (1898-1990), líder comunista, sobre o Plano Cruzado

Estou prevendo uma crise política de consequências imprevisíveis.
DINARTE MARIZ (1903-1984), político

Vai quebrar a cara quem apostar na alta do dólar.
GUIDO MANTEGA (1949-), economista e ex-ministro da Fazenda, em outubro de 2014, quando o dólar estava em R$ 2,45

“ Primeira impressão

Um pensamento deve causar impressão imediata, ou não causa nada.
WILLIAM HAZLITT (1778-1830), ensaísta inglês

Esse homem é de uma penosa fragilidade intelectual. Continua sendo um sindicalista preso à superstição da luta de classes. Não entende nenhum assunto complexo, carece de capacidade de fixar atenção, tem lacunas culturais terríveis e por isso aceita a análise dos marxistas radicais que lhe explicam a realidade como um combate entre bons e maus.
CARLOS ALBERTO MONTANER (1943-), jornalista cubano, reproduzindo definição sobre Lula ouvida de outro presidente latino-americano, citado por Dora Kramer, *O Estado de S. Paulo* (12 mar 2010)

“ Prioridade

A estabilização econômica é obviamente importante
demais para ser deixada nas mãos dos economistas.
ALAN BLINDER (1945-) e **ROBERT SOLOW** (1924-), economistas americanos, em 1974

A guerra é um assunto sério demais para se deixar
unicamente nas mãos de militares.
GEORGES CLEMENCEAU (1841-1929), ex-primeiro-ministro da França

As finanças são algo muito importante para se deixar na mão dos financistas.
HENRY KISSINGER (1923-), ex-secretário de Estado americano

Política é uma questão muito séria para ser deixada nas mãos dos políticos.
CHARLES DE GAULLE (1890-1970), ex-presidente da França

“ Prisão

Eu não queria entrar na guerra e entrei, e agora eu quero sair e não posso.
DAMIEN, personagem vivido pelo ator Cillian Murphy, em *Ventos da liberdade*, sobre a Guerra Civil Irlandesa nos anos 1920

O pássaro é livre na prisão do ar. O espírito é livre na prisão do corpo.
CARLOS DRUMMOND DE ANDRADE (1902-1987), poeta

“ Procrastinação

Morrer é uma coisa que sempre se deve deixar para depois.
MILLÔR FERNANDES (1923-2012), humorista

O Brasil não tem problemas, mas apenas soluções adiadas.
LUÍS DA CÂMARA CASCUDO (1898-1986), historiador e folclorista

Quando a Justiça tarda, não é a Justiça.
RUI BARBOSA (1849-1923), jurista

“ Produtividade

A produtividade não é tudo, mas a longo prazo é quase tudo.
PAUL KRUGMAN (1953-), economista americano

Aumentar a produtividade de uma economia a longo prazo deveria ser o principal objetivo da política econômica. Esforços do governo para estimular a demanda a curto prazo não garantem a prosperidade do país a longo prazo.
MICHAEL PORTER (1947-), escritor americano, autor de diversos livros sobre administração de empresas

O que acontece é que Deus anda cansado de carregar tantos malandros de tão pouca vergonha. Por isso, decidiu agora ajudar chineses, porque esses hereges sabem fazer uma coisa de que já nos esquecemos: trabalhar.
ASSIS CHATEAUBRIAND (1898-1968), jornalista

“ Professor

Mestre não é quem ensina, mas aquele que, de repente, aprende.
JOÃO GUIMARÃES ROSA (1908-1967), escritor

Os professores jovens ensinam mais do que aquilo que eles sabem; os professores adultos ensinam apenas o que sabem; já os professores idosos só ensinam aquilo que os alunos precisam aprender.
FRANCISCO VALSECCHI (1907-1992), ex-decano da Universidade Católica argentina

“ Profissão

Feliz de quem faz do seu hobby o seu meio de vida.
GEORGE BERNARD SHAW (1856-1950), dramaturgo irlandês

É só um trabalho. A grama cresce, os passarinhos voam, as ondas quebram na areia. Eu espanco pessoas. **MUHAMMAD ALI** (1942-), boxeador americano

O segredo da felicidade é fazer do seu dever o seu prazer.
ALPHONSE KARR (1808-1890), escritor francês

“ Projeção

Certas pessoas, aparentemente, odeiam os espelhos.
JESÚS IGLESIAS ROUCO, jornalista hispano-argentino do jornal *La Prensa*

Nós não vemos as coisas como elas são. Nós as vemos como nós somos.
ANAÏS NIN (1903-1977), escritora francesa

“ Proletariado

Da primeira vez que me perguntaram se eu era comunista, eu respondi: “Sou torneiro mecânico.” **LUIZ INÁCIO LULA DA SILVA** (1945-), ex-presidente da República

O trabalho é a praga das classes bebedoras.
OSCAR WILDE (1854-1900), dramaturgo irlandês

“ Promessa

As promessas de campanha são o túmulo do estadista. **ANÔNIMO**

O governante gosta de lidar com promessas mais do que com realizações, porque estas, por definição, são limitadas, mas as promessas não têm limites.
MARCOS AZAMBUJA (1935-), diplomata

O governante que no exercício do poder tente cumprir todas as promessas de campanha, definitivamente, é um irresponsável.
GILBERT CESBRON (1913-1979), pensador francês

Temos de baixar nossa carga de impostos. E vamos baixá-la.
DILMA ROUSSEFF (1947-), presidente da República, entrevista, *Veja* (28 mar 2012)

Um contrato verbal não vale a tinta com que é assinado.
SAMUEL GOLDWYN (1882-1974), produtor americano

Eu sou contra o calote, eu sou contra o beiço que meu adversário quer dar na dívida externa, na dívida interna e, incluída aí, a caderneta de poupança.
FERNANDO COLLOR DE MELLO (1949-), ex-presidente da República, em 1989

Promessas e massa de torta são feitas para serem quebradas.
JONATHAN SWIFT (1667-1745), escritor irlandês

“ Promoção

Fui promovido. **NICOLÁS AVELLANEDA** (1837-1885), ex-presidente da Argentina, ao ser nomeado reitor da Universidade de Buenos Aires

“ Prosa

Júlio de Castilhos era um orador medíocre, mas um demônio diante de uma folha de papel em branco. **LIRA NETO** (1963-), biógrafo de Getúlio Vargas, sobre o líder em quem a família Vargas tinha se inspirado

Os políticos usam a poesia para falar ao povo, mas usam a prosa para governar.
BILL CLINTON (1946-), ex-presidente dos Estados Unidos*

---

* Frase também atribuída a Mario Cuomo (1932-2015), político americano.

“ Prostituição

No Brasil, homem público é o masculino de mulher pública.
ZIRALDO (1932-), cartunista

Às vezes, para sobreviver, a gente tem que fazer certas coisas. Mas, depois de fazer certas coisas, pra que sobreviver? **MILLÔR FERNANDES** (1923-2012), humorista

Os políticos de hoje parecem incapazes de resistir à pressão das pesquisas de opinião. **GARRY KASPAROV** (1963-), russo, ex-campeão mundial de xadrez

“ Protecionismo

O resultado do protecionismo será sempre a redução da produtividade do trabalho humano. **LUDWIG VON MISES** (1881-1973), economista austríaco

Esqueçam as importações. **RICARDO ECHEGARAY** (1966-), chefe da Administración Federal de Ingresos Públicos (Afip) da Argentina, em brinde de fim de ano em 2011, diante de operadores de comércio exterior argentinos que teriam de preencher guias específicas de imposto de renda para importar

Se abrirem a economia, não sobra um tijolinho da nossa indústria.
GUIDO MANTEGA (1949-), economista e ex-ministro da Fazenda, em entrevista, *Valor* (25 set 2014)

A civilização custa-nos caríssima com os direitos da alfândega.
EÇA DE QUEIRÓS (1845-1900), escritor português

Quando as mercadorias não cruzam fronteiras, os soldados o farão.
FRÉDÉRIC BASTIAT (1801-1850), economista francês

A filosofia do protecionismo é uma filosofia de guerra.
LUDWIG VON MISES (1881-1973), economista austríaco

O protecionismo é o último refúgio do empresário canalha.
NEOLIBERAL ANÔNIMO

O Brasil tem preferido a proteção destrutiva à destruição criativa e os resultados estão à nossa volta. **MÁRIO MESQUITA** (1965-), economista

Provisoriedade

Eu estou presidente. Mas sou mesmo é dirigente sindical.
LUIZ INÁCIO LULA DA SILVA (1945-), ex-presidente da República, em 2005

Eu não sou ministro – *estou* ministro.
EDUARDO PORTELLA (1932-), escritor e ex-ministro da Educação

Prudência

Nunca se deve mobilizar um povo sem ter a solução. Quando não se dispõe dela, é melhor calar. **MAHATMA GANDHI** (1869-1948), líder pacifista indiano

Só um doido aceita um segundo mandato se as condições são desfavoráveis.
LUIZ INÁCIO LULA DA SILVA (1945-), ex-presidente da República

Publicidade

A fama de ser atencioso e cortês vale mais que uma estampilha.
É uma publicidade barata. **FERNANDO PESSOA** (1888-1935), poeta português

Propaganda é a arte de mostrar o diabo sem chifres.
HANS KASPER (1916-1990), aforista alemão

Primeiro estranha-se. Depois entranha-se. **FERNANDO PESSOA** (1888-1935), poeta português, citando o slogan concebido para a campanha publicitária da Coca-Cola em Portugal

Metade do dinheiro que gastei em publicidade foi um desperdício, e o problema é que não sei qual metade. **LORD LEVERHULME** (1851-1925), industrial inglês

Pudor

A beleza de um corpo nu só a sentem as raças vestidas. O pudor vale sobretudo para a sensibilidade como o obstáculo para a energia.
FERNANDO PESSOA (1888-1935), poeta português

Tenho aconselhado meus amigos a não o ler. **WINSTON CHURCHILL** (1874-1965), ex-primeiro-ministro britânico, sobre o único romance que escreveu

Devemos evitar escrever sobre alguma pessoa coisas que nos impeçam de cumprimentá-la no dia seguinte. **VILLAS-BÔAS CORRÊA** (1923-), jornalista

“ Pusilanimidade

A la presidenta no se le habla: se la escucha.
CARLOS ZANNINI (1954-), secretário e homem de confiança de Cristina Kirchner a ministro que fizera sugestão alternativa à decisão presidencial

Realpolitik é se ajustar à realidade para capitular diante dela, e não para transformá-la. **JORGE SEMPRÚN** (1923-2011), escritor espanhol

Dentro de poucas semanas teremos de escolher entre a indignidade e a guerra, e eu tenho pouca dúvida sobre qual será a decisão.
WINSTON CHURCHILL (1874-1965), ex-primeiro-ministro britânico, em agosto de 1938, acerca da posição tímida de seu país diante dos avanços da Alemanha nazista

Trata o teu amigo como se um dia ele pudesse tornar-se teu inimigo, e teu inimigo como se pudesse um dia ser teu amigo.
GEORGE BERNARD SHAW (1856-1950), dramaturgo irlandês

Nunca diga qualquer coisa a não ser que tenha certeza de que todo mundo pensa o mesmo.
HOMER JAY SIMPSON, personagem de Matt Groening (1954-), cartunista americano

R

Raízes

Todas as árvores genealógicas têm galhos podres e raízes sujas.
OLAVO BILAC (1865-1918), poeta

As únicas raízes que precisamos preservar são as da mandioca.
JOÃOSINHO TRINTA (1933-2011), carnavalesco

Nenhuma civilização nasceu sem ter acesso a uma forma básica de alimentação, e aqui nós temos uma, como também os índios e os indígenas americanos têm a deles. Temos a mandioca, e aqui nós estamos, e certamente nós teremos uma série de outros produtos que foram essenciais para o desenvolvimento de toda a civilização humana ao longo dos séculos. Então, aqui, hoje, eu estou saudando a mandioca, uma das maiores conquistas do Brasil.
DILMA ROUSSEFF (1947-), presidente da República, em discurso na cerimônia de lançamento da primeira edição dos Jogos Mundiais dos Povos Indígenas, em junho de 2015

A história é o único recurso de que o Brasil dispõe para dar um futuro a seu passado. **LILIA M. SCHWARCZ** (1957-) e **HELOISA M. STARLING** (1955-), historiadoras, em *Brasil: uma biografia*

Realismo

Em política o que importa é a versão, não o fato.
GUSTAVO CAPANEMA (1900-1985), ex-ministro da Educação

A realidade é um veneno. Convém tomá-la em pequenas doses.
TRISTÃO DA CUNHA (1927-2010), político

Fatos não deixam de existir porque são ignorados.
ALDOUS HUXLEY (1894-1963), escritor inglês

O mundo é dos vilões.
MARIO VERÓN GUERRA (1961-), diplomata argentino

O otimista é um tolo. O pessimista, um chato. Bom mesmo é ser um realista esperançoso. **ARIANO SUASSUNA** (1927-2014), escritor

O sangue seca rápido. **CHARLES DE GAULLE** (1890-1970), ex-presidente da França

Para mim, é muito melhor compreender o Universo como ele realmente é do que persistir no engano, por mais satisfatório e tranquilizador que possa parecer. **CARL SAGAN** (1934-1996), astrônomo americano

A metáfora é a guardiã da realidade. **ADÉLIA PRADO** (1935-), poeta

Realismo fantástico

O progresso social e econômico tem uma relação diretamente proporcional à chatice que significa acatar a realidade e inversamente proporcional à efervescência espiritual que resulta de se insubordinar contra ela. **MARIO VARGAS LLOSA** (1923-), escritor peruano

Deus é a máxima criação da literatura fantástica. **JORGE LUIS BORGES** (1899-1986), escritor argentino

É muito difícil falar da realidade nos encontros com a presidente. **HÉCTOR MENDEZ** (1940-), empresário argentino, sobre suas conversas com Cristina Kirchner em 2014

E se este mundo for o inferno de outro planeta? **ALDOUS HUXLEY** (1894-1963), escritor inglês

Estamos contra todas as leis, começando pela lei da gravidade. **AUGUSTO LUNEL** (1925-), poeta peruano

Na Argentina, alguém cospe e nasce uma flor. **MITO** da época dourada da Argentina

No mundo da ficção, exatamente porque os fatos não ocorreram nunca, os fatos continuarão ocorrendo para sempre. **JUAN GABRIEL VÁSQUEZ** (1973-), escritor colombiano

Periodicamente, os argentinos mergulham no absurdo. **ABEL POSSE** (1934-), escritor argentino

A fantasia humana é um dom demoníaco. Está continuamente abrindo um abismo entre o que somos e o que gostaríamos de ser, entre o que temos e o que desejamos. **MARIO VARGAS LLOSA** (1923-), escritor peruano, em *A verdade das mentiras*

Realismo, na política, sempre acaba por ser realismo de direita.
ENZO FALETTO (1935-2003), sociólogo chileno

Um fenômeno novo na realidade brasileira é o ódio político dos ricos contra os pobres. O país precisa de um novo pacto, reunindo empresários, trabalhadores e setores de baixa classe média, contra os rentistas, o setor financeiro e interesses estrangeiros. Surgiu um fenômeno nunca visto antes no Brasil, um ódio coletivo de classe alta, dos ricos, a um partido que continuou defendendo os pobres contra os ricos. **LUIS FERNANDO VERISSIMO** (1936-), escritor, *O Globo* (8 mar 2015)

“ Reciprocidade

As pessoas que a gente encontra quando sobe não serão encontradas na descida.
NASSIM TALEB (1960-), ensaísta e investidor libanês,
citando operador da bolsa, em *O cisne negro*

Não convides para tua casa, nas horas de glória, aqueles
que te evitaram nas horas de dor. **PROVÉRBIO CHINÊS**

“ Recreio

Dedico este livro a todos que lutam pela jornada corrida
de seis horas diárias para os servidores públicos.
LUIZ FRANCISCO DE SOUZA (1962-), procurador, em *Socialismo: uma utopia cristã*

Só não fizemos sexo.
ANTÔNIO CARLOS MAGALHÃES (1927-2007), ex-governador da Bahia, em abril de 2000,
sobre seu relacionamento com o presidente Fernando Henrique Cardoso

O sonho é o domingo do pensamento.
HENRI FRÉDÉRIC AMIEL (1821-1881), filósofo suíço

“ Recrutamento

As melhores cabeças não estão no governo. Se alguma estivesse, a iniciativa privada trataria de atraí-la.
RONALD REAGAN (1911-2004), ex-presidente dos Estados Unidos

Quando eu era criança, me ensinaram que qualquer pessoa podia ser presidente. Agora estou começando a acreditar.
CLARENCE DARROW (1857-1938), advogado americano

“ Redes sociais

Nada há pior que a gente vadia – ou aposentada, que é a mesma cousa; o tempo cresce e sobra e se a pessoa pega a escrever, não há papel que baste.
MACHADO DE ASSIS (1839-1908), escritor

Só depois que a tecnologia inventou o telefone, o telégrafo, a televisão, a internet, foi que se descobriu que o problema de comunicação mais sério era o de perto.
MILLÔR FERNANDES (1923-2012), humorista

Vivemos no poço escuro da web. Ou buscamos a exposição total para ser “celebridade” ou usamos esse anonimato irresponsável com o nome dos outros.
ARNALDO JABOR (1940-), cineasta e jornalista

“ Reengenharia

Na literatura, como na natureza, nada se perde, nada se cria; tudo se transforma.
FERNANDO SABINO (1923-2004), escritor, em *O encontro marcado*

Reconstruir é sempre inventar.
EÇA DE QUEIRÓS (1845-1900), escritor português

“ Regras

Precisamos urgentemente de um código de falta de ética.
MILLÔR FERNANDES (1923-2012), humorista

Quanto mais complexa é uma regra, maior é a chance de os lobistas a redesenharem para favorecer interesses particulares. Expandir o conjunto de regras, por si só, não garante um sistema menos adulterado pelo compadrio.
LUIGI ZINGALES (1963-), economista italiano radicado nos Estados Unidos

“ Regulação

Eu não tenho medo de uma regulação rígida: faço negócios com a China. Conhecendo a regulação, eu penso um negócio que se enquadre nela. Porém, não consigo fazer isso se a regulação muda o tempo todo.
INVESTIDOR INTERNACIONAL ANÔNIMO do setor de petróleo, queixando-se da imprevisibilidade argentina

Nunca tive problemas com drogas. Só com a polícia.
KEITH RICHARDS (1943-), guitarrista dos Rolling Stones

O sistema de crédito físico tributário faz com que uma empresa, ao comprar parafusos, fique na situação em que, no caso do ICMS, se o parafuso for utilizado no produto final, ele se credita imediatamente; se for utilizado para estabilizar uma máquina, só recebe após 48 parcelas mensais; e, se for usado para consertar uma cadeira no escritório, não há crédito.
JOSÉ AUGUSTO COELHO FERNANDES, “A morte do bom senso regulatório”, *O Estado de S. Paulo* (25 abr 2015)

Regulamentação número 1.677/88: Pepinos da “classe I” e da “classe Extra” de 10cm de comprimento podem ter uma curvatura de 10mm. A curvatura de pepinos da “classe II” pode ser duas vezes maior. Está proibida a compra ou venda de qualquer pepino que tiver curvatura maior.
NORMA DA COMISSÃO DE REGULAÇÃO EUROPEIA

“ Reincidência

Em política não há nada de novo. Há apenas gente tentando reinventar a roda.
DICK MORRIS (1946-), analista político americano

Não se ama duas vezes a mesma mulher. **MACHADO DE ASSIS** (1839-1908), escritor

O mal do governo não é a falta de persistência, mas a persistência da falta.
BARÃO DE ITARARÉ, pseudônimo de Apparício Torelly (1895-1971), humorista

O subdesenvolvimento é a incapacidade de acumular experiência.
EDMUNDO DESNOES (1930-), escritor cubano

Se honraste a pátria e ela lhe foi ingrata, fizeste o que devias e ela, o que costuma fazer. **PADRE ANTÔNIO VIEIRA** (1608-1697), religioso português

Relatividade

A honestidade não é uma virtude, embora também não seja um vício. É possível ser honesto sem sentir uma ânsia de perfeição. É suficiente para isso não ostentar o mal, o que não basta para ser virtuoso. Entre o vício, que é uma praga, e a virtude, que é um atributo de excelência, flutua a honestidade.
JOSÉ INGENIEROS (1877-1925), escritor argentino

Os grandes só são grandes quando estamos ajoelhados.
ERNESTO "CHE" GUEVARA (1928-1967), revolucionário argentino

Não há ordenado pequeno ou grande, senão comparado com a soma de trabalho que impõe. **MACHADO DE ASSIS** (1839-1908), escritor

Religião

Não há Deus em países onde os homens não ajudam a si mesmos.
JOSEPH CONRAD (1857-1924), escritor britânico, em *Nostromo*

O culto dominical é uma prisão na qual crianças cumprem pena pela consciência culpada de seus pais.
HENRY LOUIS MENCKEN (1880-1956), jornalista americano

O pregar não é outra coisa que falar mais alto.
PADRE ANTÔNIO VIEIRA (1608-1697), religioso português

Todo homem pensa que Deus está do seu lado. Os ricos e os poderosos têm certeza. **JEAN ANOUILH** (1910-1987), escritor francês

Uma igreja é um lugar onde senhores que nunca estiveram no céu dizem maravilhas a respeito dele para pessoas que nunca irão para lá.
HENRY LOUIS MENCKEN (1880-1956), jornalista americano

Este papa [Francisco] é uma mistura interessante de moralidade do século XV, socialismo do século XIX, ambientalismo do século XX e Twitter do século XXI. **MARC ANDREESSEN** (1971-), empreendedor na área de alta tecnologia

Renovação

A crise consiste precisamente no fato de que o velho morreu e o novo não pode nascer. **ANTONIO GRAMSCI** (1891-1937), filósofo italiano, teórico do comunismo

Hay un español que quiere/ vivir y a vivir empieza/ entre una España que muere/ y otra España que bosteza. (Há um espanhol que quer/ viver e a viver começa/ entre uma Espanha que morre/ e outra Espanha que boceja.)
ANTONIO MACHADO (1875-1939), poeta espanhol

Rentismo

Na Argentina, ninguém fica rico trabalhando.
LUIS BARRIONUEVO (1942-), sindicalista argentino

No Brasil da baixa poupança, do uso de gastos públicos para arrebanhar a clientela de excluídos e do sistema político baseado na esperteza, não há estímulo para buscar novos meios de criar riqueza, mas para pilhar a que é produzida pelos outros.
DIONÍSIO DIAS CARNEIRO (1945-2010), economista, *O Estado de S. Paulo* (2007)

O acionista, disse-me um amigo que passava, é um substantivo masculino, que exprime "possuidor de ações" e, por extensão, credor dos dividendos. Quem diz ações diz dividendos. Que a diretoria administre, vá, mas que lhe tome o tempo em prestar-lhe contas, é demais. Preste dividendos; são as contas vivas. Não há banco mau se dá dividendos. Aqui onde me vê, sou também acionista de vários bancos e faço com eles o que faço com o júri, não vou lá, não me amolo.
MACHADO DE ASSIS (1839-1908), escritor

Se os primeiros colonos da América inglesa vinham movidos pelo afã de construir, vencendo o rigor do deserto, uma comunidade isenta das opressões religiosas e civis por eles padecidas em sua terra de origem, os da América Latina se deixavam atrair pela esperança de achar em suas conquistas um paraíso feito de riqueza, que a eles se oferecia sem reclamar labor maior, mas sim como dom gratuito. **SÉRGIO BUARQUE DE HOLANDA** (1902-1982), historiador, em *Visão do paraíso*

“ Réplica

Nietzsche morreu. Assinado: Deus. **FRASE ESPIRITUOSA** escrita perto do túmulo de Nietzsche, em resposta ao conhecido aforismo deste.

Telegrama de George Bernard Shaw a Winston Churchill, convidando-o para uma de suas premières: “Reservei-lhe dois ingressos para a estreia de minha nova peça. Venha e traga um amigo, se o tiver.” Resposta de Churchill: “Impossível assistir à estreia. Assistirei à segunda apresentação, se houver.” **GEORGE BERNARD SHAW** (1856-1950), dramaturgo irlandês, conforme relato em *Socialismo para milionários*

A catástrofe não me trouxe de tão longe para ter o destino de síndico. **MILLÔR FERNANDES** (1923-2012), humorista, parafraseando José Sarney, que, em pronunciamento à nação em julho de 1985, comemorara a redução da inflação para 140% anuais declarando: “O destino não me trouxe de tão longe para ser o síndico da catástrofe.”

É impossível. Vossa Excelência não teria suas manhas se tivesse meus talentos. **JOSÉ BONIFÁCIO DE ANDRADA E SILVA** (1763-1838), político e estadista, respondendo, em 1829, ao marquês de Barbacena, que lhe sugeriu: “O bem público sairia favorecido se eu tivesse seus talentos ou se Vossa Excelência tivesse as minhas manhas.”

O guardião da moeda sou eu. **ARTHUR DA COSTA E SILVA** (1899-1969), general e ex-presidente da República, ao ouvir que os dirigentes do Banco Central tinham mandatos, e não podiam ser substituídos ad hoc, pois isso enfraqueceria a posição do banco como guardião da moeda

SINDICALISTA: “Ministro, quero denunciar ao senhor um crime da maior gravidade. Querem impelir o Lloyd Brasileiro para o caminho infame do lucro!” MINISTRO EXPEDITO MACHADO: “Não se preocupem, meus senhores. O déficit será logo restabelecido.” **ROBERTO CAMPOS** (1917-2001), ex-ministro do Planejamento, episódio narrado na autobiografia *A lanterna na popa*

“Se eu fosse sua mulher, colocaria cicuta na sua água.”
“E se eu fosse seu marido, eu beberia a água.” **WINSTON CHURCHILL** (1874-1965), ex-primeiro-ministro britânico, diálogo com uma senhora que o criticava

Diz o eleitor: Eu, antes de votar no senhor, voto no diabo. Resposta de Disraeli: O.k., mas se o seu amigo não se apresentar, conto com seu voto. **BENJAMIN DISRAELI** (1804-1881), ex-primeiro-ministro britânico

“ Reputação

A reputação de um médico se faz pelo número de pessoas famosas que morrem sob seus cuidados. **GEORGE BERNARD SHAW** (1856-1950), dramaturgo irlandês

Muitos cuidam da reputação, mas não da consciência.
PADRE ANTÔNIO VIEIRA (1608-1697), religioso português

Noventa e nove por cento dos advogados dão ao resto uma má reputação.
STEVEN WRIGHT (1955-), comediante americano

Noventa por cento dos políticos dão aos 10% restantes uma péssima reputação.
HENRY KISSINGER (1923-), ex-secretário de Estado americano

São necessários vinte anos para construir uma reputação e apenas cinco minutos para destruí-la. **WARREN BUFFETT** (1930-), investidor americano

Uma reputação é como porcelana fina: cara de se adquirir e fácil de quebrar. Portanto, ao tomar decisões éticas, se você não tem certeza se algo é certo ou errado, reflita se quer que sua decisão apareça no jornal de amanhã.
PETER KIEWIT (1862-1914), fundador da Peter Kiewit Corporation, uma das maiores empreiteiras do mundo

“ Responsabilidade

É do pior gosto desculpar-se um chefe com um “erro de um empregado”. Não há erros de empregados. Todo o erro de um empregado é apenas o erro de ter empregados que fazem erros. **FERNANDO PESSOA** (1888-1935), poeta português

Ótima escapatória para o homem, esse mestre da devassidão, responsabilizar as estrelas por sua natureza de bode.
WILLIAM SHAKESPEARE (1564-1616), dramaturgo inglês, Edmundo, em *Rei Lear*

Quando escuto um general dizer que somos todos culpados, sempre digo que todos somos culpados, mas alguns mais culpados que outros. Afinal de contas, eu nunca tive um regimento de tanques para poder sentar à mesa e dar um soco.
JORGE SÁBATO (1924-1983), físico argentino

A culpa é minha, e eu coloco ela em quem eu quiser!
HOMER JAY SIMPSON, personagem de Matt Groening (1954-), cartunista americano

“ Ressalva

Ele era basicamente um homem de paz – menos no seu lar.
OSCAR WILDE (1854-1900), dramaturgo irlandês

Não temo a própria morte – desde que não seja obrigado
a estar presente na ocasião.
WOODY ALLEN (1935-), cineasta americano

“ Resultados

A história julga só os resultados, e não os propósitos.
GREGORIO MARAÑÓN (1887-1960), escritor espanhol

Nas ações de todos os homens, em especial dos príncipes, onde não existe tribunal a recorrer, o que importa é o sucesso dessas ações. O príncipe deve, pois, procurar vencer e manter o Estado: os meios serão sempre julgados honrosos e por todos louvados, porque o vulgo sempre se deixa levar pelas aparências e pelos resultados, e no mundo não existe senão o vulgo.
NICOLAU MAQUIAVEL (1469-1527), filósofo e diplomata italiano

“ Retórica

A palavra é a arte de esconder o pensamento.
CHARLES-MAURICE DE TALLEYRAND (1754-1838), diplomata francês

Se eu me fiz claro, você não deve ter me entendido.
ALAN GREENSPAN (1926-), ex-presidente do Banco Central americano

Não sou capaz de falar bem o bastante para ser ininteligível.
JANE AUSTEN (1775-1817), escritora inglesa

O objetivo da oratória não é a verdade, mas a persuasão.
THOMAS MACAULEY (1800-1859), historiador inglês

Use palavras brandas e argumentos fortes.
HENRY GEORGE BOHN (1796-1884), editor inglês

“ Revisionismo

Fazemos com a infância o mesmo que a política faz com a história: nós a relemos de acordo com as necessidades do presente. **ALAN PAULS** (1959-), escritor argentino

O futuro tem por ofício ser incerto. No Brasil, todavia, o mesmo se passa com o passado. **PEDRO MALAN** (1943-), ex-ministro da Fazenda

Na Rússia, não há nada mais difícil de prever que a história.
CIENTISTA RUSSO durante a Guerra Fria

No amor e na política, não existe a palavra jamais.
CARDEAL RICHELIEU (1585-1642), ex-primeiro-ministro da França

O problema do nosso tempo é que o futuro deixou de ser aquilo que era.
PAUL VALÉRY (1871-1945), escritor francês

O único erro humano que merece a pena de morte é o de revisão.
OTTO LARA RESENDE (1922-1992), jornalista e escritor

“ Revolução

O entusiasmo inicia as revoluções, o delírio as acompanha e o arrependimento as segue. **NICOLAS CHAMFORT** (1741-1794), jornalista e poeta francês

O impossível pode ser impossível agora, mas não significa que seja impossível mais tarde. Querer o difícil é fácil. Querer o impossível é que é difícil. Deve-se fazer muito esforço para transformar o impossível no possível. É precisamente isso que constitui o progresso da humanidade. A ciência, as grandes leis da física, por exemplo, são leis que proíbem certas coisas. A física vai progredindo através da demonstração de que essas leis são violadas em certos casos. Então, deixam de ser leis e são substituídas por outras. **CÉSAR LATTES** (1924-2005), cientista

Toda revolução começa nos idealistas e acaba nos tiranos.
LOUIS LATZARUS (1878-1942), jornalista francês

As revoluções passam e os pobres ficam. **EÇA DE QUEIRÓS** (1845-1900), escritor português

Todas as revoluções se evaporam, deixando para trás apenas a lama de uma nova burocracia. **FRANZ KAFKA** (1883-1924), escritor tcheco

“ Ridículo

A timidez é o mais vulgar de todos os fenômenos. O que há de mais vulgar em todos nós é termos medo de sermos ridículos.
FERNANDO PESSOA (1888-1935), poeta português

Quando se está perto de uma mulher, ou dizemos asneiras ou nos calamos.
LIMA BARRETO (1881-1922), jornalista e escritor

O que há neste mundo que resista ao ridículo? Nem mesmo o amor.
MACHADO DE ASSIS (1839-1908), escritor

Quando mergulhado na política, nenhum homem público tem senso do ridículo.
AUTRAN DOURADO (1926-2012), escritor e secretário de imprensa de Juscelino Kubitschek

“ Rio de Janeiro

O carioca tem que aprender a ser um pouco mais paulista.
SÉRGIO BESSERMAN (1957-), economista

O Rio não é uma cidade maravilhosa. É apenas um cenário maravilhoso para uma cidade. **ELIZABETH BISHOP** (1911-1979), poeta americana

“ Riqueza

A riqueza natural, sendo mais vantajosa, torna a população descuidada, orgulhosa e dada a excessos, ao passo que a riqueza adquirida pelo trabalho desenvolve a vigilância, a literatura, as artes e as instituições políticas.
THOMAS MUN (1571-1641), economista inglês

No dia em que o presidente Goulart me levou para o governo em Brasília, eu tinha um Chevrolet importado. Anos depois, quando voltei para o Rio, tinha um Fusquinha nacional. **EVANDRO LINS E SILVA** (1912-2002), advogado

Dizem que é melhor ser pobre e feliz que rico e infeliz, mas que tal uma conciliação, como moderadamente rico e temperamental?
DIANA FRANCES SPENCER (1961-1997), também conhecida como Lady Di, aristocrata inglesa

Brincadeira de rico é sempre engraçada. **THOMAS BROWN** (1830-1897), poeta inglês

“ Riscos

Em política, não se pode praticar a temeridade,
mas é preciso assumir o dever de correr riscos.
TANCREDO NEVES (1910-1985), político

Há duas ocasiões na vida em que uma pessoa não deve
jogar: quando não tiver posses para isso... e quando tiver.
MARK TWAIN (1835-1910), escritor americano

A aventura é um sinal de incompetência.
VILHJALMUR STEFANSSON (1879-1962), explorador americano

Nada jamais será tentado, se todas as possíveis objeções tiverem de
ser superadas primeiro. **SAMUEL JOHNSON** (1709-1784), escritor inglês

Os medíocres apenas escorregam. Os bons quebram a cabeça.
FERNANDO SABINO (1923-2004), escritor, em *O encontro marcado*

Um navio no porto está em segurança, mas não é para isso que
os navios são feitos. **JOHN SHEDD** (1859-?), escritor americano

“ Rivalidade

Abraço e punhalada a gente só dá em quem está perto.
OTTO LARA RESENDE (1922-1992), jornalista e escritor

Abraço o meu rival, mas é para esmagá-lo.
JEAN RACINE (1639-1699), dramaturgo francês

Estados Unidos e China precisam um do outro porque ambos são grandes
demais para serem dominados, especiais demais para serem transformados
e necessários demais um ao outro para se permitir o luxo do isolamento.
HENRY KISSINGER (1923-), ex-secretário de Estado americano

Ontem foi um dia especial para o Brasil, porque Portugal se classificou
para a Copa do Mundo de futebol dirigida por um técnico brasileiro, porque
o Brasil venceu a Venezuela e porque a Argentina perdeu para o Uruguai.
LUIZ INÁCIO LULA DA SILVA (1945-), ex-presidente da República,
em declarações dadas em Portugal, em outubro de 2005

Ruído

É preferível a poluição da democracia à assepsia da repressão.
ALCEU AMOROSO LIMA (1893-1983), pensador católico

Muitos, ao escutar apenas palavras, acreditam
que deve haver nelas algo para pensar.
JOHANN WOLFGANG VON GOETHE (1749-1832), escritor alemão

S

Sabedoria

Com o saber cresce a dúvida.
JOHANN WOLFGANG VON GOETHE (1749-1832), escritor alemão

Ignorar a própria ignorância é o mal do ignorante.
AMOS BRONSON ALCOTT (1799-1888), pedagogo americano

O Brasil estará a salvo no dia em que for governado pelos mortos.
MILLÔR FERNANDES (1923-2012), humorista

Quando o futuro vira passado, o analista fica muito mais sábio.
ANTONIO DELFIM NETTO (1928-), economista e ex-ministro da Fazenda

Que Deus me dê serenidade para aceitar as coisas que não posso mudar, coragem para mudar as que posso e sabedoria para distinguir entre elas.
REINHOLD NIEBUHR (1892-1971), teólogo americano

Sabedoria a posteriori

Seu trabalho não é me dizer o que fazer, mas explicar por que eu fiz algo.
MONTAGU NORMAN (1878-1950), ex-governador do Banco da Inglaterra, a seu economista-chefe

Tudo em retrospecto é óbvio. Mas se tudo fosse óbvio,
autores de histórias de insensatez financeira estariam ricos.
MICHAEL LEWIS (1960-), escritor americano

Saciedade

Basta que o alvo dos desejos humanos seja alcançado, e já não nos parece o mesmo. Por conseguinte, ele é logo esquecido, tornando-se antiquado.
ARTHUR SCHOPENHAUER (1788-1860), filósofo alemão

Dê a um homem tudo o que ele deseja, e ele, apesar disso, naquele mesmo momento, sentirá que isso não é tudo. **IMMANUEL KANT** (1724-1804), filósofo prussiano, em conversa com o historiador russo Nikolai Karamzin

Enquanto não o possuímos, o objeto do nosso desejo parece maior que qualquer outra coisa. Porém, tão logo o usufruímos, ansiamos por algo distinto com a mesma sofreguidão. **LUCRÉCIO** (99 a.C.-55 a.C.), filósofo latino

“ Santidade

No Evangelho, Jesus diz que ninguém tem mais amor do que aquele capaz de morrer pelo próximo. Nesse sentido, Che foi um santo.
FREI BETTO (1944-), nome religioso de Carlos Alberto Libânio Christo, teólogo e escritor

Ele [Jesus Cristo] foi o primeiro comunista. Repartiu o pão, repartiu os peixes e transformou a água em vinho. **FIDEL CASTRO** (1926-), ex-presidente de Cuba

Quando dou comida para os pobres, me chamam de santo. Quando pergunto por que os pobres não têm comida, me chamam de comunista.
DOM HELDER CÂMARA (1909-1999), religioso, ex-arcebispo de Olinda

Quero ser considerado santo, se por santo entendemos um pecador que continua tentando. **NELSON MANDELA** (1918-2013), político sul-africano

Santos devem sempre ser julgados culpados até que se provem inocentes.
GEORGE ORWELL (1903-1950), escritor inglês

Você tem que chegar e se impor. Tem que mostrar [ao fiel] que, se quiser ajudar, amém; se não quiser ajudar, Deus vai arrumar outra pessoa para ajudar. Entendeu como é? **EDIR MACEDO** (1945-), bispo evangélico da Igreja Universal do Reino de Deus, em lição a outros pastores

“ Segurança

Democracia é o regime no qual, se um dia baterem cedo na porta da sua casa, deve ser o leiteiro. **OTTO MARIA CARPEAUX** (1900-1978), crítico literário

Não pensar é a única forma de não errar.
JOSÉ INGENIEROS (1877-1925), escritor argentino

“ Sexo

Tudo no mundo tem a ver com sexo, exceto o sexo. Sexo se refere a poder. **OSCAR WILDE** (1854-1900), dramaturgo irlandês

“ Silêncio

Muitas coisas melhor se diz calado, pois o silêncio não tem fisionomia, mas as palavras, sim, têm muitas faces. **MACHADO DE ASSIS** (1839-1908), escritor

Falar é ter demasiada consideração pelos outros. Pela boca morrem o peixe e Oscar Wilde. **FERNANDO PESSOA** (1888-1935), poeta português

Nenhum amor sobrevive ao mutismo. **MILAN KUNDERA** (1929-), escritor tcheco, em fala do personagem Jean-Marc, em *A identidade*

Por qué no te callas? **JUAN CARLOS** (1938-), rei da Espanha, na Cúpula Ibero-Americana, enquadrando o presidente venezuelano Hugo Chávez

Quando falta uma ideia, é melhor não substituí-la por palavras. **JOHANN WOLFGANG VON GOETHE** (1749-1832), escritor alemão

Quando você não tem nada a dizer, não diga nada. **CHARLES COLTON** (1780-1832), escritor inglês

“ Simpatia

It's nice to be important, but it's important to be nice. (É bom ser importante, mas o importante é ser bom.) **DITADO INGLÊS**

“ Simplicidade

A verdadeira felicidade está nas coisas pequenas: uma pequena mansão, um pequeno iate, uma pequena fortuna. **ANÔNIMO**

Eu sou um homem de gostos simples, facilmente satisfeito com o melhor. **WINSTON CHURCHILL** (1874-1965), ex-primeiro-ministro britânico

“ Sinais trocados

Da aula eu abro mão/ Eu quero é salário, moradia e bandejão.
PALAVRA DE ORDEM da manifestação dos estudantes em frente à Reitoria da UFRJ, em 2015

O professor, hoje, tem vergonha de dizer ao aluno: “O senhor está reprovado.” E, se é assim, a universidade está em risco. **JOSÉ ARTHUR GIANNOTTI** (1930-), filósofo

No século dos bárbaros/ viam-se os bandidos/ pendurados nas cruzes/
No século das luzes/ veem-se as cruzes/ penduradas nos peitos dos bandidos.
POETA PERUANO ANÔNIMO

Quando vejo um ditador, que traz debaixo do braço e a exibe ao povo, uma Constituição, a ideia que me ocorre é a do fato, não menos vulgar, desses réus de muitas mortes que penduram ao pescoço um crucifixo. **OTÁVIO MANGABEIRA** (1886-1960), ex-governador da Bahia, em carta da prisão ao ministro da Guerra, em 1937

“ Sinceridade

Todo orador crê no que diz no momento em que profere as palavras. Jamais é conscientemente insincero. **WINSTON CHURCHILL** (1874-1965), ex-primeiro-ministro britânico, sobre a relação entre o orador e sua audiência

Custa tanto ser sincero quando se é inteligente! É como ser honesto quando se é ambicioso. **FERNANDO PESSOA** (1888-1935), poeta português

A vida é curta demais para perdermos uma parte preciosa dela fingindo.
ALFRED DE VIGNY (1797-1863), poeta francês

É importante ser honesto, mas também é muito bom ter razão.
WINSTON CHURCHILL (1874-1965), ex-primeiro-ministro britânico

Eu creio nas testemunhas que se deixam degolar.
BLAISE PASCAL (1623-1662), filósofo francês

Há algo mais terrível que a calúnia: a verdade.
CHARLES-MAURICE DE TALLEYRAND (1754-1838), diplomata francês

Julgo impossível descrever as coisas contemporâneas sem ofender a muitos.
NICOLAU MAQUIAVEL (1469-1527), filósofo e diplomata italiano

Não fumo, não bebo e não cheiro. Meu único vício é a mentira.
TIM MAIA (1942-1998), cantor e compositor

Nunca sabemos quando somos sinceros. Talvez nunca o sejamos. E, mesmo que sejamos sinceros hoje, amanhã podemos sê-lo por coisa contrária.
FERNANDO PESSOA (1888-1935), poeta português

Os grandes discursos para levantar o moral são necessários, mas não necessariamente eles refletem o pensamento interior daqueles que os fazem.
WINSTON CHURCHILL (1874-1965), ex-primeiro-ministro britânico

Se o olhar não convence, os lábios não podem persuadir.
FRANZ GRILLPARZER (1791-1872), dramaturgo austríaco

Nenhum ser humano é capaz de esconder um segredo.
Se a boca se cala, falam as pontas dos dedos.
SIGMUND FREUD (1856-1939), médico austríaco, pioneiro da psicanálise

“ Soberania

A soberania das nações alcança o espaço aéreo e o aquático, só não alcança o coração dos homens. **CARLOS DRUMMOND DE ANDRADE** (1902-1987), poeta

Já que a soberania nacional existe, nossa única esperança é criar um padrão ético para todos. **WERNHER VON BRAUN** (1912-1977), cientista alemão

Me dá um dinheiro aí, seu canalha imperialista.
AUGUSTO FREDERICO SCHMIDT (1906-1965), poeta, definindo a atitude nacionalista

Não temos que complicar, simplesmente nos conscientizar de que vivemos no sul. Não estamos no norte. Quem disse que o relógio tem que girar desse lado sempre? Por que sempre temos que obedecer, por que não podemos ser criativos?
DAVID CHOQUEHUANCA (1961-), ministro das Relações Exteriores da Bolívia, ao inaugurar um relógio que funciona no sentido anti-horário, no Parlamento boliviano em junho de 2014

“ Soberba

Conselhos são raramente apreciados. Aqueles que mais precisam deles são os que menos gostam. **SAMUEL JOHNSON** (1709-1784), escritor inglês

Uma coisa que me impressiona, ao conversar com alguns colegas, é a certeza com que eles afirmam poder solucionar os problemas da economia.
EDMAR BACHA (1942-), economista

“ Sociabilidade

Conhecimento é poder. **ROGER BACON** (1214-1294), filósofo inglês

O fator decisivo, em qualquer negociação, é dispor da conexão certa no governo.
RUCHIR SHARMA, investidor e escritor indiano, sobre os problemas em investir na Índia, em *Os rumos da prosperidade* (2012)

“ Socialismo

O capitalismo é a exploração do homem pelo homem.
O socialismo é exatamente o contrário.
BARÃO DE ITARARÉ, pseudônimo de Apparício Torelly (1895-1971), humorista*

A escolha continua sendo entre socialismo e barbárie. Pode-se não saber o que é socialismo, mas para saber o que é barbárie, basta abrir os olhos.
LUIS FERNANDO VERISSIMO (1936-), escritor, *O Globo* (21 set 2014)

Acorda, Lênin. Eles enlouqueceram. **FRASE ANÔNIMA** escrita em muro do centro de Praga, em 1968, pouco antes da invasão soviética

É uma ideia socialista que dar lucros é um vício.
Eu considero que o vício verdadeiro é dar prejuízo.
WINSTON CHURCHILL (1874-1965), ex-primeiro-ministro britânico

Governos socialistas tradicionalmente fazem uma bagunça financeira. Eles sempre acabam sem o dinheiro dos outros. É realmente uma característica deles.
MARGARET THATCHER (1925-2013), ex-primeira-ministra britânica

Mercadores e industriais não devem ser admitidos na sociedade, porque seu estilo de vida é abjeto e contrário à virtude.
ARISTÓTELES (384 a.C.-322 a.C.), filósofo grego

---

* Frase atribuída também a diversos outros autores.

No capitalismo, os resultados são melhores que as intenções. No socialismo, as intenções são melhores que os resultados.
WINSTON CHURCHILL (1874-1965), ex-primeiro-ministro britânico

No planejamento socialista, as coisas produzidas não são necessárias, e as coisas necessárias não são produzidas.
HENRY KISSINGER (1923-), ex-secretário de Estado americano

O vício inerente ao capitalismo é a distribuição desigual das benesses. O vício inerente ao socialismo é a distribuição igualitária das misérias.
WINSTON CHURCHILL (1874-1965), ex-primeiro-ministro britânico

Quando você governa como um socialista fracassa. É quando você esquece que é socialista que tem sucesso. **LEOPOLDO CALVO-SOTELO** (1926-2008), ex-primeiro-ministro da Espanha, a Felipe González

Só um idiota não percebe que o socialismo é apenas mais um truque do capitalismo. **MILLÔR FERNANDES** (1923-2012), humorista

Sociedade

Não existe essa coisa de sociedade. Existem indivíduos, homens e mulheres, e existem famílias. **MARGARET THATCHER** (1925-2013), ex-primeira-ministra britânica

O homem é bom por natureza. É a sociedade que o corrompe.
JEAN-JACQUES ROUSSEAU (1712-1778), filósofo suíço

Solidão

A vitória tem muitos pais; a derrota é órfã.
JOHN F. KENNEDY (1917-1963), ex-presidente dos Estados Unidos

Estive certo quando tive todos contra mim.
ROBERTO CAMPOS (1917-2001), economista e ex-ministro do Planejamento

Não há nada pior para um homem do que ser admirado por todos, mas não ser querido por ninguém.
JORGE LUIS BORGES (1899-1986), escritor argentino

“ Sorte

Uma definição é muitas vezes sorte. É pegar borboleta no ar, é capturar.
AURÉLIO BUARQUE DE HOLANDA (1910-1987), lexicógrafo

Sorte é isso. Merecer e ter.
JOÃO GUIMARÃES ROSA (1908-1967), escritor

Muitos pensam que ter talento é sorte; não vem à mente de ninguém que a sorte pode ser uma questão de talento.
JACINTO BENAVENTE Y MARTINEZ (1866-1954), dramaturgo e crítico espanhol

Com sorte você atravessa o mundo, sem sorte você não atravessa a rua.
NELSON RODRIGUES (1912-1980), jornalista e dramaturgo

A sorte não existe. Aquilo que você chama de sorte é o cuidado com os pormenores.
WINSTON CHURCHILL (1874-1965), ex-primeiro-ministro britânico

“ Sorveteria

Um economista deve conhecer, além dos temas da sua área, ética, lógica, filosofia, sociologia e demais ciências humanas, na prática tudo que é parte de como vivemos e reagimos uns aos outros.
BERNARD BARUCH (1870-1965), financista americano

Uma pessoa não será provavelmente bom economista se ela for apenas isso.
JOHN STUART MILL (1806-1873), economista inglês (1848)

“ Sotaque

Nos Estados Unidos, eles não têm falado inglês há anos.
GEORGE BERNARD SHAW (1856-1950), dramaturgo irlandês,
fala do professor Higgins acerca da língua inglesa, em *Pigmalião*

Nós demos aos brasileiros a terra, o povo e a língua,
e nós é que temos sotaque!
RAÚL SOLNADO (1929-2009), comediante português

“ Substituição de importações

País subdesenvolvido é aquele que importa como última novidade o obsoleto.
JAIME LERNER (1937-), ex-prefeito de Curitiba

Os países da América Latina não precisam criar uma civilização. Ela já foi criada pela Europa nos últimos quatro séculos. Cabe-nos assimilar essa civilização.
EUGÊNIO GUDIN (1886-1986), ex-ministro da Fazenda

“ Sucesso

A pior parte do sucesso é tentar achar alguém que fique feliz por você.
BETTE MIDLER (1945-), atriz e cantora americana

O sucesso é simplesmente uma questão de sorte. Pergunte a qualquer fracassado.
EARL WILSON (1907-1987), jornalista americano

Se não formos bem-sucedidos corremos o risco de fracassar.
DAN QUAYLE (1947-), político americano

“ Superlativo

O exagero é o contrário dos propósitos da representação, cuja finalidade sempre foi e continuará sendo, como que apresentar o espelho à natureza, mostrar à virtude suas próprias feições, à ignomínia sua imagem e ao corpo e idade do tempo a impressão de sua forma.
WILLIAM SHAKESPEARE (1564-1616), dramaturgo inglês, Hamlet ensinando a atores como atuar, em *Hamlet*

O militarismo está para o Exército como o fanatismo para a religião, como o charlatanismo para a ciência, como o industrialismo para a indústria, como o mercantilismo para o comércio, como o cesarismo para a realeza, comoo demagogismo para a democracia, como o absolutismo para a ordem, como o egoísmo para o eu.
RUI BARBOSA (1849-1923), jurista

Eu tenho medo do ótimo e do superlativo. Quando começa a ficar muito bom, eu desconfio ou dou um passo atrás.
CLARICE LISPECTOR (1920-1977), escritora

Não é menos funesto aos homens um superlativo engenho do que às mulheres uma extraordinária beleza: a mediocridade em tudo é uma garantia e penhor de segurança e tranquilidade.
MARIANO JOSÉ PEREIRA DA FONSECA (1773-1848), marquês de Maricá, escritor, filósofo e político

É um grande sinal de mediocridade elogiar sempre moderadamente.
GOTTFRIED WILHELM LEIBNIZ (1646-1716), filósofo alemão

Nada é verdadeiro na psicanálise, exceto os exageros.
THEODOR ADORNO (1903-1969), filósofo alemão

Sutileza

Meu filho, nunca fale do "resto". Fale "dos demais".
TANCREDO NEVES (1910-1985), político, ao interromper um assessor que tinha lhe sugerido falar com um ou dois líderes importantes "e com o resto dos deputados do partido"

A diferença entre o abrandamento legal da carga tributária e a sonegação fiscal é a espessura de uma parede de prisão.
DENIS HEALEY (1917-), ex-ministro das Finanças britânico

A sutileza do pensamento consiste em descobrir a semelhança das coisas diferentes e a diferença das coisas semelhantes.
MONTESQUIEU (1689-1755), filósofo francês

Uma pitada de provavelmente vale um quilo de possivelmente.
JAMES THURBER (1894-1961), cartunista americano

Tudo o que é rigorosamente proibido é ligeiramente permitido.
ROBERTO CAMPOS (1917-2001), economista e ex-ministro do Planejamento

T

“ Tecnologia

A informática chegou para resolver problemas que antes não existiam. **ANÔNIMO**

Software é o que você xinga. Hardware é o que você chuta. **ANÔNIMO**

Eu trocaria toda a minha tecnologia por uma tarde com Sócrates.
STEVE JOBS (1955-2011), empresário americano

A tecnologia é igual a droga, não dá talento a quem não tem.
NELSON MOTTA (1944-), jornalista e escritor

“ Tédio

Mau filme é aquele que começa e, três horas depois, você olha para o relógio e vê que só se passaram dez minutos.
BILLY WILDER (1906-2002), cineasta americano

Nada é mais difícil e cansativo do que tentar demonstrar o óbvio.
NELSON RODRIGUES (1912-1980), jornalista e dramaturgo

Nunca consegui aprender as coisas que não me interessavam.
GEORGE BERNARD SHAW (1856-1950), dramaturgo irlandês

O xadrez é um jogo que desenvolve a inteligência para jogar xadrez. **IDEM**

Vou ficar em casa vendo a grama crescer para depois cortar.
MICHAEL JORDAN (1963-), jogador de basquete americano,
após aposentar-se no auge da carreira

“ Teimosia

Eu não sou teimoso. Teimosos são aqueles que teimam comigo.
ANTÔNIO CARLOS MAGALHÃES (1927-2007), ex-governador da Bahia

Eu não tenho a menor ideia de onde fica Kurstsky. Mas, se um dia me proibirem de ir lá, lutarei o resto da vida para ir. **ANDRÉ GIDE** (1869-1951), escritor francês

Os teimosos aprendem com os incômodos que a si mesmos procuram.
WILLIAM SHAKESPEARE (1564-1616), dramaturgo inglês, Regana, em *Rei Lear*

Temeridade

A temeridade muda de nome quando obtém êxito. Passa a se chamar heroísmo.
LAWRENCE STERNE (1713-1768), escritor irlandês

É perigoso ter razão em assuntos sobre os quais as autoridades estão erradas.
VOLTAIRE (1694-1778), filósofo francês

Se for preciso, eu não hesitaria em apertar o botão atômico.
MARGARET THATCHER (1925-2013), ex-primeira-ministra britânica

Vinicius errava com uma autoconfiança incrível.
CHICO BUARQUE DE HOLLANDA (1944-), compositor

Temor

É bem mais seguro ser temido que amado.
NICOLAU MAQUIAVEL (1469-1527), filósofo e diplomata italiano

Quem é temido por muitos deve temer a muitos.
SÓLON (594 a.C.-558 a.C.), legislador grego

Tempo

A mais estranha coisa sobre o futuro é que alguém evocará nossa época como os bons e velhos tempos. **ERNEST HEMINGWAY** (1899-1961), escritor americano

No fim, seremos todos esquecidos.
RUDYARD KIPLING (1804-1881), poeta britânico, acerca do sucesso e do fracasso

O presente é um ponto entre a ilusão e a saudade.
LLORENÇ VILLALONGA (1897-1980), escritor espanhol

Não devemos destruir o que é o possível ao forçar eventos
além do que as circunstâncias permitem.
HENRY KISSINGER (1923-), ex-secretário de Estado americano, a Chou En-lai, em 1972, durante as negociações que precederam a viagem de Richard Nixon à China

“ Teoria

Não deixe os fatos interferirem nas suas opiniões. **PAULO FRANCIS** (1930-1997), jornalista

Pior para os fatos. **JOHANN GOTTLIEB FICHTE** (1762-1814), idealista subjetivo alemão, ao responder à observação de que os fatos não concordavam com sua teoria

É um erro capital fazer teorias antes de possuir a evidência.
Seu julgamento se torna enviesado.
ARTHUR CONAN DOYLE (1859-1930), escritor escocês de romances policiais

Quem não sabe nada de um assunto chama de "teórico" a quem sabe mais.
FERNANDO PESSOA (1888-1935), poeta português

“ Teoria dos jogos

A arte do gerenciamento de crises consiste em subir as apostas
até um ponto em que o adversário não acompanhará,
mas de uma maneira que evite a retribuição na mesma moeda.
HENRY KISSINGER (1923-), ex-secretário de Estado americano, em *Sobre a China*

O confronto pode ser buscado com segurança apenas se o lado
mais fraco está em posição de fazer com que sua derrota tenha
um custo que esteja além da tolerância do mais forte. Caso contrário,
algum grau de conciliação é o único curso de ação prudente. **IDEM**

Um estrategista deve ter consciência do impacto de uma ameaça vã
para sua futura credibilidade. **IDEM**

Nunca se deve subestimar a habilidade dos políticos de fazer a coisa errada.
BARRY EICHENGREEN (1952-), economista americano

O euro é frágil, é como construir um castelo de cartas;
se você tirar a carta grega, as outras vão colapsar.
YANNIS VAROUFAKIS (1961-), economista e ex-ministro da Fazenda da Grécia

“ Terceirização

Os príncipes devem atribuir a outrem as coisas odiosas, reservando para si aquelas de graça. **NICOLAU MAQUIAVEL** (1469-1527), filósofo e diplomata italiano

Quando quiser algo, nunca o proponha. Faça com que os outros o proponham, oferecendo, inclusive, certa resistência.
JUAN DOMINGO PERÓN (1895-1974), ex-presidente da Argentina

“ Terceiros

Burgueses são os outros. **JULES RENARD** (1864-1910), escritor francês

O Estado é o outro.
FERNANDO HENRIQUE CARDOSO (1931-), ex-presidente da República, definindo o comportamento da sociedade diante da necessidade de o Estado se ajustar

“ Tesão

A grande piada biológica é que você fica íntimo de uma pessoa antes de saber qualquer coisa sobre ela.
PHILLIP ROTH (1933-), romancista americano, *O animal agonizante*

Não faço nada sem alegria. **MICHEL DE MONTAIGNE** (1533-1592) filósofo francês

O amor não existe. Foi invenção de um italiano chamado Petrarca e dos trovadores provençais. O que as pessoas pensam que seja um cristalino fluir da emoção, uma manifestação pura do sentimento, é apenas o desejo instintivo dos gatos no cio, escondido sob belas palavras e sob os mitos da literatura.
MARIO VARGAS LLOSA (1923-), escritor peruano

Viver é a coisa mais rara do mundo. A maioria das pessoas apenas existe.
OSCAR WILDE (1854-1900), dramaturgo irlandês

“ Timing

Não se tira o sapato antes de chegar à margem do rio.
TANCREDO NEVES (1910-1985), político

O difícil eu resolvo na hora. O impossível vai levar um pouquinho mais de tempo.
BILLIE HOLIDAY (1915-1959), cantora de jazz americana

Política é esperar o cavalo passar.
GETÚLIO VARGAS (1882-1954), ex-presidente da República

O pessimista é um homem que diz a verdade prematuramente.
EDMOND ROSTAND (1868-1918), dramaturgo francês, autor de *Cyrano de Bergerac*

Mau gosto é dizer a verdade antes do momento certo.
MEL BROOKS (1926-), comediante americano

Os cemitérios de Wall Street estão cheios de homens que estavam certos cedo demais. **WILLIAM PETER HAMILTON** (1867-1929), jornalista americano

“ Tirania

Ao longo da história, sempre houve tiranos que, em suas épocas, pareciam invencíveis. No fim, todos eles caíram.
MAHATMA GANDHI (1869-1948), líder pacifista indiano

Ainda bem que pelo menos não podem fazer chover.
Já imaginou se além disso eles tivessem esse poder?
MOTORISTA DE TÁXI de Buenos Aires, ao se referir aos militares, nos anos 1970

Quando recuso uma lei injusta não estou negando que a maioria tenha o direito de comandar. Quando vejo concedido o direito e a faculdade de tudo fazer a um poder qualquer, seja ele o povo ou o rei, a democracia ou a aristocracia, afirmo: está ali o gene da tirania. **ALEXIS DE TOCQUEVILLE** (1805-1859), pensador francês

Uma única morte é uma tragédia; um milhão de mortes é uma estatística.
JOSEF STÁLIN (1878-1953), ditador soviético

Por mais monstruosos que fossem os atos, o agente não era nem monstruoso nem demoníaco; a única característica específica que se podia detectar em seu passado, bem como em seu comportamento durante o julgamento e o inquérito policial que o precedeu, afigurava-se como algo totalmente negativo: não se tratava de estupidez, mas de uma curiosa e bastante autêntica incapacidade de pensar. **HANNAH ARENDT** (1906-1975), filósofa alemã, a propósito de Adolf Eichmann, em uma conferência em 1970

A morte resolve todos os problemas – sem homem, sem problema.
JOSEF STÁLIN (1878-1953), ditador soviético

Para fazer o mal, o homem deve tê-lo anteriormente reconhecido como um bem, ou como uma ação sensata, de acordo com a lei. Tal é, felizmente, a natureza do homem; ele deve buscar a "justificativa" de suas ações. As "justificativas" de Macbeth eram débeis, e os remorsos roíam-lhe a consciência. Se a imaginação e a força interior dos celerados de Shakespeare se limitavam a uma dezena de cadáveres, era porque eles não tinham *ideologia*. A ideologia! Ela fornece a desejada justificativa para a maldade, para a firmeza necessária e constante do malfeitor.
ALEXANDER SOLJENITSIN (1918-2008), escritor russo, autor de *Arquipélago Gulag*

" Tolerância

Aprendi a respeitar as ideias alheias, a deter-me diante do segredo de cada consciência, a compreender antes de discutir e a discutir antes de condenar. E a detestar os fanáticos com todas as minhas forças.
NORBERTO BOBBIO (1902-2004), filósofo italiano, em resposta à pergunta de qual tinha sido a maior lição da sua vida

Nenhum profissional do Vasco tem opinião diferente da minha. Ou então não trabalha mais aqui.
EURICO MIRANDA (1944-), presidente do Vasco

Decerto, este curso não se destina a ensinar o que vocês devem pensar, mas desejaria que ele lhes ensinasse duas virtudes intelectuais. A primeira, o respeito aos fatos; e a segunda, o respeito aos outros.
RAYMOND ARON (1905-1983), filósofo francês, em palestra para uma turma de alunos

Em nosso partido, estamos abertos a todos. Só não cabem neoliberais, nazistas, racistas e delinquentes políticos.
HELOÍSA HELENA (1962-), política, em entrevista, *Jornal do Brasil* (8 fev 2004)

Não existe lapso de integridade sem importância.
TOM PETERS (1942-), autor americano de livros sobre administração

Quando estamos entre iguais, a tendência é que radicalizemos cada vez mais nossas opiniões comuns, perdendo diálogo com quem pensa diferente. O próximo passo é ignorar o diferente, ou tentar exterminá-lo.
HERMANO VIANNA (1960-), antropólogo, a propósito da obra de Gass Sunstein, professor de direito em Harvard que escreveu livros sobre a tendência moderna à "ciberbalcanização" da internet e à formação de diversos microguetos, sem maior contato com pessoas de pensamentos diferentes

A tolerância é outro nome para a indiferença.
W. SOMERSET MAUGHAM (1874-1965), escritor britânico

Tolerância é a arte da aceitação do outro. E o Brasil é um país dotado disso.
FERNANDO HENRIQUE CARDOSO (1931-), ex-presidente da República

" Torcedor

O futebol é popular porque a idiotice é popular.
JORGE LUIS BORGES (1899-1986), escritor argentino

O futebol é uma escola de violência e brutalidade, e não merece nenhuma proteção dos poderes públicos, a menos que estes nos queiram ensinar o assassinato. **LIMA BARRETO** (1881-1922), jornalista e escritor

" Tradução

Alguns consideram que as traduções se assemelham ao avesso de uma tapeçaria turca. **JAMES HOWEL** (1594-1666), escritor e historiador inglês

Escrever é um ato de coragem. Traduzir o é duas vezes mais. O escritor está livre para escrever o que quiser, para dar forma a todos os seus fantasmas. O tradutor é escravo do autor original.
GERALDO HOLANDA CAVALCANTI (1929-), diplomata e escritor

Não sei por que sempre se pensa mal dos tradutores, e não obstante estamos todos de acordo em que a literatura russa é admirável.
JORGE LUIS BORGES (1899-1986), escritor argentino

“ Tragédia

Não sou um autor de farsas, mas um autor de tragédias. E a vida não é uma farsa, é uma tragédia. O aspecto trágico da vida está precisamente nessa lei a que o homem é forçado a obedecer, a lei que o obriga a ser um. Cada qual pode ser um, nenhum, 100 mil, mas a escolha é um imperativo necessário.
LUIGI PIRANDELLO (1867-1936), escritor italiano

O mundo é uma comédia para aquele que pensa e uma tragédia para aquele que sente. **HORACE WALPOLE** (1717-1797), escritor inglês

“ Traição

Voto secreto e casamento são um convite ao adultério.
AMARAL NETTO (1921-1995), jornalista e político

Se Capitu não traiu Bentinho, então Machado de Assis é José de Alencar.
DALTON TREVISAN (1925-), escritor

Até os defuntos! Nem os mortos escapam aos seus ciúmes.
MACHADO DE ASSIS (1839-1908), escritor, fala de Capitu, em tom irônico e melancólico, respondendo a Bentinho sobre a semelhança entre o filho do casal e o falecido Escobar, em *Dom Casmurro*

Se alguém trai você uma vez, a culpa é dele. Se trai duas vezes, a culpa é sua.
ELEANOR ROOSEVELT (1884-1962), ex-primeira-dama dos Estados Unidos

Em Minas, na escola, quando você aprende sobre Inconfidência Mineirra, tem um personagem que a gente não gosta porque as professoras ensinam a não gostar dele. Ele se chama Joaquim Silvério dos Reis, o delator. Eu não respeito delator, até porque eu estive presa na ditadura e sei o que é. Tentaram me transformar numa delatora. A ditadura fazia isso com as pessoas presas.
DILMA ROUSSEFF (1947-), presidente da República, a propósito das delações premiadas na Operação Lava Jato, em junho de 2015

Às vezes, as únicas pessoas que podem servir como testemunhas de crime são os próprios criminosos. Uma das regras é que tudo o que o colaborador disser precisa encontrar prova de colaboração. ... É traição? É traição, mas é uma traição entre criminosos. Não se está traindo a Inconfidência Mineira, não se está traindo a Resistência Francesa.
SERGIO MORO (1972-), juiz federal, em palestra em São Paulo, em 28 de setembro de 2015, sobre delações premiadas, respondendo às declarações de Dilma Rousseff

Quando lá em casa minhas meninas brigavam, eu perguntava "quem fez isso?". Eu talvez brigasse mais com quem dedurasse do que com aquele que fez o fato.
MARCELO ODEBRECHT (1968-), empreiteiro, a propósito de declarações premiadas, em setembro de 2015

" Transparência

Devemos dizer ao povo o que ele precisa saber, e não o que ele gostaria de ouvir.
JOHN F. KENNEDY (1917-1963), ex-presidente dos Estados Unidos

Político profissional jamais tem medo do escuro. Tem medo é de claridade.
MILLÔR FERNANDES (1923-2012), humorista

" Trouxa

Aquele que engana sempre encontrará quem se deixe enganar.
NICOLAU MAQUIAVEL (1469-1527), filósofo e diplomata italiano

Há gente que esquenta a água para outro vir tomar o mate.
DITADO GAÚCHO

Um tolo sempre encontra outro ainda maior para admirá-lo.
NICOLAS BOILEAU (1636-1711), poeta francês

Falta trouxa.
DANIEL DANTAS (1954-), banqueiro, respondendo à pergunta sobre as razões de os negócios andarem mal, já que a economia ia bem, conforme relatado por Mario Sergio Conti, *O Globo* (30 jan 2014)

U

“ Ubiquidade

A ignorância é a maior multinacional do mundo.
PAULO FRANCIS (1930-1997), jornalista

A lógica, como o cearense, está em toda parte.
MENDES FRADIQUE, pseudônimo de José Madeira de Freitas (1893-1944), jornalista

“ Uísque

Eu bebo porque é líquido. Se fosse sólido, comeria.
JÂNIO QUADROS (1917-1992), ex-presidente do Brasil,
em resposta à pergunta de por que bebia tanto

O uísque é o cachorro engarrafado. **VINICIUS DE MORAES** (1913-1980), poeta

O uísque é o melhor amigo do homem. **IDEM**

Nunca vi uma boa amizade começar numa leiteria. **IDEM**

Jânio é a UDN de porre.
AFONSO ARINOS DE MELO FRANCO (1905-1990), jurista e político

O álcool é a causa e a solução de todos os problemas.
HOMER JAY SIMPSON, personagem de Matt Groening (1954-), cartunista americano

“ Universalidade

A pátria dos idealistas é o país no qual lhes é permitido pensar.
JOSEPH ERNEST RENAN (1823-1892), escritor francês

Minha pátria é minha língua. Pouco se me dá que Portugal seja invadido, desde que não mexam comigo. **FERNANDO PESSOA** (1888-1935), poeta português

“ Utilidade marginal

A abundância de algo, mesmo bom, faz com que isso não seja estimado.
MIGUEL DE CERVANTES SAAVEDRA (1547-1616), escritor espanhol

O tempo se torna mais valioso à proporção que os bens ficam mais abundantes.
GARY BECKER (1930-2014), economista americano

“ Utopia

A mais terrível das paixões que se pode infundir nas massas
é a paixão pelo impossível.
ALPHONSE DE LAMARTINE (1790-1869),
escritor francês, em ensaio sobre *Os miseráveis*, de Victor Hugo

Sejamos realistas, peçamos o impossível.
PALAVRA DE ORDEM de estudantes parisienses de Maio de 1968

V

“ Vaia

Um economista nunca deve ter medo de ter ideias impopulares.
JOHN K. GALBRAITH (1908-2006), economista americano

Feliz do povo que pode vaiar seus governantes.
WINSTON CHURCHILL (1874-1965), ex-primeiro-ministro britânico, ao ser vaiado depois da II Guerra Mundial, pouco antes de perder as eleições

Não se pode ir contra o humor. **FERNANDO COLLOR DE MELLO** (1949-), ex-presidente, ao defender sua ausência de reação diante de uma charge que deixava muito mal seu governo

No Maracanã vaia-se até minuto de silêncio, e, se quiser acreditar, vaia-se até mulher nua. **NELSON RODRIGUES** (1912-1980), jornalista e dramaturgo

“ Vaidade

No centro da personalidade humana está a necessidade de ser apreciado.
WILLIAM JAMES (1842-1910), filósofo americano

A maior parte dos homens gosta de sua própria escrita acima de todas as outras.
THOMAS MORE (1478-1535), escritor inglês

A política ilude mais que o amor.
TANCREDO NEVES (1910-1985), político

A vaidade ferida é a mais terrível força do mundo.
MAURICE O'CONNOR DRURY (1907-1976), psiquiatra inglês

Não ter vaidade é a maior de todas as vaidades.
MILLÔR FERNANDES (1923-2012), humorista

Só há uma coisa mais forte que o amor materno: é o amor de si próprio.
MACHADO DE ASSIS (1839-1908), escritor

A emulação é achaque de que padecem os talentos.
JOSÉ DE ALENCAR (1829-1877), escritor

Valentia

A valentia que não se fundamenta sobre a base da prudência
se chama temeridade, e as façanhas do temerário
mais são atribuídas à boa sorte que ao seu ânimo.
MIGUEL DE CERVANTES SAAVEDRA (1547-1616), escritor espanhol, palavras de Dom Quixote

Nunca xingue a mãe do crocodilo, a menos que você já tenha atravessado o rio.
PROVÉRBIO HAITIANO

Nunca bata num homem caído, a não ser que você tenha a certeza de que ele nunca mais vai se levantar. **MILLÔR FERNANDES** (1923-2012), humorista

Valor

Preço é o que você paga. Valor é o que você recebe.
BEN GRAHAM (1894-1976), investidor

Nada que custe apenas um dólar vale a pena possuir.
ELIZABETH ARDEN (1876-1966), empresária canadense do setor de cosméticos

Valores

A vanguarda do progresso pertence aos povos que cuidaram da educação
do caráter em plano não inferior ao da educação da inteligência.
EUGÊNIO GUDIN (1886-1986), ex-ministro da Fazenda, em 1936

Os homens lutarão por valores sempre que os compartilharem.
JACQUES ATTALI (1943-), economista francês

Se um governo quiser fazer algo que contrarie o pensamento dominante
ou algum valor social básico, primeiro terá de encontrar apoio
em algo que o eleitorado valorize muito.
ALBERTO CARLOS ALMEIDA (1966-), cientista político

Pedófilos, tarados, estupradores e assassinos de mulheres são regados pelo caldo de cultura dessa sociedade neoliberal que só reconhece os valores do mercado financeiro, pois troca o coração pelo bolso e suprime a ética em nome da estética.
FREI BETTO (1944-), nome religioso de Carlos Alberto Libânio Christo, teólogo e escritor, "A criança é um brinquedo erótico", *Folha de S.Paulo* (12 out 2010)

“ Valorização

A morte é, com frequência, um bom passo na carreira para um autor.
NASSIM TALEB (1960-), ensaísta e investidor libanês

“ Vantagens comparativas

Diplomatas são pessoas que não gostam de dizer o que pensam. Políticos são pessoas que não gostam de pensar no que dizem.
PETER USTINOV (1921-2004), ator e escritor inglês

Há pessoas desagradáveis apesar de suas qualidades e outras encantadoras apesar de seus defeitos. **DUQUE DE LA ROCHEFOUCAULD** (1613-1680), pensador francês

Nós temos uma bela existência em Paris, mas não uma vida completa. Em Nova York, nós temos uma vida completa, mas uma experiência pouco bela.
ADAM GOPNIK (1956-), jornalista americano

Fique contente em lembrar que aqueles que podem fazer uma omelete direito não conseguem fazer nada mais. **HILAIRE BELLOC** (1870-1953), poeta inglesa

“ Vazio

Envelhecer significa se dar conta de que ninguém seria melhor que o nosso par. E a solidão é a chave disso.
ALONSO CUETO (1954-), escritor peruano, em *A hora azul*

Saudade é a presença da ausência.
ALCEU AMOROSO LIMA (1893-1983), pensador católico

Se você não tem um sonho, acorda vazio.
EIKE BATISTA (1956-), empresário, em *O X da questão* (2011)

Eu tenho um pacto com a mãe natureza. Eu perfuro e acho coisas.
EIKE BATISTA, *Wall Street Journal* (2011)

Já se foi todo o caixa, agora tem as ações que vão se valorizar. ... Se Deus quiser, em cinco ou dez anos sobrará algo para mim.
EIKE BATISTA, *Folha de S.Paulo* (2014)

O inferno são os outros. Projetamos nos outros a nossa realização e aguardamos deles algo que amenize o vazio que nos habita.
JEAN-PAUL SARTRE (1905-1980), filósofo francês

Velhice

A velhice é um naufrágio. **CHARLES DE GAULLE** (1890-1970), ex-presidente da França

A velhice é uma porcaria. **JORGE AMADO** (1912-2001), escritor

A característica fundamental da velhice é a desilusão. As ilusões que conferiam à vida o seu charme se dissiparam.
ARTHUR SCHOPENHAUER (1788-1860), filósofo alemão

A sabedoria nos chega quando já não serve para nada.
GABRIEL GARCÍA MÁRQUEZ (1927-2014), escritor colombiano, em *O amor nos tempos do cólera*

É duro chegar à velhice. É quando percebemos que nosso tempo passou e a esperança de antes se transforma em desespero. **ALEXANDRE KALACHE** (1945-), ex-diretor do Programa Global de Envelhecimento e Saúde da OMS

Passei a maior parte da minha vida numa atitude nostálgica diante do que ia ficando irremediavelmente para trás. Agora preciso viver no presente.
JULIO CORTÁZAR (1914-1984), escritor argentino, aos 55 anos

Tu não deverias ter ficado velho antes de ter ficado sábio.
WILLIAM SHAKESPEARE (1564-1616), dramaturgo inglês, Bobo para Lear a propósito de sua decisão infeliz de dividir o reino entre as filhas, em *Rei Lear*

Pior que o cárcere é a velhice, porque não permite o consolo de preparar a fuga.
ADOLFO BIOY CASARES (1914-1994), escritor argentino

Quem louva a velhice não a viu de perto.
NORBERTO BOBBIO (1902-2004), filósofo italiano

Todo mundo quer viver muito, mas ninguém quer ficar velho.
JONATHAN SWIFT (1667-1745), escritor irlandês

Um homem precisa ter envelhecido e vivido bastante para perceber quão curta é a vida. **ARTHUR SCHOPENHAUER** (1788-1860), filósofo alemão

Fumo, bebo e jogo. Só não faço sexo porque não tenho parceiro.
LEDA GONTIJO (1915-), artista plástica mineira, em resposta à pergunta sobre a receita para chegar aos cem anos

Velocidade

A velocidade é a irmã mais nova do desastre: a mais fina também e a mais esbelta.
ANÍBAL MACHADO (1894-1964), escritor

Nem tão devagar que pareça afronta, nem tão depressa que pareça medo.
JOSÉ PINHEIRO MACHADO (1851-1915), político, ordem dada ao cocheiro, ao se defrontar com uma passeata no Rio de Janeiro, em 1915

Socialmente, a velocidade é inversamente proporcional à hierarquia. A lentidão é protocolar, litúrgica, dignificante. Não compreendo *majestosamente* no sentido da rapidez. Todo cerimonial é vagaroso. O escravo corre, *servus correntes*, de Terêncio. O amo anda, grave, compassado, respeitável. Era atributo da sabedoria romana, *festina lente*, apressa-te lentamente, aconselhava o imperador Augusto.
LUÍS DA CÂMARA CASCUDO (1898-1986), historiador e folclorista, em *História dos nossos gestos*

Veneno

Eu a conheci quando ela ainda não era virgem.
GROUCHO MARX (1890-1977), comediante americano, sobre Doris Day, ironizando a era de aparente castidade no ambiente cinematográfico da época

Muito bonito, mas tem algumas passagens cansativas. **ANTOINE DE RIVAROL** (1753-1801), escritor francês, dando sua opinião acerca de uma poesia em dois versos

Ele tem todo o passado pela frente. **JORGE LUIS BORGES** (1899-1986), escritor argentino, acerca de um político que tinha muito apreço por ideias ultrapassadas

Infelizmente, devo declinar do seu convite, em razão de um compromisso assumido posteriormente. **OSCAR WILDE** (1854-1996), dramaturgo irlandês

“ Ventilação

O cérebro é como um paraquedas. Só funciona quando está aberto.
JAMES DEWAR (1842-1923), físico escocês

Devemos manter a mente aberta, mas não tão aberta a ponto de o cérebro cair.
CARL SAGAN (1934-1996), astrônomo americano

“ Verdade

Todos sabemos que os primeiros-ministros estão casados com a verdade, mas, da mesma forma que outros casais, eles às vezes podem dormir em camas separadas.
HECTOR HUGH MUNRO (1870-1916), conhecido como Saki, escritor escocês

Em certas posições de governo, os homens públicos não devem dizer a verdade, ao menos de uma forma muito abrupta. **PAUL KRUGMAN** (1953-), economista americano, comentando a declaração do ministro das Finanças do Japão, Kiichi Miyazawa: “As finanças do governo estão em situação catastrófica” (2001)

Meu filho não mente. É que, às vezes, quando ele está falando, a verdade acaba e ele continua. **CHICO HERÁCLITO**, apelido de Francisco Heráclito do Rêgo, (1885-1974), “coronel” nordestino, sobre um filho que ganhara fama de mentiroso

Eu não estava mentindo! Estava escrevendo ficção com a boca.
HOMER JAY SIMPSON, personagem de Matt Groening (1954-), cartunista americano

“ Vergonha

Por ali andavam entre eles três ou quatro moças, bem moças e bem gentis, com cabelos muito pretos e compridos pelas espáduas, e suas vergonhas tão altas, tão cerradinhas e tão limpas das cabeleiras que, de as muito bem olharmos, não tinham nenhuma vergonha.
PERO VAZ DE CAMINHA (1450-1500), escrivão e navegador português, trecho da carta a dom Manuel I sobre a nudez das índias no Brasil recém-descoberto

Todo homem decente se envergonha do governo sob o qual vive.
HENRY LOUIS MENCKEN (1880-1956), jornalista americano

Eu acho que tenho só uma cara, mas, se eu tivesse várias, certamente todas elas teriam vergonha. **MÁRIO COVAS** (1930-2001), político

“ Versões

A primeira vítima, quando começa a guerra, é a verdade.
HIRAM JOHNSON (1866-1945), senador republicano dos Estados Unidos

Em tempo de guerra, a verdade é tão preciosa que ela
precisa ser guardada por uma escolta de mentiras.
WINSTON CHURCHILL (1874-1965), ex-primeiro-ministro britânico

A realidade e a verdade não passam de uma sucessão de versões do que se pensa que sejam a realidade e a verdade. **JORGE LUIS BORGES** (1899-1986), escritor argentino

Creio num velho ditado chinês que diz o seguinte: todos os fatos têm três versões: a sua, a minha e a verdadeira. **JARBAS PASSARINHO** (1920-), militar e político

A vida de uma pessoa não é o que lhe aconteceu, mas o que ela recorda e como recorda. **GABRIEL GARCÍA MÁRQUEZ** (1927-2014), escritor colombiano

Existem tantas Bíblias quanto leitores da Bíblia. **CABALISTA ESPANHOL ANÔNIMO**

Muitas vezes, uma biografia não passa de uma operação plástica
feita em um morto. **VIRGINIA WOOLF** (1882-1941), escritora britânica

Não há fatos, só interpretações. **FRIEDRICH NIETZSCHE** (1844-1900), filósofo alemão

Nunca se mente tanto quanto antes de uma eleição, durante uma guerra ou depois de uma caçada. **OTTO VON BISMARCK** (1815-1898), ex-chanceler alemão

Os fatos são sagrados; as opiniões são livres. **EPÍGRAFE** de um jornal de Marselha

Os mortos são uma invenção, porque se deixam inventar:
um morto é a história que se conta dele. **HORACIO VÁZQUEZ-RIAL**
(1947-2012), escritor argentino, personagem de *Las dos muertes de Gardel*

Quando a lenda é melhor que a realidade, publique-se a lenda.
JOHN FORD (1894-1973), cineasta americano, no filme *O homem que matou o facínora*

Se algo é percebido como real, mesmo não sendo, tem as mesmas consequências que a realidade. **WILLIAM ISAAC THOMAS** (1863-1947), sociólogo americano

“ Vício

A hipocrisia, além de ser a homenagem que o vício presta à virtude, é também um dos artifícios com que o vício se torna mais interessante.
ALDOUS HUXLEY (1894-1963), escritor inglês

O vício é muitas vezes o estrume da virtude. O que impede que a virtude seja uma flor cheirosa e sã. **MACHADO DE ASSIS** (1839-1908), escritor

A característica definidora de um governo ruim é não querer melhorar. O governo ruim se intoxica com a própria mediocridade. Vicia-se nela.
JOSÉ SERRA (1942-), político

Se tiver que escolher, você prefere mais inflação ou mais desemprego?
EMIR SADER (1943-), sociólogo

Que haya un poquito de inflación no es malo para un país. **HUGO MOYANO** (1944-), sindicalista argentino, em declarações ao programa *Ciudad Gotik*, de La Red (2010)

Ter um pouquinho de inflação é como estar um pouquinho grávida.
LEON HENDERSON (1895-1956), economista inglês

“ Viés

Nunca pergunte a um barbeiro se você precisa de um corte de cabelo.
DANIEL GREENBERG (1934-), escritor americano

É difícil conseguir que um homem perceba alguma coisa quando seu salário depende de não percebê-lo. **UPTON SINCLAIR** (1878-1968), escritor americano

É difícil imaginar uma forma mais estúpida e perigosa de tomar decisões que deixá-las na mão de pessoas que não pagam preço algum por estar erradas.
THOMAS SOWELL (1930-), economista americano

Todas as doutrinas que sejam favorecidas por nossas paixões devem ser objeto de suspeita. **DAVID HUME** (1711-1776), filósofo escocês

O mais lastimável erro que pode cometer um médico pobre e recém-formado é o de curar um milionário na segunda visita.
BARÃO DE ITARARÉ, pseudônimo de Apparício Torelly (1895-1971), humorista

Qualquer estatística deixa de ser um indicador confiável de performance quando é considerada meta oficial. **CHARLES GOODHART** (1936-), economista inglês e integrante do Conselho de Política Monetária do Banco da Inglaterra

Se eu, ao cuidar dos interesses de todos, também tomar conta dos meus, não se pode falar em conflito de interesses.
SILVIO BERLUSCONI (1936-), ex-primeiro-ministro da Itália

Sugiro que bandeiras e camisetas, como os macacões de pilotos de Fórmula 1 ou uniformes de futebol, tenham os logos de seus patrocinadores.
CHICO ALENCAR (1949-), deputado do Psol do Rio de Janeiro, a propósito da aprovação do financiamento privado de campanhas eleitorais

“ Vingança

Eu não falo de vingança nem de perdão. O esquecimento é a única vingança e o único perdão. **JORGE LUIS BORGES** (1899-1986), escritor argentino

Estamos fazendo algo terrível para vocês: vamos privá-los de um inimigo.
GEORGY ARBATOV (1923-2010), cientista político russo e assessor de Gorbachev, a um diplomata dos Estados Unidos, no final da Guerra Fria e começo da *glasnost*, no fim da década de 1980

Longa morte ao camarada Stálin!
MEMBRO ANÔNIMO do Partido Comunista romeno, depois da morte de Stálin

“ Vizinhança

Entre a Europa e o oceano aberto, a Inglaterra sempre acolherá o oceano.
WINSTON CHURCHILL (1874-1965), ex-primeiro-ministro britânico

Lembrem-se de que seremos vizinhos para sempre.
MINISTRO DE INDÚSTRIA E COMÉRCIO do México, em conferência nos Estados Unidos, em 1990, em defesa de uma maior integração econômica entre os dois países

Na cabeça dos ingleses, o canal da Mancha ainda é muito largo.
CHARLES DE GAULLE (1890-1970), ex-presidente da França, em junho de 1940, a respeito do isolacionismo inglês

Boas cercas fazem bons vizinhos. **ROBERT FROST** (1874-1963), poeta americano

“ Vocação

A maioria das pessoas não é particularmente boa em nada.
GEORGE CARLIN (1937-2008), humorista americano

A ocasião faz o furto; o ladrão nasce feito.
MACHADO DE ASSIS (1839-1908), escritor

O tolo não se faz, nasce feito. **IDEM**

Todo homem nasce original e morre plágio.
MILLÔR FERNANDES (1923-2012), humorista

“ Volubilidade

Sê plural como o Universo.
FERNANDO PESSOA (1888-1935), poeta português

Estou fora. As hipóteses de reeleição e de deixar a mulher não são comigo.
FERNANDO HENRIQUE CARDOSO (1931-), ex-presidente da República, em 1995

Jango ouvia demais o último interlocutor.
MARCÍLIO MARQUES MOREIRA (1931-), diplomata e executivo,
comentando como João Goulart se deixava manipular pelas pessoas

Nada mais humilhante para ele, e de mais inquietante para os outros, do que o homem político cujos pensamentos e atos estejam na dependência do barômetro dos institutos de opinião e que corre atrás das oscilações da opinião pública.
FRANÇOIS MITTERRAND (1916-1996), ex-presidente da França, em *Aqui e agora*

Estamos obrigados a ser fiéis aos nossos erros?
FRIEDRICH NIETZSCHE (1844-1900), filósofo alemão

Não é triste mudar de ideias. Triste é não ter ideias para mudar.
BARÃO DE ITARARÉ, pseudônimo de Apparício Torelly (1895-1971), humorista

Não me cobrem coerência. Não tenho compromisso com o erro.
JUSCELINO KUBITSCHEK (1902-1976), ex-presidente
da República, quando era acusado de mudar de opinião

O aperfeiçoamento vem com a mudança; a perfeição, com a mudança frequente.
WINSTON CHURCHILL (1874-1965), ex-primeiro-ministro britânico, respondendo ironicamente a um parlamentar que, diante do comentário de Churchill de que não havia nada de errado em mudar de opinião se a mudança era na direção certa, disse: "Vossa Excelência, sem dúvida, é especialista na matéria."

Voluntarismo

Para o jovem não existe nada inalcançável. Não lhe parece crível que algo bom e desejado com toda a força de uma vontade apaixonada seja impossível.
BERTRAND RUSSELL (1872-1970), filósofo britânico

Uma das maiores ilusões é a esperança de que o mal neste mundo será resolvido por leis.
THOMAS REED (1839-1902), ex-congressista americano

Para o propósito da ação, nada é mais útil que a estreiteza do pensamento combinada com a energia da vontade.
HENRI FRÉDÉRIC AMIEL (1821-1881), filósofo suíço

REFERÊNCIAS BIBLIOGRÁFICAS

Andrade, João. *De Maquiavel a FHC: antologia de frases sobre o poder*. São Paulo, Negócio Editora, 1998.

Armstrong, Jane (org.). *The Arden Dictionary of Shakespeare Quotations*. Londres, Bloomsbury, 1999.

Attali, Jacques. *Dicionário do século XXI*. Rio de Janeiro, Record, 2001.

Barros, Julio Cesar de (org.). *As melhores frases em Veja*. São Paulo, Benvirá/Abril, 2012.

Bierce, Ambrose. *O dicionário do diabo*. Porto Alegre, Mercado Aberto, 1999.

Boller Jr., Paul F. *Quotesmanship: The Use and Abuse of Quotations for Polemical and Other Purposes*. Dallas, Southern Methodist University Press, 1967.

Buchsbaum, Paulo (org.). *Frases geniais que você gostaria de ter dito*. Rio de Janeiro, Ediouro, 2004.

Castro, Ruy (org.). *O melhor do mau humor: uma antologia de citações venenosas*. São Paulo, Companhia das Letras, 1989.

______ (org.). *O poder de mau humor: uma antologia de citações venenosas sobre política, dinheiro e sucesso*. São Paulo, Companhia das Letras, 1993.

Cavalcanti Filho, José Paulo (org.). *Fernando Pessoa, o livro das citações*. Rio de Janeiro, Record, 2013.

Ehrlich, Eugene e Marshall De Bruhl (orgs.). *The International Thesaurus of Quotations* (ed. revista e atualizada). Nova York, Harper Perennial, 1996.

Enright, Dominique (org.). *A verve e o veneno de Winston Churchill*. Rio de Janeiro, Odisseia Editorial, 2009.

Faraco, Sergio (org.). *William Shakespeare – o livro das citações: Shakespeare de A a Z*. Porto Alegre, L&PM Pocket, 2007.

Fernandes, Millôr. *A Bíblia do caos*. Porto Alegre, L&PM, 2002.

Giannetti, Eduardo (org.). *O livro das citações*. São Paulo, Companhia das Letras, 2008.

Goodman, Ted. *The Forbes Book of Business Quotations*. Nova York, Black Dog & Leventhal Publishers, 1997.

Grzymkowski, Eric. *The Quotable A**hole – More than 1,200 Bitter Barbs, Cutting Comments and Caustic Comebacks... For Aspiring and Armchair A**holes Alike*. Avon, Adams Media, 2011.

Hipólito, Nuno (org.). *Obras de Fernando Pessoa, v.1, Pensamentos e citações*. Lisboa, Parceria A.M. Pereira, 2015.

Lopes, Lucia Leite Ribeiro Prado (org.). *Machado de A a X: um dicionário de citações*. São Paulo, Editora 34, 2001.

Magalhães Jr., Raymundo (org.). *Ideias e imagens de Machado de Assis*. Rio de Janeiro, Civilização Brasileira, 1956.

Matos, Miguel (org.). *Migalhas de Machado de Assis*. Ribeirão Preto, Migalhas, 2008.
______. *Migalhas de Eça de Queiroz*. Ribeirão Preto, Migalhas, 2009.
______. *Migalhas de Lima Barreto*. Ribeirão Preto, Migalhas, 2014.
Ratcliffe, Susan (org.). *Oxford Dictionary of Quotations by Subject*, 2ª ed. Oxford, Oxford Universtiy Press, 2010.
Rezende, Roberta (org.). *Migalhas de Olavo Bilac*. Ribeirão Preto, Migalhas, 2011.
Ridgers, Bill (org.). *A arte dos negócios: frases e ideias imperdíveis sobre o mundo empresarial*. Rio de Janeiro, Zahar, 2014.
Rónai, Paulo (org.). *Dicionário universal Nova Fronteira de citações*. Rio de Janeiro, Nova Fronteira, 1985.
Shaw, Bernard. *Socialismo para milionários*. Rio de Janeiro, Ediouro, 2004.
Silva, Paulo Neves da (org.). *Citações e pensamentos de Fernando Pessoa*. São Paulo, Leya, 2011.
Souza, Paulo César de (org.). *Friedrich Nietzsche: 100 aforismos sobre o amor e a morte*. São Paulo, Companhia das Letras, 2006.
Stycer, Mauricio (org.). *O Brasil em mil frases: o melhor publicado nos 20 anos da seção frases da* Folha de S.Paulo. São Paulo, Publifolha, 1996.
Zenith, Ricardo (org.). *Fernando Pessoa: aforismos e afins*. São Paulo, Penguin/Companhia das Letras, 2012.

AGRADECIMENTOS

Os organizadores registram seus agradecimentos a Monique Souza de Assis, que com paciência soube resgatar, decifrar e passar a limpo muitas frases escritas em antigos cadernos, da época em que não existiam computadores portáteis. Agradecimentos também a Denise Barreto, Rodrigo Lacerda e Cristina Zahar pelas variadas formas de auxílio e aconselhamento durante a confecção e revisão desta antologia.

ÍNDICE ONOMÁSTICO

FSC
www.fsc.org
MISTO
Papel produzido a partir de fontes responsáveis
FSC® C019498

A marca FSC é a garantia de que a madeira utilizada na fabricação do papel deste livro provém de florestas de origem controlada e que foram gerenciadas de maneira ambientalmente correta, socialmente justa e economicamente viável.

Este livro foi composto por Mari Taboada em Quadraat Pro 10/13 e impresso em papel offwhite 80g/m² e cartão triplex 250g/m² por Geográfica Editora em dezembro de 2015.